光明社科文库
GUANGMING DAILY PRESS:
A SOCIAL SCIENCE SERIES

·经济与管理书系·

高速公路应急管理
与决策方法研究

刘永　王勇｜著

光明日报出版社

图书在版编目（CIP）数据

高速公路应急管理与决策方法研究／刘永，王勇著
. --北京：光明日报出版社，2023.5
ISBN 978 - 7 - 5194 - 7224 - 5

Ⅰ.①高… Ⅱ.①刘… ②王… Ⅲ.①高速公路—突
发事件—交通运输管理—研究 Ⅳ.①U412.36

中国国家版本馆 CIP 数据核字（2023）第 086609 号

高速公路应急管理与决策方法研究
GAOSU GONGLU YINGJI GUANLI YU JUECE FANGFA YANJIU

著　　者：刘　永　王　勇

责任编辑：李月娥　　　　　　　　　责任校对：乔宇佳
封面设计：中联华文　　　　　　　　责任印制：曹　净

出版发行：光明日报出版社
地　　址：北京市西城区永安路 106 号，100050
电　　话：010 - 63169890（咨询），010 - 63131930（邮购）
传　　真：010 - 63131930
网　　址：http://book.gmw.cn
E - mail：gmrbcbs@ gmw.cn

法律顾问：北京市兰台律师事务所龚柳方律师

印　　刷：三河市华东印刷有限公司
装　　订：三河市华东印刷有限公司

本书如有破损、缺页、装订错误，请与本社联系调换，电话：010-63131930

开　　本：170mm×240mm
字　　数：210 千字　　　　　　　　印　　张：15
版　　次：2023 年 5 月第 1 版　　　　印　　次：2023 年 5 月第 1 次印刷
书　　号：ISBN 978 - 7 - 5194 - 7224 - 5
定　　价：95.00 元

前　言

二十世纪九十年代以来，我国高速公路的建设与发展取得了举世瞩目的巨大成就。随着国家各项规划的实施与政策的推动，未来一个时期高速公路仍将继续保持快速发展态势。高速公路规模的扩大、汽车保有量的增加、运输需求的快速增长以及公众出行方式的改变，使高速公路运营安全面临巨大挑战，重大交通突发事件频发，严重威胁经济社会的发展和人们的生命财产安全。高速公路应急管理工作形势严峻，在总体国家安全观背景下，提升其应急管理决策能力的需求更甚。同时，管理决策能力在当前高速公路应急管理实践工作中存在不足，主要表现为管理指挥功能不强、协调联动效能不足、信息沟通共享不够、决策方法针对性不强等现实问题，迫切需要建立完善的应急管理决策机制。为此，面对当前严峻的发展形势，研究如何构建与其相适应的高速公路突发事件应急管理决策方法，强化提升应急管理决策能力，已迫在眉睫，具有重要的理论与现实意义。

本书共分为7章，研究思路采取基于"问题提炼、分析问题、解决问题"的逻辑辩证主线，综合采用实地调研分析、文献资料分析、定性与定量研究、理论与算例仿真分析相结合的研究方法，开展相关理论与应用研究工作。具体分述如下：

第一章概述了本书的现实问题和研究框架。阐述了高速公路应急管理与决策问题的背景及现实意义、研究目标与主要内容、研究方法与技术路线；同时阐述了本书研究的主要贡献与研究局限。

第二章概述了高速公路应急管理与决策方法的相关理论与研究现状。

第三章探讨了我国高速公路突发事件应急管理决策能力的提升策略。定性分析了应急管理决策能力提升的关键影响因素，设计了基于经验挖掘理论的能力提升策略分析方法，进而探讨了我国高速公路突发事件应急管理决策能力的提升策略：健全法治建设，保障依法应急；加强专业化分工协作，强化集中管控与决策；推进应急管理决策信息化建设，提升信息互通共享能力，以期为各级高速公路管理部门或机构提供有效的经验决策参考。

第四章建构了云技术驱动下高速公路应急管理决策系统框架。提出了高速公路网应急管理决策系统的建设目标和思路，重点分析了路网运行管理中的应急管理功能需求和工作流程，设计了基于云技术的应急管理决策系统体系架构以及各层级的组织结构及应用功能。

第五章研究了基于决策信息质量的高速公路单阶段应急决策方法。建立了一种不确定决策环境下基于前景理论和热力学方法的应急决策模型，设计了基于前景理论的决策信息量化方法，构建了基于热力学方法的前景效用矩阵，并结合实例进行了考虑风险态度变化的备选应急预案敏感度分析。

第六章研究了基于决策信息更新的高速公路多阶段动态应急决策方法。提出了一种基于决策者心理参考满意度信息更新的多阶段动态应急决策模型，设计了考虑事态阶段变化的动态优化方法，获得各演化阶段的最优满意度及权重，并结合实例进行了验证。

第七章总结了全书的研究结果，提炼了全书的创新点，分析了全书研究中存在的不足，并对后续的研究工作进行了探讨与展望。

　　本书的研究成果主要有：结合当前高速公路应急管理工作实际，系统探讨我国高速公路应急管理现状，设计应急管理决策能力提升的经验参考分析模型与方法，从已有问题的管理实践经验中挖掘有价值的信息，进而形成高速公路突发事件应急管理决策能力的提升策略；针对当前应急管理决策系统的管理决策能力不足，从强化应急信息集成整合、利于管理决策的角度，建构基于云技术的高速公路应急管理决策系统框架，包括交通物联信息感知层、云架构信息接入与管理层、交通大数据管理与决策服务应用层三层结构的高速公路应急管理决策平台框架，并按模块系统分析了相应的结构与功能；立足高速公路突发事件的应急决策需求，结合模糊理论与多属性决策方法，构建了考虑多重不确定因素的应急决策模型与方法，并设计了基于前景效用信息最大化利用与挖掘的热力学量化算法，进而为综合考虑多重不确定决策因素的应急决策问题提供了新的研究思路；构建了高速公路突发事件多阶段动态应急决策模型，并设计了基于决策者心理参考满意度偏好信息更新的动态优化方法，从而为高速公路突发事件动态应急决策问题提供一种有效、实用的决策参考方法。

　　本书研究工作进一步丰富和扩展了高速公路突发事件应急管理决策理论与方法体系，研究结果也可作为相关研究机构和高速公路交通管理营运部门完善高速公路突发事件应急管理决策能力建设的参考建议。由于笔者水平有限，本书错误之处难以避免，敬请读者批评指正。

　　本书的研究工作得到了重庆市社会科学规划博士项目——不确定环境下突发事件动态应急决策模型研究（2020BS62），重庆市博士直通车科研项目——山区高速公路灾害事件情景时空演化及动态应急响应决策方法研究（CSTB2022BSXM－JCX0116），重庆市人文社科重点研究基地项目（22SKJD093），重庆市教委科学技术研究项目（KJQN202100702）的资助，本书的出版得到了重庆市研究生导师团队建设经费（绿色物流大数据智能协同)、重庆交通大学管理科学与工程学科专项建设经费和重庆交通大学博士启动基金项目的大力支持,在此表示由衷的感谢!

刘永

2022 年 9 月

目 录
CONTENTS

第一章 绪 论 ……………………………………………………… 1

1.1 问题背景及意义 …………………………………………… 1

1.2 研究目标与内容 …………………………………………… 8

1.3 研究方法与技术路线 ……………………………………… 11

1.4 主要贡献与研究局限性 …………………………………… 14

1.5 本章小结 …………………………………………………… 17

第二章 高速公路应急管理相关理论与研究评述 ……………… 18

2.1 高速公路突发事件应急管理相关理论 …………………… 19

2.2 高速公路突发事件信息获取及应急管理决策应用 ……… 28

2.3 高速公路突发事件应急管理决策基础 …………………… 34

2.4 研究现状评述及展望 ……………………………………… 46

2.5 本章小结 …………………………………………………… 49

第三章 我国高速公路突发事件应急管理现状及能力提升策略 ……… 51

3.1 我国高速公路突发事件应急管理现状分析 ……………… 52

3.2 我国高速公路突发事件应急管理的问题评析 …………… 70

3.3 我国高速公路突发事件应急管理决策能力提升的实证分析 …… 76

3.4 我国高速公路突发事件应急管理决策能力提升策略 ……… 93

3.5 本章小结 ……………………………………… 94

第四章 云技术驱动的高速公路应急管理决策系统分析与建构 ……… 97

4.1 问题分析 ……………………………………… 98

4.2 高速公路应急管理决策系统构建分析 ………… 100

4.3 应急管理决策系统的体系架构逻辑分析 ……… 108

4.4 系统实施分析 ………………………………… 116

4.5 本章小结 ……………………………………… 117

第五章 高速公路突发事件单阶段应急决策方法 …………………… 118

5.1 高速公路突发事件应急决策问题分析 ………… 119

5.2 相关理论方法 ………………………………… 124

5.3 基于 Choquet 积分的梯形直觉模糊集结算子 … 133

5.4 基于信息质量的高速公路应急决策模型 ……… 137

5.5 案例分析 ……………………………………… 146

5.6 本章小结 ……………………………………… 161

第六章 高速公路突发事件多阶段动态应急决策方法 ……………… 163

6.1 问题分析 ……………………………………… 164

6.2 区间梯形直觉模糊数 ………………………… 168

6.3 多阶段动态应急决策模型与方法 …………… 173

6.4 案例分析 ……………………………………… 182

6.5 本章小结 ……………………………………… 195

第七章　总结与展望 ┈┈┈┈┈┈┈┈┈┈┈┈┈┈┈┈ **197**

　7.1　主要研究结论 ┈┈┈┈┈┈┈┈┈┈┈┈┈ 197

　7.2　主要创新点 ┈┈┈┈┈┈┈┈┈┈┈┈┈┈ 200

　7.3　未来研究展望 ┈┈┈┈┈┈┈┈┈┈┈┈┈ 202

参考文献 ┈┈┈┈┈┈┈┈┈┈┈┈┈┈┈┈┈┈┈┈ **203**

第一章　绪　论

1.1　问题背景及意义

20 世纪 90 年代以来，我国国民经济发展取得举世瞩目的成就，全国道路交通运输需求一直保持稳步增长的发展趋势。2010 年，我国 GDP 总量达到 6.1 万亿美元[1]，超过日本成为仅次于美国的世界第二大经济体，并一直保持着持续快速增长的良好发展势头；2019 年，全国 GDP 总量达到 14.4 万亿美元，创历史新高，比 2010 年 GDP 翻了一番多，稳居世界第二位。国家统计局和交通运输部数据显示，2019 年全国共计完成公路营运性客运量 130.1 亿人，公路旅客周转量 8857.1 亿人千米，公路货运量 343.5 亿吨，公路货物周转量 59636.4 亿吨千米，公路货运量及周转量均位居世界第一。其中，尽管因交通运输部的统计口径调整，公路客运量、公路货运量较去年的数据略微下降，但是高速公路货运量仍比 2018 年同期增长 6.8%，达到 171.6 亿吨，并且因公众出行方式持续改善，高速公路小客车出行量同比增长 8.8%[2]。由此可见，公众的日常出行与货物运输方式越来越倾向于选择快速、便捷的高速公路。

　　高效、便捷、安全的道路交通运输网络为快速发展的国民经济、持续增长的交通运输需求提供了强大的基础设施支撑。公路是道路交通运输网络的基本组成设施，也是我国国民经济发展的重要基础，承载着促进国家经济增长、提高人民生活质量以及保障国家安全的重任。2007 年，我国公路通车里程 358.37 万千米，截至 2018 年年底已增至 484.65 万千米，公路密度由 2007 年年底的 37.33 千米/百平方千米增至 2018 年年底的 50.48 千米/百平方千米。其中，高速公路通车里程由 2007 年年底的 5.39 万千米增至 2018 年年底的 14.26 万千米[3]。作为现代化公路交通运输标志的高速公路，为我国国民经济和社会的发展提供了巨大的动力支撑。多年来，国家一直致力于高速公路的建设与发展，制定了大规模建设、跨越式发展的宏伟战略目标，相继出台《国家高速公路网规划》《公路水路交通“十一五”发展规划》《交通运输“十二五”发展规划》《国家公路网规划（2013—2030 年）》《“十三五”现代综合交通运输体系发展规划（2017年）》等系列有关高速公路发展规划和积极财政支持政策，并在其强力的推动下，我国高速公路发展取得了前所未有的建设成果。目前，我国高速公路骨干网络已基本形成，且正在加快推进和逐步完善。国家统计数据显示，自 2014 年我国高速公路通车总里程 11.19 万千米超过美国以来，始终保持世界第一的位置。近年来我国公路和高速公路通车里程如图 1.1所示。

　　从高速公路的基本属性来看，因其强大的通行能力、高效的行车体验、完善的安全服务设施与保障措施等特色优势，越来越多的公路交通使用者更倾向于选择高速公路作为出行线路。2018 年，全国国道机动车年平均日交通量为 14179 辆，同比增长 3.5%，国家高速公路年平均日交通量为 26435 辆，同比增长 5.4%[3]。从统计数据分析来看，尽管同期国家高速公路通车里程仅占国道通车里程的 2.94%，但国家高速公路的年平均日

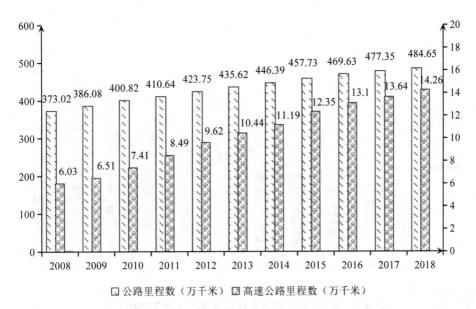

图 1.1　近年我国公路和高速公路通车里程（2008—2018 年）

数据来源：国家统计局年度数据

交通量是国道年平均日交通量的 1.86 倍，且全国人均高速公路出行 17 次，显著高于铁路运输 2.4 次和民航运输 0.4 次[4]，表明高速公路已然成为我国民众日常公路交通出行的主要方式。此外，值得注意的是，2018 年高速公路货运量和货物周转量同比持续增长，并承担了全国公路 42.6% 的货运量和 41.8% 的货物周转量，进一步凸显了高速公路在国民经济和社会发展中的骨干作用[4]。

综合上述分析，自 20 世纪 90 年代起，当前我国高速公路网络已取得了举世瞩目的建设与发展成绩。然而，随着汽车保有量的持续增长（图1.2），再加上民众日常公路交通出行多选择以高速公路为主导的出行方式，使得高速公路运行安全风险成倍增加，导致突发交通安全事故频发，并呈现出总量大、伤亡人数攀升、直接损失巨大的特点。因此，我们也应该清醒地认识到，未来我国高速公路安全运行工作形势依然非常严峻。

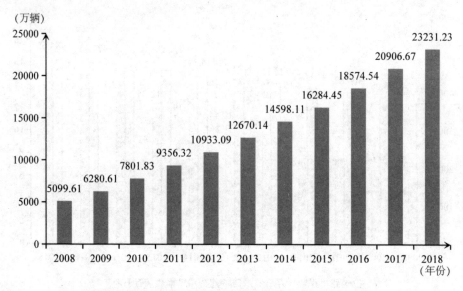

图1.2　近年我国民用汽车保有量情况（2008—2018年）

数据来源：国家统计局年度数据

其一，持续快速增长的道路运输需求导致高速公路交通安全风险增大，给高速公路交通安全运行管控工作带来巨大压力。图1.3显示了2008—2018年期间我国公路货运量和货物周转量情况。与此同时，受国家宏观政策有利调控、大宗物资市场需求持续增加、居民消费不断升级以及机动车保有量迅速增长等关键因素的影响，近年来我国高速公路的客货运需求继续保持快速增长。2018年，全国高速公路完成高速公路货运量168.5亿吨，货物周转量29624亿吨千米，旅客出行量超过200亿人次，旅客周转量近1.6万亿千米，同比分别增长12.2%、7.9%、3.6%和2.4%，均创历史新高[4,5]。分析这些数据发现，高速公路客货运量的增速均高于同期铁路、公路、水运运输方式的发展增速，预计今后几年该运输方式需求还将持续增加。另据2017年2月3日由国务院对外发布的《"十三五"现代综合交通运输体系发展规划》显示，到2020年，高速公路建成里程15万千米，基本覆盖城区常住人口20万以上的城市，进一步强化高速公路对国家战略发展的支撑作用；也进一步表明，"十三五"期间，面对错综复杂的国内外交通运输发展环境，我国交通运输安全形势依然严峻，尤其是对于安全风险性较大的高速公路，其安全运行管控工作在监测、预警、指挥和处置应对各类自然灾害、交通安全事故、突发大流量交通拥堵、突发公共卫生安全事件、群体事件等各类事件方面仍将面临巨大挑战，强化突发事件应急管控能力势在必行。

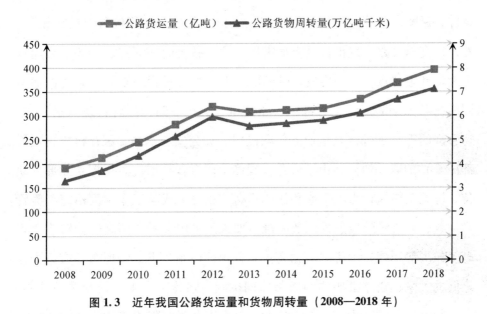

图 1.3 近年我国公路货运量和货物周转量（2008—2018 年）

数据来源：国家统计局年度数据

其二，高速公路突发事件频发，严重威胁国家发展和民众的生命财产安全，应急管理体系建设亟待健全和完善。近年来，随着高速公路通车里程数的持续增长以及民众出行重要性的日益凸显，高速公路突发交通事件逐年增加，虽然事故率和死亡率有所下降，但是与美国、日本、英国等发达国家相比，仍然偏高，这也进一步揭示了我国高速公路突发事件应急处置与保障能力水平与发达国家存在较大差距，应急管理体系建设相对落后。目前，我国高速公路应急管理主要是以省级高速公路应急管理体系为基础，按照"依法应对，预防为主；统一领导，分级负责；规范有序，协调联动"的工作指导原则与规范，已经基本构建了"一案三制"（应急预案、体制、机制、法制）的三级应急预案体系（交通运输部、地方交通运输主管部门、交通企事业单位），各级都设立了相应的路网监测与应急处置中心组织机构，制定了针对性和实用性的应急预案体系，与之相适应的体制、机制建设方面也正在逐步健全和完善中，这在预防与应对各类突发事件，保障高速公路网络有序、安全运行方面起到了积极重要的作用[6]。然而，高速公路突发事件具有危害性巨大、救援时间紧迫、趋势发展随机不确定性等特点，并且突发事件的应急响应处置过程通常需要系统内部不同机构（如交通运输主管部门、路网运营公司、路网综合行政执法机构、运管部门等）和外部其他业务关联机构（如公安、消防、医疗机构、气象部门等）的联动协同，由于应急管理体系还存在顶层应急指挥功能部分缺位、协调功能执行力度不够和效率不高、联动模式与工作制度不完善等管理问题，常常导致应急处置效果难尽如人意。因此，我国高速公路应急管理工作形势严峻，亟待健全和完善应急管理体系，进一步理顺各应急主体之间的关系，建立必要的沟通与协同机制，强化突发事件的预警与预防，最大限度避免或减少突发事件的发生，提高各类突发事件的应急响应处置的效率，保障交通运行安全、高效。

其三，面对复杂动态多变的高速公路突发事件应急处置环境，我国高速公路应急处置决策能力水平相对偏低，方法体系也不够完善。2018 年 3 月 27 日，交通运输部发布了《公路交通突发事件应急预案》，明确指出"建立突发事件预警、分析、评估、决策支持系统，提高防范和处置公路交通突发事件的决策水平"，进一步表明了当前提高应急管理决策水平的工作内容和要求。一般而言，突发事件应急处置属于非结构化的应急决策过程，目前管理实践中普遍采用以应急预案为基础的决策响应方式。高速公路应急预案是针对高速公路可能发生的自然灾害、重特大交通事故、大流量拥堵事件、公共卫生安全、群体事件等各类突发事件而预先制定的包含应急组织指挥、救援保障、演练培训等过程环节的行动指导方案。应急预案的重要性是不言而喻的，其质量优劣直接决定了应急决策处置过程的效率和效果。科学、合理、有效的应急预案决策支持是突发事件有效处置的必要保证。由此可见，面对突发事件，如何科学合理地开展应急决策并选合适的应急预案，是当前高速公路应急管理工作中亟待解决和完善的现实实践问题。因此，考虑高速公路突发事件应急决策的复杂环境需求，充分利用科学、高效的决策管理论与技术方法，开展以应急预案优选为基础的应急决策方法的研究与实践，不仅有利于增强应急预案决策过程的科学性、实用性和时效性，避免应急管理决策失当而产生不必要的危害，为高速公路应急管理工作提供科学决策依据，而且也有利于促进突发事件应急处置决策能力水平的提高。

综上所述，当前我国高速公路进入了快速发展的新时代，伴随着国家各项规划政策的支持与推动，仍将保持持续快速增长的发展趋势，再加上全国汽车保有量的快速增加、高速公路客货运剧增的需求量等现实宏观发展背景，势必给高速公路运营安全增加巨大的潜在风险，极易引发重大交通突发事件和造成巨大损失。面对频发的高速公路突发事件，如何构建与新形势发展相适应的突发事件应急管理决策方法，进而实现应急管理决策效能的强化提升。这一严峻的现实宏观发展背景，给高速公路应急管理实践工作提出了更高的理论与方法要求。既有健全高速公路应急管理体系的"软实力"提升要求，包括优化应急管理体制、机制、法制、预案体系、创新评估决策方法等，也有强化高速路网建设的"硬实力"改善要求，包括加快路网建设、改善通行条件、升级软硬件平台与机电设备等[7, 8]。

因此，本书将结合我国高速公路突发事件应急管理工作实践，在综合对比分析既有研究的基础上，探讨与总结当前应急管理工作中存在的问题，构建应急管理决策能力提升策略分析的方法，尝试提出适应新形势的能力提升的策略或措施；进一步建构应急管理决策系统平台框架，继而应用新理论、新技术、新方法构建和完善复杂应急决策环境下高速公路突发事件应急决策理论方法体系。本书的研究旨在为我国高速公路交通管理部门和营运机构的应急管理工作实践提供有益的参考。

1.2　研究目标与内容

1.2.1　研究目标

鉴于高速公路在我国国民经济与社会发展中的重要性、持续增长的客货运需求以及道路交通通行的潜在风险，本书从高速公路突发事件应急管理的角度出发，兼顾事前预防、事发预警、事中控制、事后处置及强化应急处置的协同管控的现实客观需求，在全面分析和总结国内外已有相关研究成果的基础上，聚焦高速公路突发事件应急管理决策能力提升的研究，尝试总结和探索适应当前形势下的高速公路应急管理决策能力提升策略分析的方法，构建满足多主体协同管控、统一信息集成的高速公路应急管理决策信息系统框架与功能，并针对复杂多变的突发事件应急决策环境特征，综合运用多属性决策、行为决策、模糊集、热力熵等相关理论与方法，研究不确定复杂决策情境下的应急决策问题，构建考虑决策过程复杂特性的突发事件应急决策模型与方法，以期为我国高速公路交通管理部门和营运机构的应急管理决策能力建设提供一定的理论依据与技术方法。

1.2.2 研究内容

围绕当前应急管理决策能力提升的发展需求，本书以高速公路突发事件应急管理决策活动为研究对象，分析既有研究工作与应用存在的不足，综合运用应急管理理论、经验挖掘理论方法、信息系统分析方法、多属性决策方法、行为决策理论、模糊决策方法，重点探讨我国高速公路应急管理工作实践的基础问题，包括能力提升策略分析的方法、应急管理决策平台建设、应急管理决策模型方法等。主要研究内容如下：

（1）我国高速公路应急管理现状分析与能力提升策略分析的方法。从提高应急管理决策能力的角度出发，总结与分析当前国内典型省份的高速公路应急管理现状，探讨应急管理模式的发展脉络和能力提升的影响因素；结合应急管理实践经验，研究应急管理决策能力提升策略分析的方法，继而提出符合当前实际的高速公路应急管理决策能力提升的新措施与对策建议，以期为各级高速公路管理部门或机构提供有效的经验决策参考。

（2）构建基于云技术的高速公路应急管理决策系统框架。围绕应急管理决策能力提升的信息化建设需求，基于物联网、云计算、大数据等新信息技术发展驱动，从加强应急信息集成和提升管理决策能力的内在需求角度，建构高速公路应急管理决策系统框架与功能。首先，从信息化建设与联动管控决策视角，系统分析高速公路管理信息系统平台运行与发展现状以及系统平台建设的内在需求；其次，探讨新信息技术背景下应急管理决策系统的建设目标、发展思路及功能业务需求，构建基于云技术的高速公路应急管理决策系统框架；最后，分析系统架构及各个层次应有的功能，提出针对性的方案实施建议。

（3）提出考虑信息质量的高速公路单阶段应急决策方法。研究多重不确定因素影响下的高速公路应急决策问题，聚焦当前应急决策工作实践中关于决策专家偏好判断信息精细刻画、有限理性行为有效描述、评估信息最大化利用等当前研究中的局限问题，探讨科学有效的应急决策模型与方法。一是，考虑决策专家的不确定性或模糊性偏好直接影响决策结果的准确性和有效性，研究行之有效的决策专家偏好判断信息精细刻画方法，实现对偏好判断信息的准确表征；二是，决策专家不确定风险决策时有限理性行为特征不容忽视，研究这种有限理性行为特征下异质偏好心理的描述理论与效用计算方法；三是，受制于应急决策环境下可利用的决策信息匮乏、响应决策时间紧迫、不确定风险等影响，针对传统方法忽视最大化利用和挖掘有限的决策信息的局限问题，提出考虑信息质量的决策信息量化与集成计算方法，继而得到高速公路备选应急方案综合排序及最理想的应急决策方案。

（4）提出基于信息更新的高速公路多阶段动态应急决策方法。针对单阶段应急决策方法在实际决策应用上存在一定的局限性，且多阶段应急决策问题研究不足，综合考虑突发事件态势演变的多阶段性、不确定性、动态性、信息更新性等特征，以及决策者风险态度偏好的特点，研究构建不确定决策环境下的多阶段动态应急决策模型与方法。一是，考虑快速动态应急响应的决策短时间压力，决策专家对不确定信息偏好判断时的模糊性与犹豫性，研究不确定模糊犹豫信息的表征方法，实现动态应急决策环境下偏好判断信息的有效描述；二是，系统分析突发事件态势演变的多阶段性、不确定性、动态性、信息更新性等特征，考虑多阶段动态决策过程中方案调整的主观随机性干扰，探讨专家权重、权重均未知的多阶段动态应急决策模型原理，继而以各阶段下决策者满意度信息最大为目标，研究基于满意度信息阶段更新的权重优化动态模型，获得各演化阶段的最优满意度及权重；三是，研究决策专家的风险态度偏好对决策结果的影响，揭示应急决策方案结果受到决策专家风险态度影响的变化规律，构建基于风险态度参数的应急方案价值效用函数，继而得到各演化阶段下各个应急决策方案的综合价值，实现各阶段下备选决策方案的排序。

1.3 研究方法与技术路线

1.3.1 研究方法

本研究课题围绕主要研究内容，综合采用实地调研与文献分析相结合、定性分析与定量分析研究相结合、理论与算例仿真分析相结合等研究方法开展各个内容的研究工作，具体如下：

（1）实地调研与文献分析相结合。在确定高速公路应急管理决策方法研究主题的基础上，通过实地走访、调研问询、资料查阅等研究方式对有关交通行业主管部门、高速公路交通执法机构、高速公路管理营运公司以及其他业务关联单位进行了调查访问和资料收集，摸清目前高速公路应急管理现状，理论与实践相结合深入分析当前应急管理工作实践的问题，为明确和细化研究内容奠定基础。此外，采用文献查阅与分析研究方法，对当前国内外学者在高速公路应急管理实践及管理决策领域的研究工作及成果积累进行有效的分析和理解，了解相关研究前沿，并在此基础上深入发掘研究问题本质，寻找新的突破。

（2）定性分析与定量分析研究相结合。在分析高速公路应急管理现状与存在问题的基础上，采用经验挖掘理论与方法，从已有事故调查分析报告中挖掘能力提升策略参考信息，据此探讨符合当前实际的高速公路应急管理决策能力提升的措施与对策建议；围绕应急管理决策平台信息化建设的发展需求，采用信息系统定性分析的方法，构建基于云技术的高速公路应急管理决策系统框架，分析系统架构及各个层次应有的功能，给出方案实施建议；从突发事件应急管理决策基础出发研究应急决策方法，在定性分析应急决策特性的基础上，综合运用多属性决策理论、行为决策理论、模糊决策方法进行数据定量分析与决策模型建模，分别构建了考虑信息质量的单阶段应急决策模型和基于信息更新的多阶段动态应急决策模型，并进行算例数据分析与验证。

（3）理论与算例仿真分析相结合

对研究问题涉及高速公路突发事件应急决策模型与方法，综合运用行为决策、多属性决策、模糊数等理论与方法，从不同的实践问题研究角度，构建合理的方案决策模型实现备选应急方案的排序与比选，进而采用案例数据计算仿真过程对模型的可行性、有效性、稳定性进行了验证与分析。

1.3.2 技术路线

本书聚焦研究高速公路突发事件的应急管理决策问题，研究思路与方法采取基于"问题提炼、分析问题、解决问题"的逻辑辩证主线，综合采用实地调研分析、文献资料分析、定性与定量研究、理论与算例仿真分析相结合的研究方法，开展相关理论与应用研究工作。本书研究的技术路线如图1.4所示。

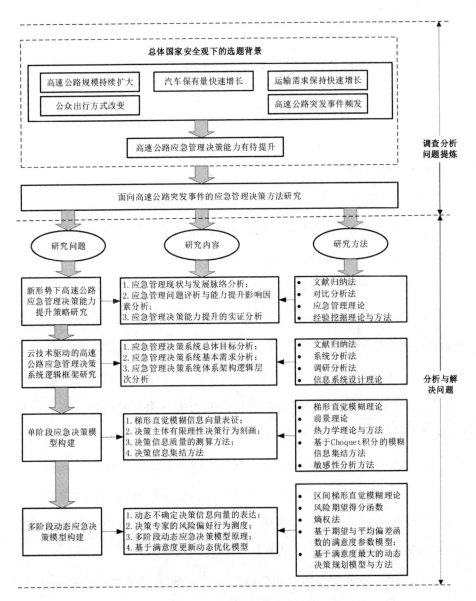

图 1.4 本书研究的技术路线

1.4　主要贡献与研究局限性

1.4.1　主要贡献

本书的主要贡献如下：

（1）构建基于经验挖掘理论的高速公路应急管理决策能力提升策略分析的方法。已有的高速公路突发事件的事故调查分析报告中含有丰富的针对性措施或建议，对提升应急管理决策能力具有非常重要的经验参考价值。然而，对于这些经验的信息分析与价值发掘方面，当前在高速公路应急管理领域还未见报道。为此，在对当前高速公路应急管理现状分析和能力提升影响因素的基础上，基于 Shen 等[9]提出的经验挖掘理论方法的研究思路，本书设计了基于经验挖掘理论的能力提升策略分析的方法，并利用 RStudio 平台编程进行了实证分析，实现了从已有的高速公路事故调查分析报告中挖掘有价值的策略信息。据此，结合能力提升的影响因素，分别从依法应急、职能专业化、集中管控协同、信息化建设的角度，探讨了强化提升应急管理决策能力的策略。该实证分析方法是对当前高速公路应急管理决策能力提升策略分析方法体系的补充与完善。

（2）构建云技术驱动的高速公路应急管理决策系统逻辑框架和功能。聚焦应急管理决策信息化能力提升的发展需求，研究构建了基于云技术的高速公路应急管理决策系统框架和功能。该系统框架解决了交通管理与服务的内部业务系统众多，结构复杂，且体系异构的巨型系统的整合与共享等问题，技术方案的主要功能应用于国家交通运输部重大科技专项"重庆公路运行状态监测与效率提升技术研究及示范应用"（201231835040）的工程实践。与以往其他研究相比，该系统具有一定的前瞻性和系统性。

（3）提出一种考虑信息质量的高速公路突发事件单阶段应急决策方法。考虑多重复杂不确定条件下的决策问题，已有研究主要关注不确定信息表达[10-12]、决策专家有限理性[13-18]、信息集结[19-24]、关联关系[25-28]等方面，取得了满意的研究结果。然而，在未知或不确定的应急决策环境下，可获得的决策信息往往是非常有限且珍贵的，更应该被最大化挖掘利用，但鲜有研究考虑这个角度。基于此，本书在 Prathap[29]、Verma 和 Rajasankar[30]研究工作的基础上，首次将热力学方法类比扩展到梯形直觉模糊决策领域，提出了可量化决策信息数量、质量的热力学参数与计算方法，可实现决策信息的最大化利用。此外，融入决策专家风险决策的有限理性和属性关联，分别构造了基于前景理论的效用矩阵和基于模糊测度的Choquet 积分算子，实现前景效用信息的有效转化与集结。

（4）提出一种基于信息更新的高速公路突发事件多阶段动态应急决策方法。动态应急决策方法能有效克服单阶段决策的现实应用局限性，受到学者的普遍关注。当前研究主要关注决策过程中的情景信息的阶段变化[31-33]和动态更新[34-39]。然而，这些研究采用主观假定的计算条件或变化规律前提，如构造等比数列、等差数列计算情景的阶段权重，预置决策专家心理参考点、情绪线性更新等，过多的主观预置易导致决策结果出现较大的主观偏差。基于此，为避免主观给定心理参考点的随机性，本书基于属性值的期望函数和偏差函数，构造了新的满意度公式，刻画决策专家在阶段变化过程中对应急方案实施效果的认可程度；继而提出基于满意度信息阶段更新的权重优化动态模型，获得各情景演化阶段的最优满意度及相应权重。此外，针对已有研究较少考虑决策专家风险态度对决策结果的影响，提出并推导了基于区间梯形直觉模糊数的风险偏好态度期望效用函数，获得不同风险偏好态度下的应急决策方案排序比选结果，进而揭示应急决策方案结果受到决策专家风险态度影响的变化规律。

1.4.2 研究局限性

本书结合当前高速公路应急管理工作实际，从完善应急管理决策"软实力"和"硬实力"的能力需求出发，以高速公路突发事件应急管理决策活动为研究对象，在承袭前人研究工作和实地调研的基础上，围绕应急管理现状与能力提升策略、应急管理决策平台信息化、应急管理决策方法等方面开展了研究工作。尽管相关工作获得一定研究进展和贡献，但仍存在一些研究局限，具体分析如下：

（1）关于研究对象界定与方法选择。高速公路应急管理工作涵盖内容广泛、复杂，且问题本身的实践性较强，调研难度较大，关于提升应急管理决策"软实力"和"硬实力"的相关内容较多，例如，应急管理机制、法制、应急处置、路网规划、恢复重建等。本书受篇幅限制和理论水平不足，未对所有内容进行研究与分析，仅从管理决策能力提升策略、管理信息化建设、管理决策方法三方面开展研究，总体框架不够完整，且理论水平方面存在一定不足。

（2）关于应急管理决策方法研究。本书研究侧重于应急决策中方法研究与计算流程设计，但对于案例中的数据来源、评价属性指标体系论证方面没有涉及。案例中数据来源于针对性的访谈与数据收集，其代表性存在一定的不足；属性指标体系的确定也主要是参考已有研究，未在文中进行科学论证。因此，尽管案例计算分析结果验证了所提出方法的有效性与可行性，但研究过程对应急管理决策这一管理活动的完整性表达方面存在一定的局限。

1.5 本章小结

本章详细阐述了论文研究的问题背景及意义、研究目标与主要内容、研究方法与技术路线、主要研究贡献与研究局限。首先，详细分析当前我国高速公路建设与运行发展的现实宏观背景及面临的基于运营安全的应急管理风险，提出构建与新形势发展相适应的突发事件应急管理与决策系统，既有健全高速公路应急管理决策体系"软实力"提升要求，也有强化高速路网建设的"硬实力"改善需求，阐述了开展软硬实力建设的现实必要性和理论实践意义。然后，围绕高速公路突发事件应急管理体系建设与决策方法研究问题的需求，结合实地调研和文献资料分析相结合的方法，提出本书的研究目标和主要研究内容。最后，以研究目标为根本，围绕各个主要研究内容，进一步阐述研究中所涉及的各主要研究方法，形成可靠的研究方案技术路线，提出本书的主要贡献与研究局限性，继而形成本书的研究总框架。

第二章　高速公路应急管理相关理论与研究评述

　　经过近三十多年的建设，我国高速公路建设取得了巨大的发展成绩，目前已拥有全球规模最大、里程最长的高速公路运行网络。然而，高速公路网络发展规模的不断扩大、民用汽车保有量的持续增加、交通运输需求的快速增长以及公众出行方式的改变，使高速公路运行安全风险成倍增加。特别地，近年来的各类重大交通突发事件频发，并呈现出总量大、伤亡人数攀升、直接损失巨大等特点。这些频发的突发事件，给高速公路应急管理工作带来严峻的考验，管理工作形势依然不容松懈。为此，针对当前严峻的应急管理发展形势，如何促进高速公路突发事件的应急管理决策能力提升，是当前高速公路应急管理领域一个亟待解决的重要课题。

　　本书聚焦研究当前高速公路突发事件应急管理决策问题，对其相关内容进行系统分析与模型方法构建。本章从提升应急管理决策"软实力"和"硬实力"的实践需求出发[7, 8]，对高速公路突发事件应急管理、突发事件信息及其在应急管理决策中的应用、应急管理决策基础三方面进行基础分析和文献综述，继而探讨突发事件应急决策的特性，最后通过文献述评明确了研究方向。

2.1　高速公路突发事件应急管理相关理论

2.1.1　高速公路突发事件定义

2.1.1.1 高速公路及其特点

根据我国《公路工程技术标准》（JTG B01-2014）规定：高速公路为专供汽车分向行驶、分车道行驶、全部控制出入的多车道公路。世界各国、各地区对其高速公路均有建设标准，设有统一的模式；不同国家、地区之间的高速公路有所差异，有的国家地区对部分控制进出口、非全路段采用立交的直达干线公路也纳入高速公路[40]。

高速公路，常常简称为高速路，本质上是一类特殊的人造系统。人们建造这种系统的目的是连通区域，促进区域间大规模交流与沿线经济社会发展，目标是实现大规模车流的快速流动。它与普通公路相比有许多不同之处，比如造价高，需要专门的公司、机构或组织进行专业化运维管理。但从系统管理的角度来说，它区别于低等级公路的主要特征：一是速度高，通常会达到普通公路上车辆行驶速度的 2 倍，是城市道路车辆行驶速度的 3 倍；二是流量大，一般远大于低等级公路；三是中断损失大，即运行中断单位时间的损失巨大，包括直接损失和间接损失，尤其是高峰时段，损失更大；四是有限开放性，无论何时，车辆只能通过有限匝道进出系统；五是大空间性，高速公路系统分布在巨大的空间范围；六是环境脆弱性，即系统暴露在自然环境中，运行容易因自然环境的变化而中断。深刻理解高速公路的这些特征，对于高速公路突发事件应急管理非常重要。

2.1.1.2 高速公路突发事件

正确认识和理解高速公路突发事件是研究其应急管理问题的前提与基

础。早在 2006 年，国务院发布的《国家突发公共事件总体应急预案》中已给出了突发公共事件的确切定义，它是指突然发生，造成或者可能造成重大人员伤亡、财产损失、生态环境破坏和严重社会危害、危及公共安全的紧急事件。然后，我国在 2007 年新颁布的《中华人民共和国突发事件应对法》，对突发事件的基本内涵了进一步明确，即突然发生，造成或者可能造成严重社会危害，需要采取应急处置措施来应对的自然灾害、事故灾难、公共卫生事件和社会安全事件。在此基础上，国家交通运输部在 2009 年新修订发布了《公路交通突发事件应急预案》文件，这是一部专门针对我国公路交通突发事件的国家层面总体预案，全面地给出了公路交通突发事件的基本定义：公路交通突发事件是由自然灾害、公路交通运输生产事故、公共卫生事件、社会安全事件等突发事件引发的造成或者可能造成公路以及重要客运枢纽出现中断、阻塞、重大人员伤亡、大量人员需要疏散、重大财产损失、生态环境破坏和严重社会危害，以及由于社会经济异常波动造成重要物资、旅客运输紧张需要交通运输部门提供应急运输保障的紧急事件。

参照上述权威定义，部分学者对高速公路突发事件进行分类与定义：林毓铭[41]从高速公路突发事件影响的视角，对高速公路灾害事件进行了类别划分，认为此类灾害事件应该主要包括自然灾害、社会公共事件、公路事故灾难、公共卫生事件四类。吴刚[42]考虑高速公路突发事件的起因和后果，也对高速公路突发事件进行了诠释。他认为高速公路突发事件是指因道路交通事故、危险品泄露、恶劣天气、自然灾害、刑事案件等导致高速公路交通持续中断、危及交通安全、造成或可能造成重大人员伤亡、财产损失、环境破坏和社会危害，并需要多部门、多地区、多层级联合处置的紧急事件。盛刚[43]指出高速公路突发事件包括交通事故事件（人员伤亡事故、财产损失事故）、恶劣天气事件（雨、雾、雪、沙尘等）、道路病害事件（路基损坏、路面损坏）、不可抗力事件（地震、山体滑坡、泥石流）及危险品货物事件（易燃、易爆、强氧化性、强腐蚀性、毒性、感染性、放射性等）五大类事件。赵朋[44]在博士论文中将高速公路突发事件定义为：由于自然灾害、交通运输安全事故等突发性事件引起的公路线路出现中断、公路基础设施发生损毁、生命财产安全受到威胁而需要一定的应急物资或装备来快速抢修交通线路、展开救援，使公路交通快速实现畅通的紧急事件。该定义不仅阐述了高速公路突发事件的起因、后果，而且还从应急管理角度提出了高速突发事件的应急目标、措施，内涵相对更为全面、具体、丰富。上述研究成果对高速公路突发事件的定义，尽管在表述上存在一些差异，但从意思表达和内容范围界定上已明确了高速公路突发事件的诱发原因、事件种类、危害程度和应急管理需求。

综上所述，根据高速公路的基本属性特征，结合高速公路日常管理运行实践经验，本书将高速公路突发事件界定为：突然发生的，由自然灾害、交通事故、公共卫生事件和社会安全事件等造成或者可能造成高速公路运行中断、阻塞、生命财产损失等社会危害，并需要采取应急处置措施来应对的各类安全事件。

2.1.2　高速公路突发事件的分类分级

依据《中华人民共和国突发事件应对法》《国家突发公共事件总体应急预案》《公路交通突发事件应急预案》的有关规定，高速公路突发事件的种类可划分为自然灾害事件、交通运输生产事故灾害事件、公共卫生事件和社会安全事件四个基本类别，具体分类如图 2.1 所示。其中，自然灾害事件主要分为因暴雪、冰雹、暴雨、结冰、洪水、大雾等恶劣天气引起的天气灾害事件和因山体滑坡、泥石流、塌方、地震等地质危害引起的地质灾害事件；交通运输生产事故灾害事件包括交通事故、火灾事件、爆炸事件、环境污染等；公共卫生事件是指因重大传染病疫情、群体性不明原因疾病、中毒等影响公众健康的重大事件而引起的突发高速公路交通限流、关闭等交通管制事件；社会安全事件包括突发交通大流量拥堵、群体性事件、国家救灾通道紧急事件、交通肇事逃逸及刑事、治安案件查缉等。

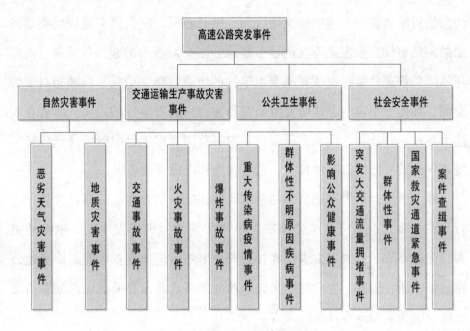

图 2.1 高速公路突发事件分类

《中华人民共和国突发事件应对法》《国家突发公共事件总体应急预案》已规定，按照突发事件的性质、严重程度、可控性、影响范围、造成的后果等相关影响因素，将其突发事件分为Ⅰ级、Ⅱ级、Ⅲ级和Ⅳ级，安全危害程度等级依次分别为特别重大、重大、较大、一般四个级别。因此，参照这个分类分级标准，根据高速公路突发事件的类别、造成的人员伤亡与经济损失情况、影响道路正常通行的危害程度、事态发展的可控态势、应急救援与交通运行恢复的时间需求强度等因素的影响，可将高速公路突发事件分为Ⅰ级、Ⅱ级、Ⅲ级和Ⅳ级，安全危害程度等级依次分别为特别重大、重大、较大、一般四个级别。

2.1.3　高速公路突发事件的特征

前述分析指出，高速公路具有行车速度快、流量大、中断损失大、有限开放性、大空间性、环境脆弱性等功能特性。相比于普通公路而言，这些特有的功能属性极大地增加了交通运行安全事故风险，极易引发突发事件发生。例如，由于车辆在高速公路上行车速度较快，使得车辆制动距离加大，且车辆惯性增加，一旦发生交通事故，势必会引发系列诸如车辆连续追尾、避让侧翻等事故，从而造成更为严重的事件后果。有限的开放性，使得一旦发生交通事故，必将导致局部发生拥堵，若不及时指挥疏通，一方面影响紧急救援，另一方面也极易诱发更大的交通事件。因此，通过进一步分析前述关于突发事件定义及内涵，我们可以看出，高速公路突发事件一般应该具有以下几个重要特征：

（1）发生突然性。从时间、空间、状态角度来看，高速公路网络分布广泛，空间上是无法对其做到无缝管理和监控。事件发生的瞬间，其时间、地点难以准确预测，且事件的发生之前没有或基本没有可以预先做好应对准备的时间和瞬时管控能力。这一特征对高速公路突发事件管理提出了严峻的考验和要求，即如何在日常管理中能够预警突发事件，并提前做好应对准备。

（2）随机不确定性。受突发事件的内在和外在因素影响，无法预测和明确事件的发生时间、演变过程、危害结果、影响范围等，且事件的发展态势也在随时发生变化，从而使其具有明显的信息不确定性特征。

（3）时间紧迫性。因事件的突发性，且危害巨大，尤其是衍生事件的影响，进行有效管理决策并采取相关措施来预防或管控的时间很短，也非常困难。

（4）社会危害性。高速公路是国民经济发展的重要基础设施之一，其安全稳定运行至关重要。因突发事件导致交通通行受阻或瘫痪，带来的直接或间接损失巨大，且覆盖社会范围广泛，给人们的生命财产安全带来巨大的危害。

（5）事件多样性。前述突发事件的定义中已明确，高速公路突发自然灾害、交通安全事故、公共卫生事件和社会安全事件等统称为高速公路突发事件。在现实应急管理实践中，受突发事件成因多样性影响，再加上各类突发事件之间也或多或少地存在一定的关联性，一类突发事件常常会引起连锁反应或衍生其他类事件发生。例如，对于突发的自然灾害事件，如不及时有效对相关路段或车辆进行预警和处置，常常会衍生出新的交通安全事故。

（6）动态演变性。显然，任何突发事件是不会保持处于一种静止状态的。受自身内在特质和外在环境因素影响，如内在致灾因子、事件环境变化、应急决策方案干预等，突发事件的发展过程处于一个持续变化的动态演进状态。因此，在突发事件的应急决策与响应处置过程中，需要根据突发事件的发展演进态势，适时调整和采取相应的应急行动方案，提高方案的针对性和有效性。

2.1.4 高速公路突发事件应急管理流程

突发事件是应急管理的前提和依据。已有研究对应急管理含义的界定有多种表述[43-47]，在此基础上本书定义高速公路突发事件应急管理为针对高速公路系统运行中突发事件的事前、事发、事中、事后的全过程管理。从管理学本质来看，应急管理是围绕管理目标形成的一系列针对突发事件的应急决策活动集合[48]。从宏观角度来看，高速公路突发事件应急管理的目标是事前做到有效控制与预防，事发做到及时预警与监控，事中做到科学响应与应对，事后有专业评估与善后恢复措施，最大限度减少人员生命与财产损失，最短时间恢复路网正常通行状态。从微观上讲，高速公路突发事件应急管理是一系列复杂的决策与管控过程，即针对突发事件，通过科学合理规划配置可用应急资源（人、财、物等），进而采取系列有效的决策与管控方法，实现对突发事件的事前做到有效控制与预防，事发做到及时预警与监控，事中做到科学响应与应对，事后有专业评估与善后恢复措施[42]。

对于高速公路突发事件应急管理流程，原则上应遵从《中华人民共和国突发事件应对法》的规定。在该法框架下，一般是按照"分级负责、分级响应"的管理体制及应对处置机制，并根据高速公路突发事件的类别、造成的人员伤亡与经济损失情况、影响道路正常通行的危害程度、事态发展的可控态势、应急救援与交通运行恢复的时间需求强度等因素的影响，可将高速公路突发事件分为Ⅰ级、Ⅱ级、Ⅲ级和Ⅳ级，安全危害程度等级依次分别为特别重大、重大、较大、一般四个级别，同时研判、决策并启用与之相适应的应急预案，直到对突发事件的有效防控与应急处置使之得到圆满解决。突发事件应急管理的一般处理流程如图2.2所示。

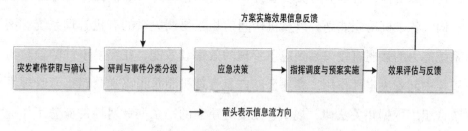

图 2.2　突发事件应急管理的一般处理流程

2.1.5　高速公路应急管理体系现状分析

自 2003 年我国爆发 SARS 非典疫情突发事件，我国应急管理研究与实践工作正式起步。在此之后，我国又经历了 2008 年南方冰雪灾害、汶川地震、玉树地震、甬温线铁路交通事故、天津滨海新区爆炸事故等一系列重大事件，应急管理工作由最初的经验管理模式逐步转变为现代化的科学管控模式，并构建了以"一案三制"为基本框架、总体国家安全观下的新时代应急管理体系[49, 50]。一案三制，即应急管理体制、应急管理机制、应急管理法制、应急预案体系四个基本方面，是应急管理的核心组成要素，为有效应对突发事件提供与其相适应的法律法规框架、管理组织保障、工作事务流程、业务运行机制、应急处置指南等[51, 52]。

高速公路应急管理体系建设也不例外。政府及相关路网运营主体自上而下也构建了"一案三制"的应急管理体系，为有效应对高速公路突发事件的事前、事发、事中、事后等各个阶段提供了明确的行动指南，在高速公路突发事件有效处置方面发挥着极其重要的作用。在《中华人民共和国突发事件应对法》立法的基本框架下，基于"一案三制"的高速公路应急管理体系包括高速公路应急管理体制、应急管理机制、应急管理法制和应急预案体系四个部分。（图 2.3）高速公路应急管理体制是指高速公路运营管理系统的组织结构及各组织间的相互关系，即为做好高速公路安全与畅通保障工作，有效应对突发事件，而建立起来的一个包括多级管理组织机构、各个机构职能划分以及机构间的相互协调关系的有机管理系统。该系统能力的强弱直接关系到应急管理的效率和效能，在突发事件的预防与管控中起着决定性作用。高速公路应急管理机制是指高速公路运营管理系统或组织依据相关法律、规章、制度等建立的一系列针对性的应急工作业务流程、处置原则与技术方法等，是突发事件的应急管理工作有效开展与实施的参照指南。高速公路应急管理法制是指国家、地方及交通行业主管部门对高速公路突发事件制定的相关法律法规、规范性文件与管理规章制度等内容的总和，为保障高速公路突发事件应急处置合法性提供依据。管理法制是一切应急工作的基础，任何工作都必须在其框架下开展和完成。高速公路应急预案是指针对可能发生的各类高速公路突发事件，在应急管理法制的框架下，为及时、有序、高效地开展应急响应行动，而预先规划制定的覆盖事前、事发、事中、事后等各个阶段应急处置计划与措施方案集合。应急预案要求在综合分析研判突发事件的类型、级别、影响、演变规律等特性的基础上，明确此类型突发事件的组织体制、运行机制、保障体系、分类分级、响应措施等基本内容，并从工程实践应用角度给出明确的工作目标、任务要求和运行流程，为高速公路突发事件应急管理处置提供具体的参考行动指南，确保事前做到有效控制与预防，事发做到及时预警与监控，事中做到科学响应与应对，事后有明确评估与后期处置措施。

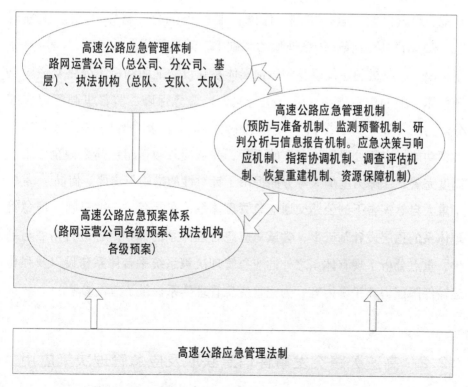

图 2.3　基于"一案三制"的高速公路应急管理体系框架

在各类高速公路突发事件的应急管理实践中，基于"一案三制"的应急管理体系发挥了极其重要的作用，但受制于"一案三制"既定框架的约束，再加上高速公路运营管理模式是以属地管理为主，关于高速公路应急管理体系的研究方面成果并不多见，已有的研究主要关注公路交通宏观层面的应急管理内涵[53-56]、高速公路应急管理体系框架与构成要素以及体系重构与优化[45,57]、以属地管理为主的高速公路应急管理体系分析[58,59]等内容。王建伟等[53]认为交通应急管理体系应以规范应急管理过程的总体框架和行为准则为构建思想。张海波[54]运用结构—功能分析方法，分析了国家公路应急预案体系存在的问题，并从依法行政、属地管理两个层面提出政策建议。孙璐等[57]从高速公路应急管理的内涵、基本原则和内容三方面出发，构建了高速公路应急管理体系框架结构，主要包括应急管理的法律基础、组织机制、运行机制、保障机制四个部分。赵岩[55]在系统分析"一案三制"应急管理体系框架的基础上，阐述了应急法治建设、应急体制建设、应急机制建设以及应急预案体系建设，继而剖析了公路交通应急预案体系中的应急组织体系、运行机制、应急保障、监督机制等组成部分。马兆友等[45]综合分析了高速公路突发事件应急管理体系在联动机制与指挥功能、应急处置能力存在的不足，并从应急救援组织体系健全、工作制度完善、保障力度加大等方面提出了针对性的措施与建议。何磊[56]重构了重大自然灾害下的公路交通应急管理体系，在既有"一案三制"应急管理体系的顶层设计基础上，尝试对应急管理体系的框架内容进行拓展与延伸，重点分析了现有体系之外的应急管理决策系统平台体系建设以及强化运输保障能力建设等内容，为完善应急管理体系提供了建设参考。

2.2 高速公路突发事件信息获取及应急管理决策应用

信息是刻画客观事物之间相互关联、相互作用的数据，能够直接反映客观事物的运动状态和变化情况。在突发事件应急决策过程中，信息贯穿于应急事件决策响应与管控处置的全过程，并发挥着非常重要的决策参考作用。关于突发事件信息应用的研究主要集中在事件信息的传递、处理与信息系统应用。范维澄院士[60]指出针对国家突发公共事件，多渠道、快速、准确的动态信息获取与共享以及有效的数据挖掘与信息融合处理是应急管理中的核心科学问题之一。姚乐野和胡康林[61]认为应急信息在突发事件的事前预防监测、事中响应处置、事后恢复重建等各个决策阶段发挥着重要的保障作用，并且建设集快速响应和有效决策支持于一体的应急信息系统平台，对于提高应急决策速度与质量具有重要的技术支撑作用。2017年1月国务院印发的《国家突发事件应急体系建设"十三五"规划》已明确指出，要加强部门专业应急平台建设，提高突发事件专业信息汇集、应急决策和指挥调度能力。信息在突发事件应急管理与决策中起到了举足轻重的作用。因此，为有效强化突发事件信息在高速公路突发事件应急管理决策中的应用，考虑突发事件信息的获取、处理、应用等角度，本节先对突发事件信息的基本含义进行分析梳理，进而分析高速公路突发事件信息在应急决策中的应用概况。

2.2.1　突发事件信息获取、处理及应用

突发事件信息来源于事件演进发展的客观过程，其信息刻画是对事件发展运动过程与状态变化的客观表征，如事件的发生时间、类型、规模、影响范围、现场损失、持续时间等时空状态特征参数。李纲和李阳[62]对突发事件信息给出了较为全面的释义：突发事件信息是多源且异构的，既包括事件的原因、基本特点、内外部联系、负面影响、网络舆情信息、救援物资信息等全源情报信息，也包括刻画突发事件当前状态直接表现以及导致事件失衡、变动的实时情报信息以及具有代表性、高度浓缩的精准情报

信息。由此，本书认为高速公路突发事件信息是突发事件在各相关因素影响下发生动态演变时的时空状态刻画，且对其深刻理解和应用有助于突发事件的有效响应处置。

关于高速公路突发事件信息的获取来源，管理实践中一般存在两种方式：一是直接方式，通过设置在事件发生场景范围内的信息采集终端设施；二是间接方式，通过人员日常现场巡查、报警值班电话、上下级指令传达等信息获取方式。钟连德等[63]、刘清等[64]构建了高速公路应急管理系统，并认为高速公路突发事件应急信息可以来源于交通流检测器、视频监控设施、应急报警电话、路政巡逻报告、气象观测装置、电子收费装置等各类信息获取的设施设备。李为为[65]分析了省级公路网运行监测与综合管理系统平台建设方案，进一步细化了可用于路网监测与综合管理的信息来源渠道，认为信息可来源于包括视频监控终端、气象监测终端、交通流量监测终端等外场信息采集设施、人工手持或车载巡查设施、人工方式（人工巡查、电话报警、上下级传达、值班、电话录音、与其他部门信息共享等）。

同时，随着现代科学技术的飞速发展，新兴信息技术不断兴起，包括地理空间信息系统（GIS）、全球卫星定位系统（GPS）、物联网技术、车联网技术、高速移动通信技术、大数据、云计算等，可为突发事件信息的获取、共享提供更多的科学技术手段[66, 67]。Li 等[68]考虑突发事件公众信息来源的大规模、多维度、动态、离散等属性特征，构建了可连通共享多个区域性的应急资源数据库的虚拟数据库系统，实现相关的政府组织、非政府组织、其他社会组织、个人的合作信息共享与协同。Arbia 等[69]研究了基于物联网技术的应急救灾系统，进而利用该系统平台对各类无线数据与信息收集装置实现一体化控制与管理。郭春侠等[70]系统梳理了大数据技术应用于突发事件应急决策问题的研究概况与发展趋势，认为大数据技术可有效增强突发事件预测与预警能力，提高应急决策的科学性与有效性。Shah 等[71]在系统分析大数据、物联网技术等信息技术在灾害管理过程中发挥重要作用的基础上，强调信息技术为实现快速准确的应急决策提供新的技术手段。

关于突发事件信息处理及应用的研究，主要集中在应急管理决策系统平台构建方面。其中，国外主要是以微观层面研究居多，侧重于洪水、火灾、地震、天气、环境等具体突发事件的信息平台构建。例如，Pohl 等[72]提出构建基于动态索引和在线聚类算法的应急事件信息处理框架，相关数据包括来自 Twitter，Flickr 和 YouTube 的社交媒体信息，实现对应急响应者的决策支持。Traore 等[73]考虑突发应急事件背景下的医疗需求，提出了构建基于远程医疗功能的应急管理系统平台，包括远程咨询、远程培训、远程监控、远程救助等应用功能，进一步强化了突发事件应急管理过程中的信息交换、共享与处理功能。Lei 等[74]融合互联网技术、GIS 技术、多媒体数据库技术，提出开发用于环境监测的应急决策信息平台，用来支持突发环境污染早期预警与应急响应决策。Wang 等[75]提出构建基于多源监控数据的地震应急响应平台，实现地震事件的快速、科学响应与决策。

此外，关于突发事件信息处理及应用的国内研究主要集中在两方面。一方面关注事件信息的不确定性，研究决策数据信息的有效提取与识别方法。例如，尔古打机等[76]考虑不完全信息下的应急决策数据信息缺失问题，采用对数均值诱导偏差矩阵模型对缺失决策数据信息进行估计。王艳东等[77]研究了突发事件发生时的社交媒体数据处理方法，提出一种基于社交媒体文本流的主题分类与定位模型，实现对有价值信息的挖掘与识别，并用于辅助应急决策。刘明和张培勇[78]考虑应急事件时间紧迫下的决策信息缺失，提出一种基于 DEMATEL、ANP、D-S 证据理论和 TOPSIS 方法集成的序贯集成决策过程，有效解决了此类背景下的应急方案决策选择问题。另一方面围绕突发事件的应急信息管理平台研究与设计，研究内容较为宏观。寇纲等[79]从数据挖掘和智能知识应用的角度出发，提出了突发事件应急信息系统的框架功能结构，用来支持突发事件的监测预警、实时信息收集、数据处理与知识获取、及时有效响应决策。贾胜韬等[80]结合地震应急救灾模式，提出了基于面向服务体系结构的政府 GIS 地震灾害应急信息系统的框架。

已有的文献成果进一步反映了突发事件信息在管理实践中的重要性，并且对信息的获取方法以及在社交媒体、应急医疗、环境监测、地震预警等实践中的处理、应用方面也进行了有益的研究与探讨。然而，在高速公路这一重要应用领域的研究与应用成果较少，已有的应用研究侧重于满足单一功能需求的内部信息系统结构与功能，较少关注高速公路突发事件信息的综合集成、多部门统一平台、业务间协同共享等现实需求。

2.2.2　突发事件信息的应急管理决策应用

突发事件信息的重要性是不言而喻的，其信息获取的及时性和准确性直接关系到应急管理决策工作的效果[60]。对于高速公路突发事件信息在应急管理决策中的应用方面，当前的研究主要聚焦于应急管理决策支持信息平台的研发设计以及相关突发事件信息的集成共享与协同。

关于应急管理决策支持信息平台的研发设计方面。钟连德等[63]整合高速公路的路网监控、网络通信和收费信息系统等管理信息资源，给出了高速公路突发事件应急管理系统结构框架，包括信息采集、信息传输、信息处理、信息提供等系统功能。然后，刘清等[64]针对高速公路应急管理实践中存在的信息采集与发布设施效果低下、信息共享程度不高、指挥调度缺乏统一指挥、沟通不畅等问题，在综合分析应急管理系统功能需求的基础上，给出了高速公路应急管理系统总体框架的设计分析过程。王云鹏等[81]

考虑高速公路应急救援系统的信息共享、协同联动、快速反应等功能要求，综合采用数据库技术、GIS 平台技术、数据融合技术和智能决策技术，研究设计了基于共用信息平台技术的应急救援系统。蔡勇刚等[82]考虑高速公路通行安全压力以及事故应急处置能力，给出了高速公路应急指挥系统平台的建设方案。邝仲平[83]考虑高速公路危化品车辆的运行管控的一类需求，研究设计了基于 3G 技术高速公路危化品运输车辆实时动态监控系统平台，实现危化品车辆的全过程动态监控与突发事件快速应急响应。蒋彬等[84]考虑高速公路养护车辆设备应急作业需求，采用物联网、现代通信、数据挖掘等新兴信息技术设计开发了养护机械区域化动态作业与应急管理系统，实现养护机械在应急需求下的时空精准管控决策。李为为[65]针对路网日常管控、监测预警、响应处置和出行信息综合服务等功能需求，研究设计了路网运行监测与综合管理信息系统平台，可为高速公路监控管理、应急预警指挥、辅助决策、出行服务等信息化、智能化提供关键技术支撑。王维锋等[64]考虑应急管理体系中的数据共享与协同的功能需求，构建了面向区域公路网的应急指挥调度系统平台框架，进一步强化应急管理工作实践的日常监测、联动响应、信息发布、智能分析与评估等功能[66]。王小军等[85]、王少飞等[86]解析了智慧高速公路建设的目标、框架与内涵，突出了信息与数据在未来智慧高速公路系统建设中的重要性。

关于突发事件信息的集成共享方面。佘廉和娄天峰[7]从智能交通系统（ITS）角度梳理了高速公路突发事件应急管理决策信息的获取来源，主要包括自动实时采集交通参与者状态信息的 ATIS、自动实时采集交通环境（交通状况、天气、能见度等）信息的 ATMS、不停车电子收费系统 ETC、综合应急救援服务集成系统 EMS 等各类交通信息实时采集与服务系统等各类信息化平台，并认为依托 ITS 建设，可有效获取实时交通事件信息，进而较好地提升高速公路突发事件应急决策质量，加强决策的准确性和客观性。雷丽萍[87]重新审视了 2009 年发生在京珠高速公路上的重大突发事件"12.5 黑火药爆炸事故"的应急响应处置过程，发现了灾情信息不能有效收集与传达，并且政府决策信息也不能准确地传递给救援组织，这些信息沟通障碍极大地妨碍了应急决策与协同处置效率。他通过实证分析认识到信息沟通与共享对于高效应急响应处置的重要作用。

通过上述研究现状分析可知，关于信息在应急管理决策中的应用研究多关注应急决策支持信息平台的研发设计与信息的集成共享与协同，并且基于信息集成共享与协同管控的高速公路应急决策支持信息平台应用也有少量涉及。目前，物联网、云计算、大数据等新信息技术的兴起与飞速发展，为强化信息的综合集成、统一共享、业务协同提供了可能的应用技术基础。然而，在新信息技术综合运用方面，有关高速公路应急管理决策系统的相关研究较为欠缺，需作进一步探讨。

2.3　高速公路突发事件应急管理决策基础

高速公路突发事件应急决策是指为应对在高速公路有限空间范围内因突发事件造成的人员生命与财产损失、社会不良影响等危害，而规划、评估和优选应急响应处置方案的一种管理决策活动。它具有突发性、随机性、不确定性、阶段性、复杂性、动态性等特点。高速公路突发事件的有效决策为及时应对突发事件，有效提升减灾救灾能力提供强有力的管理基础。为科学合理地对高速公路突发事件应急决策问题进行建模分析，本节对突发事件应急决策方法及其在高速公路应用领域的应用现状和高速公路突发事件应急决策特性进行了综述与分析。

2.3.1 突发事件应急决策方法

突发事件应急决策是指在突发事件出现发生预兆或正在发生时，为有效应对因突发事件造成的损失（人员伤亡、财产损失、社会影响等），利用决策理论与方法对应急事件响应处置方案或管理措施进行动态规划决策的一种特殊管理活动。科学、合理、有序的应急决策过程与响应措施，一方面能够减少决策的时间与成本，及时有效地管控突发事件的发展态势，防止事态的进一步恶化，避免带来更大的人员伤亡和经济损失；另一方面可以充分汇聚可获取的应急救援资源，发挥有限资源的最大效能，为开展应急响应救援工作提供坚实的人、财、物等资源保障。突发事件应急决策问题由来已久，一直都是各国政府应急管理实践工作的重点之一。多年来，国内外专家与学者致力于应急决策问题的研究，为有效应对突发事件，对其应急决策理论与方法进行了有益的探索，并取得了丰富的研究成果。目前，相关研究应用涉及应急医疗救助、应急物流运作、交通应急管控、城市综合治理、环境灾害防治等多个社会发展工程实践领域。

从现有研究成果来看，突发事件应急决策问题本质上是一类复杂得多目标动态决策优化问题[88]。由于国外应急管理体系发展较为先进，当前关于应急决策问题的研究相对较少，现有的文献也主要偏重于特定突发事件场景需求下的应急决策方法研究与实践应用。Sheu[89]针对自然灾难情况下的信息不确定性，提出了基于动态救援需求的应急物流决策模型与方法。Salmeron 等[90]考虑突发事件应急救援资源需要，研究了应急资源提前储备的最优决策问题。Geroliminis 等[91]研究了城市交通网络下的应急响应单元优化配置的决策模型与方法。Toro-Diaz 等[92]考虑最小响应时间和最大救助覆盖范围等因素，提出一种基于多目标整数规划决策模型与启发式求解方法的应急救护车配置与调度决策方法。Alvear 等[93]综合考虑公路隧道突发事件的应急响应处置环境，研究与设计了基于隧道突发事件应急管理的决策支持系统平台，并应用于实践。Wex 等[94]研究了灾害应急响应中的救援单元分配与调度决策支持模型与方法。此外，对于一般应急决策模型与方法的研究也有涉及。Yu 和 Lai[95]提出一种基于距离测度的群体多属性应急决策模型与方法。Liu 等[96]考虑应急事件场景动态实时演化的多场景特征，提出一种基于决策树的应急响应决策模型。Liu 等[15]、Wang 等[97]、Ren 等[98]、Zhang 等[99, 100]将风险决策引入应急决策过程中，考虑决策者异质心理偏好特性，提出一种基于前景理论的应急响应决策模型与方法。

与国外较为先进的应急管理体系相比，我国应急管理工作起步较晚，发展与研究相对滞后，所以对于应急决策问题的研究相对较多。关于此类问题的应对之策，本书对相关文献进行了总结与分析，根据研究方法的类型将研究问题进一步细分为数值计算模型方法、知识推理方法和系统模拟仿真方法三个类别。具体分析如下：

（1）数值计算模型方法。该方法的研究成果最为丰富，一般是针对具体应用背景问题，考虑决策问题的收益、损失、成本、管理效能等因素或目标，采用一定的数理模型推导计算、概率统计分析、数据挖掘方法等过程，进而得到最优决策方案，为决策方案量化选择提供合适的理论依据。其采用的具体技术方法主要包括多属性决策、数据挖掘、博弈论、系统动力学、随机过程、贝叶斯网络等，其中以多属性决策方法的研究居多。例如，陈志宗和尤建新[101]研究了突发事件应急救援设施选址的决策问题，充分考虑救援设施布局的公平性、效率性、覆盖范围和反应时间等影响因素，提出了一种多目标选址决策模型与求解方法。杨文国等[102]综合考虑突发事件响应处置过程中的信息缺失和应急资源约束问题，给出了基于方案期望效度和时间效度的应急方案决策模型与求解算法，并认为应急方案的决策与实施需要伴随逐渐清晰的事件信息进行动态调整。陈兴等[31]考虑应急决策过程中的多阶段、多主体、多目标等特点，提出基于协同的应急决策动态调整优化模型与方法。该模型不仅考虑应急决策的多部门协同作用，而且还考虑了应急决策过程中方案动态调整需求。王炜等[103]提出一种基于马尔科夫决策过程的突发事件应急资源动态调度与优化决策方法。樊治平等[17]、程铁军等[104]、王增强等[105]从突发事件应急响应的风险决策特性出发，结合行为决策科学理论，研究并探讨了基于前景理论的应急决策模型与方法。该方法利用多属性决策理论与方法量化应急响应决策方案综合前景价值，进而根据前景价值的大小选择最优的应急响应决策方案。袁媛等[106]提出一种基于后悔理论的突发事件应急响应的多属性风险决策方法。尔古打机等[76]针对"情景—应对"型突发事件应急决策时信息不完备、决策时间紧迫等特征，采用对数均值诱导偏差矩阵模型估计缺失信息，进而给出了突发事件不完全信息下快速应急决策方法。徐选华和杨玉珊[107]考虑应急响应决策过程的复杂性、不确定性和动态性，结合财产损失、人员伤亡、环境污染、救援行动成本等属性指标，引入聚类、累积前景理论和马尔科夫决策模型的分析方法，提出一种大群体风险型动态应急多属性决策方法。刘洋等[108]考虑事前—事中两阶段突发事件的应急决策问题，提出一种基于后悔理论的应急方案量化优选方法。

基于数值计算模型方法具有严格的数理统计模型与方法支撑，为解决一般性的应急决策问题提供了科学合理的理论与实践基础。但是，对于高度复杂性、信息不确定性等类型问题，该类方法在问题假设、数值获取、模型构建、计算分析方面存在一定的应用局限性，需要采用其他合适的分析方法，如案例推理、系统仿真等。

（2）知识推理方法。该类方法结合类似突发事件的历史数据、经验数据，利用知识或案例推理的方法分析、检索、推演、预测当前事件的发展过程，找到解决问题的最优决策方案。基于知识推理方法的应用重点在于历史数据、经验数据等相关数据或数据库以及知识或案例数据的表达、理解与逻辑推理规则的建立。随着新数据的不断加入、数据的累积使得数据库系统日益完备，知识间的关联会越来越清晰明确，其用于辅助决策的效果就越明显，决策结果的可参考价值越来越大。常见的方法主要包括情景推演、案例推理、状态演化等。例如，姜卉和黄钧[109]认为情景即为突发事件发生和发展的态势，据此提出一种基于"情景—应对"应急决策模式的情景演变分析方法与流程，解决了缺乏先验知识或类似案例的罕见重大突发事件应急决策问题。仲秋雁等[110]考虑突发事件演变过程中的情景依赖性特点，引入知识元表征情景的各个构成要素，形成知识元库及关系库，进而构建突发事件情景模型，为突发事件的有效应对提供了分析基础。李磊等[111]针对铁路行车事故的应急决策问题，结合突发铁路行车事故与案例知识库的属性相似度分析与匹配过程，提出一种基于案例推理的铁路行车事故应急决策流程与方法。封超等[112]考虑主观给定属性特征权重的不足，提出一种基于案例推理的应急方案生成方法，首先引入遗传算法和粒子群算法计算属性特征权重，然后在此基础上量化目标案例与历史案例的相似度，进而参考相似度较高的历史案例选择相应的应急决策方案。董庆兴等[113]考虑目标案例与历史案例存在属性非一致性问题，采用案例推理方法，提出一种基于匹配属性相似度计算的应急决策方案确定方法。张明红等[114]根据突发事件情景演变的阶段特点，构建了"事件—情景—应急处置任务—应急行动的"分层式结构化突发事件模型与功能模块结构，据此提出一种基于突发事件情景链及相似度计算的应急决策方法。张磊等[115]构建了应急决策知识元模型，能够有效实现应急决策知识表达与快速应急决策知识生成，为有效制定应急决策方案奠定了基础。陈雪龙和王亚丽[116]考虑决策信息源的相关性，在利用证据理论方法刻画决策问题的基础上，通过聚类匹配方法实现相关信息源的融合，进而提出基于

Pignistic 概率值的应急优化方法。该方法有效克服了其他方法假设信息源独立性的应用缺点。谭睿璞等[117]针对决策属性信息表征为精确数、模糊数、语言术语、区间数等多样形式的异质信息环境，考察这些异质数据的距离和相似度，提出一种基于案例推理方法的应急决策过程与方法。张志霞和郝纹慧[118]采用知识元表示法刻画灾害事故的情景提出一种基于动态贝叶斯网络的推演方法完成事故情景的动态前景分析模型与方法。

相比于数值计算分析方法而言，该方法对于解决一类复杂的、信息不确定的决策问题，具有很强的应用优势。但是，由于其对突发事件历史数据、经验数据的依赖性较强，要求较高，再加上知识表征方法的非标准性、非统一性以及案例或情景检索与相似性比对方法的效率问题，尤其是针对突发事件应急决策过程中存在的信息不完备、决策时间紧迫的应用情况，该方法在实际应用方面具有一定的局限性。

（3）系统模拟仿真方法。该类方法主要是针对前两类研究方法无法解决的一类决策问题，即数理建模分析较为复杂困难、可获取的历史和经验数据不足等较为复杂的决策问题。基于系统仿真的方法是从决策系统分析的视角，在深入分析构成系统的各组成要素的结构以及相互之间的关系的基础上，构建可描述系统关键特性或行为过程的逻辑仿真模型，并按照一定逻辑规则进行仿真试验和计算分析，从而获得可供利用的决策参照信息，实现最优化决策目标。相关方法主要包括最优控制理论模型、基于 Agent 技术等。例如，韩传峰等[119]将系统控制论与系统动力学方法原理应用到对应急决策作用机理、动态作用模型的分析过程，并在此基础上给出了非常规突发事件应急决策系统的建设、实施、能力、文化等系统建设的参考建议。王刚桥等[120]针对突发事件应急决策的复杂系统特性，以及传统应急决策过程在决策目标动态不确定、评估缺乏评价依据、决策实施难以动态调整等缺点，提出一种基于跨域仿真的应急决策方法与步骤。王剑和罗东[121, 122]针对突发事件应急决策的多主体性、信息不确定性等固有特征，引入 Agent 思想，提出了一种基于贝叶斯决策网络（Bayesian Decision Network，BDN）的多 Agent 应急决策模型与系统仿真方法。李强和顾朝林[123]从复杂系统的动态仿真角度研究了城市公共安全应急响应的问题，提出了基于多智能体和地理信息系统的城市公共安全应急响应动态仿真模型与实现方法。王长峰和庄文英[124]考虑了突发事件应急管理中的动态决策机制，采用动态微分博弈理论与最优控制理论相结合的方法，构建了多目标、多主体的工程项目应急决策仿真模型，并探讨了决策中各决策组织实体之间的竞合博弈关系和演化过程。王剑等[125]针对突发事件动态演化的应急决策问题，考虑多个决策主体参与和决策专家心理状态变化等特征，利用 Agent 理论与方法建立了多部门的 Agent 决策体系结构，采用前景理论刻画专家的心理状态变化，提出基于 Agent 和前景理论的二阶段应急风险决策仿真模型与方法。最后，将模型与方法应用到石油化工厂火灾应急风险决策案例中，验证了模型与方法的有效性和可行性。

　　基于系统模拟仿真的方法为解决一类复杂的决策优化问题提供了新的研究思路与方法，尤其是在对应急决策问题的事件决策机理、行为特性分析、演化发展规律等方面具有明显的研究应用优势。但是，一方面受制于应急决策问题的复杂性、不确定性、信息匮乏的影响，另一方面此类方法在应用过程中易出现对实际问题的假设过于理想或偏离实际等问题，进而使得研究结果的准确性和可靠性存在一定缺陷。

　　综上分析可知，上述三类关于应急决策问题的解决方法具有各自的针对性，且在各自特定问题上具有一定的应用优势，但其本质上还是属于一般的决策量化分析问题。从方法性质来看，可分为定性分析和定量分析两类。其中，定性分析依赖于决策专家的经验、知识、实践和判断，强调对评估对象的描述、分析、总结与归纳。常见的方法包括对照评估方法[126]、特征匹配评估方法[127,128]、故障树分析方法[129-132]、基于流程的评估方法[133]等。定性分析方法的优点是简单易行、可操作性强,但是由于过多依赖评估专家的主观判断、理论水平、实践经验等主观因素,评估结果的可参考性存在一定的不确定性。与定性分析相比,定量分析采用合适的数理量化模型与计算过程,量化结果更为科学、准确,具有较好的可操作性和实践性,且已广泛用于各种现实问题的评估过程。定量分析常见的方法众多,包括层次分析法 AHP[134]、网络分析法 ANP[135,136]、数据包络分析DEA[137,138]、粗糙集理论[139,140]、模糊集理论[134,141]、多属性决策方法[142-144]等。其中,以多属性决策方法最为丰富。究其原因,这主要是多属性决策方法在刻画或表征决策问题多维度、多属性、多视角等方面具有明显的应用优势,它不仅能够有效描述复杂的决策情境,如表征模糊或不确定的评估环境信息、刻画评估专家的异质风险偏好行为等,而且可以在方案决策量化分析过程中依据特征属性值确定最优应急决策方案。

2.3.2　高速公路突发事件应急管理决策

面向高速公路突发事件的应急决策问题研究是应急决策研究领域的重要研究方向之一,国内外相关专家与学者分别从应急资源调度、应急救援措施、应急方案匹配等不同视角对相关应急决策问题进行了研究与探讨。Duan 等[145]针对高速公路网络突发事件应急救援车辆调度与再分配问题,构建了一种考虑应急车辆需求和事故时间窗的双层规划调度决策模型。盛刚[43]在博士论文中研究了高速公路突发紧急事件的应急救援资源调度问题,提出了一种基于费用最少与总延误时间最短的多应急资源储备点应急物资调度决策方法。Yan 等[146]在高速公路突发应急事件情景下,考虑供求信息中的大规模扰动变化影响,提出一种基于时空网络流技术和蚁群算法的高速公路应急抢修任务优化调度决策模型与求解方法。

Lertworawanich[147]基于因洪水灾害引起高速公路网络损坏而导致应急救援队伍无法进入受灾区域的场景,构建动态规划模型与方法,研究探讨了该类问题场景下的高速公路应急抢修序列决策过程。Shi 等[148]在分析高速公路突发事件类型与应急救援措施的基础上,采用基于案例推理(Case-based Reasoning, CBR)的方法构建了应急救援决策过程与方法。Chai 等[149]考虑高速公路交通事件信息的特点,提出一种基于案例结构相似度的应急响应方案匹配方法。赵转转等[150]针对高速公路的路况属性,提出一种应急救援路径选择决策方法。巴兴强[151]等针对寒地高速公路突发交通事故影响道路畅通的问题,分析了保护区、控制区、缓冲区的交通组织控制策略,研究了高速公路应急交通组织调度决策方法。

2.3.3　高速公路突发事件应急管理决策特性

对于应急决策这一特殊的管理活动而言,有效应急决策可避免或减少因突发事件造成的损失。正确认知和理解突发事件情景是有效应急决策的前提。姜卉和黄钧[109]指出,突发事件情景是决策者科学应急决策的基础和依据。其中,情景即为决策者所面对突发事件发生、发展的态势。态,顾名思义,即为突发事件在自然规律或者人为干预下发展到某一时刻的状态,是对突发事件发展到当前状态的一个客观描述或表达。势,则为突发事件在当前状态的基础上,将要演变的未来趋势。这一特征是决策者在"态"的基础上对突发事件未来演变的判断与预测。因此,从上述角度分析来看,高速公路突发事件应急决策问题具有多阶段性的特性,主要表现在:

(1)初始阶段是突发事件先兆发生或正要发生时的情景;

(2)中间阶段是突发事件已经发生,并在自然规律或人为干预下发展到某一时刻的情景,这一阶段根据突发事件的处置和发展情况,可以是多个子阶段构成的情景集合；

（3）最终阶段是伴随着突发事件的状态不断演变，突发事件最终到达的消亡或终止状态，即为突发事件被有效控制与处置的情景。

其中，由于最终阶段的决策工作主要包括灾后重建、恢复生产等内容，此时此刻突发事件的各个情景已得到有效管理和控制，能够掌握的情景信息较为丰富和完备，使得可用于决策的信息更为清晰、明确，决策分析过程也相对较为容易。然而，初始阶段和中间阶段受制于决策信息获知困难、不确定性因素众多、情景复杂性等问题，此阶段的应急决策过程最为困难，且以往的研究也主要集中在初始阶段和中间阶段的应急决策过程，本书的研究工作也集中在这两个阶段。

而且，由上述分析可看出，突发事件应急决策具有动态性特性。这一特性主要体现在：突发事件的有效处置是建立在多个单阶段应急响应处置决策方案连续耦合与叠加实施的基础上。决策者在每个阶段都需要考虑应急方案对事态的控制结果和事态的演变预测，根据当前阶段突发事件的实时信息进行研判，进而做出科学合理的应急方案决策。因此，这一管理决策过程并非一次性单次决策，而是多阶段不断动态调整应急方案的决策过程，直到有效管控突发事件为止[31]。

此外，从突发事件演变态势分析来看，高速公路突发事件的发展过程是一个连续的时间过程，同时随之而产生的应急决策活动也是一个连续的时间过程，并且整个过程充满了各种不确定性。在获知高速公路突发应急事件先兆发生或正在发生时，管理决策者必须及时规划制订与之相适应的有效应急响应决策方案，但常常面临确定性事件情景信息获知困难、对事件认知存在内部差异、决策结果存在意见分歧等诸多不确定因素。因此，高速公路突发事件应急决策过程也具有不确定性特性。

信息更新主要是指伴随着突发事件动态发展，可获得的事件情景信息不断增加，使得可利用的决策信息不断确定、积累、趋于完备的过程。如果能够及时获取准确的突发事件情景信息及其他相关决策信息，应急方案的决策者就能够较为容易地制定出理想的应急响应计划或方案。然而，受制于突发事件的信息不确定性、多阶段性、动态性等特性，决策者经常面临确定性事件情景信息获知困难，难以获取有效完备的突发事件决策信息。因此，为了尽可能地针对突发事件做出有效的应急方案决策，决策者需要尽可能多地收集可用于决策的突发事件情景信息。分析高速公路突发事件的相关特征，可以发现，受这些突发事件发展态势的影响，用于决策的信息是随着事态发展而不断动态变化的，即应急决策信息的动态更新。

鉴于应急决策的信息更新特性，国内外相关专家与学者分别从不同视角对其进行了研究与探讨，相关研究主要集中在决策信息的更新方法以及应急方案动态调整更新方法。Wang 等[152]基于应急响应的动态方案决策过程，考虑决策者面对风险和不确定情况下的有限理性及心理行为特征，提出一种改进的基于间隔动态前景参考点的 TOPSIS 决策方法，应用于突发事件的应急决策过程，并引用实际案例验证了方法的可行性和有效性。类似地，Gao 等[39]提出一种基于犹豫模糊语言环境下的动态前景应急决策方法。Hao 等[153]研究了动态应急决策环境下的多属性决策问题，构建了基于贝叶斯网络方法的动态直觉模糊决策的理论框架，在此基础上提出了一种融合前景理论解决应急决策问题的方法。Zhang 等[99]考虑应急决策场景的演变，提出一种基于零和博弈的应急动态决策方法。姜艳萍等[34]研究了在突发事件演变过程中前一个时间点做应急决策的基础上，如何在当前时间点动态调整应急决策方案的问题。该文结合突发事件应急响应处置过程中方案动态调整的需求，提出一种考虑处置效果、调整成本、应对损失等综合期望效用的方案动态调整方法与步骤，为根据突发事件的实时状态信息动态调整方案提供合理的方法。王慧敏等[154]提出基于情景分析与自适应动态演化的应急决策模式和方法，并成功应用于淮河流域极端洪水灾害动态应急决策响应过程中。

王长峰和满颖[155]构建了基于动态博弈理论的重大工程项目管理组织实体的应急管理决策模型与方法。吴凤平和程铁军[32]综合分析了突发事件的不确定性、动态性和多阶段性等特点，提出一种基于时间序列权重得多阶段动态应急决策方法。王亮等[156]考虑了突发事件情景动态演变和决策者的心理因素，提出一种基于前景理论的应急预案动态调整方法。其动态决策特性主要体现在应急事件状态变化过程中的决策者根据应急方案的实施效果与决策者心理参照点的损益情况动态调整应急决策方案。陈业华等[37]考虑了初始条件下，在应急预案干预之后，突发事件向下一个状态演变后如何选择应急预案的量化分析过程，提出一种基于效用风险熵和前景理论的应急方案动态调整方法。徐选华和刘尚龙[33]针对决策专家评估的偏好信息，提出一种考虑应急情景演变时间序列的动态大群体多属性应急决策方法。该方法综合考虑应急决策方案的经济性、时效性和便捷性等指标因素，采用多属性决策分析的方法并按照应急事件情景演变的时间序列过程动态确定最优应急决策方案。王治莹等[38]考虑决策者的决策过程受事件情景影响导致的情绪波动，以及决策情景动态变化的多阶段响应需求，提出基于累积前景理论的多阶段应急决策方法。该方法综合考虑决策者的情绪变化，在引入情绪函数的基础上，设计了基于突发事件演化态势的前景参考点动态更新机制和决策者情绪更新机制。

从上述分析来看，信息更新特性主要体现在三个层面：一是随着突发事件事态的演进与发展，充分利用各种新的信息技术手段优势，可获得的事件现场情景信息不断更新、明确和完备；二是随着可掌握的事件情景信息的不断更新，决策主体的主观情绪或态度受此不确定性信息的影响所导致的属性偏好值不断调整与更新，逐步趋于一致；三是考虑应急决策过程的多阶段性，决策的各个阶段的重要性是不断发生变化的。

2.4　研究现状评述及展望

高速公路在我国国民经济发展过程中起着举足轻重的作用，一旦发生特重大突发安全事故，势必给国家和社会发展、人民生活带来巨大的影响。因此，高速公路突发事件应急管理能力建设显得尤为重要。多年来，世界各国政府在提升突发事件应急管理能力的"软实力"和"硬实力"方面投入了大量的力量，不断改革和完善应急管理体系，建设完备的应急管理决策系统平台，构建科学的应急预案风险评估与应急决策机制，最大效能地减少或避免突发事件给社会带来的生命财产危害。与此同时，物联网、大数据、云计算等新兴信息技术的快速发展也为提升和强化高速公路应急管理能力提供了新的发展机遇。为此，本章对高速公路突发事件应急管理体系、信息系统集成、应急管理决策基础三方面的相关文献进行综述，并结合我国高速公路突发事件应急管理工作实践，形成以下研究总结与展望：

（1）高速公路突发事件应急管理体系仍待进一步完善。以往的研究成果显示，我国高速公路"一案三制"的应急管理体系框架已经初步建立，在一定程度上推动了应急管理能力的建设与发展。然而，我国高速公路运营管理模式多以属地管理为主，现有的研究大部分只局限于地方应急管理体系，缺乏应急管理整体性和系统性研究，关于顶层设计分析的研究成果并不多见。与此同时，与其他发达国家相比，我国应急管理研究起步较晚，各方面的理论研究与管理实践还处于探究与摸索阶段，尤其是对于高速公路这一特殊领域的应急管理而言，频发的特重大交通突发事件和低效能的协同应急处置能力已经暴露出高速公路应急管理存在诸多待解问题，如当前管理体制下的责任不清、职责交叉、协同管控效能低下等，在当前总体国家安全观的背景下提升其应急能力的管理实践需求更甚。为此，围绕我国高速公路突发事件应急管理实践，在科学分析当前国内外应急管理实践的基础上，全面深入挖掘深层次管理问题，提出当前新形势下的应急管理改进建议，不断推进和完善应急管理体系建设。

（2）高速公路应急管理决策支持信息平台仍需改进与完善。从已有的研究成果来看，围绕事件信息的获取、处理、共享及集成应用等基本功能，相关运营管理部门已根据各自的工作任务建成了各类应急管理决策支持平台，如信息整合与发布平台、指挥调度平台、救援系统平台、特种车辆动态监控平台等。这些信息平台为相应的应急管理业务提供了必要的决策支持信息，但因分属各管理主体局限部门内部使用，结构复杂，体系异构，缺乏统一的系统标准体系等问题，常常给高速公路应急管理与服务效能带来一定的负面影响。另外，突发事件信息在应急管理决策过程中的重要性是不言而喻的，这些分属各部门内部使用的应急信息，因缺乏必要的统一的信息集成与协同共享平台，在应急管理决策中无法做到物尽其用。当前，物联网、云计算、大数据等新信息技术的兴起与飞速发展，为加快高速公路网运行管理信息化建设，提升高速公路网运行管理效率，加强高速公路网应急管理能力提供了全新的解决思路。因此，综合考虑高速公路运行管理的特点，以新信息技术手段为基础，为解决交通管理与服务的内部业务系统众多，结构复杂，且体系异构的巨型信息系统的整合等问题，设计一种基于云技术的高速公路应急管理决策信息系统，为高速公路应急管理能力的提升提供技术方案支持。

（3）缺乏考虑多重不确定因素的高速公路应急决策的研究文献。学者们对应急决策问题进行了有益的研究与探索，并取得了较为丰富的研究成果，逐步形成了以多个应急预案排序与选择为基础的研究范式，构建了以属性指标量化评估为主要特征的多属性决策理论方法体系。而且，随着模糊语言、模糊集、直觉模糊、犹豫模糊等不确定性理论的快速发展，将其与决策问题有效结合，使得不确定性环境下的决策理论与方法成为新的研究方向。与此同时，Kahneman 和 Tversky 提出的前景理论具有有效表征不确定的环境下决策者的异质心理偏好判断与选择过程的应用优势，更加符合决策者现实的决策模式，尤其是针对应急预案的风险评估过程[157, 158]。这些理论与方法的介入，不仅能够更加细致准确地刻画复杂的评估决策环境信息，使其更加拟合现实场景，而且也能够进一步提高评估结果的准确性与有效性。关于这方面的研究已成为当前多属性评估决策领域的难点和热点之一。高速公路作为国家应急管理的重要交通领域之一，由于其应急决策涉及多个部门或机构，其决策问题固有的复杂性与局限性是显而易见的，这也是当前关于该问题研究成果较少的原因之一。但是，随着高速公路应急决策问题重要性的不断凸显以及相关应急决策方法研究的逐步深入，可为高速公路应急决策的理论与方法提供有利的研究与发展环境。因此，一方面考虑到当前关于高速公路应急决策的研究较为贫乏，有必要针对高速公路应急决策问题进行深入且系统的探讨，建立与客观现实问题更为适应的决策模型与方法；另一方面，考虑到当前因决策环境信息、专家知识认知水平等导致的决策问题复杂性与不确定性，以及专家异质风险偏好对决策结果的影响，迫切需要建立更加客观、有效的量化决策方法以提高应急决策结果的准确性。因此，可以将上述因素综合考虑到应急决策模型中进行研究。

（4）缺乏考虑决策过程复杂动态特性的突发事件应急决策的研究文献。关于突发事件应急决策问题的一般性决策模型与方法在其他领域的研究与应用较为丰富，而关于针对高速公路突发事件这一特殊应用领域的各类应急决策研究并不多见，且相关研究也主要集中在应急资源调度、应急救援决策、应急交通组织等方面，对于一般性的应急方案规划决策与优选方面的研究较为欠缺，相关研究文献较少，尤其是缺少综合考虑因突发事件演化发展态势导致的应急决策过程的不确定性、多阶段性、动态性、信息更新性等特性的研究。其主要原因是高速公路运营管理网络的巨大体量而使得其突发应急决策问题高度复杂和不确定，以及相关决策信息获取困难等。但是，近年来，随着国家高速公路通车里程数和汽车保有量的持续快速增长，运营管理规模的迅速扩大，以及高速公路突发事件频发等相关因素的影响，高速公路突发应急决策问题已经逐步受到政府的重视和有关学者的关注。因此，可以高速公路突发事件演化规律为基础，综合考虑应急决策过程的不确定性、多阶段性、动态性、信息更新性特性，研究高速公路突发事件动态应急决策模型与方法。

2.5　本章小结

本章围绕高速公路突发事件应急管理决策问题，结合提升高速公路应急管理"软实力"和"硬实力"的管理实践需求，对高速公路应急管理、突发事件信息获取及应用、应急管理决策进行了文献综述，阐述理论的研究基础。首先，界定了高速公路突发事件相关概念，阐述了应急管理体系的构成要素及其相互关系，并围绕"一案三制"的体系框架，分析了当前我国高速公路应急管理体系的研究现状；其次，以信息是应急管理决策活动的基础为出发点，聚焦突发事件信息获取、处理及应用，探讨了高速公路突发事件信息在应急决策支持信息平台的研发设计以及相关突发事件信息的集成共享与协同方面的应用；再次，考虑应急决策是应急管理实践的重要环节，分析与界定了该类管理活动的基本概念与内容，并在此基础上对应急决策方法及应用进行了文献综述；最后，在文献综述和对高速公路突发事件应急决策特性分析的基础上，总结和分析了已有研究结果，并据此提出本书的研究方向。

第三章 我国高速公路突发事件应急管理现状及能力提升策略

应急管理决策能力是高速公路安全、畅通、高效运行的必要基础之一，也是突发事件有效应急响应处置的重要保证[159, 160]。然而，鉴于高速公路突发事件的多样性、不确定性、动态性、时间紧迫性等重要特征，客观上增加了路网营运管理与执法工作的复杂性，导致其应急管理工作在执法力度、协调配合、工作流程、技术手段方面仍存在一些不足，实践中主要表现为指挥协调强度不够、协同管控效能低下、信息沟通共享滞后等实践问题[8, 41, 42, 161]。

鉴于此，本章采用实证分析的研究方法，在分析我国当前高速公路应急管理现状的基础上，围绕影响应急管理决策能力提升的关键因素，设计了能力提升策略分析的方法，从已有问题的管理实践经验中挖掘有价值的可参考信息，在此基础上提出未来我国高速公路突发事件应急管理决策能力提升的策略，以期为各级高速公路管理部门或机构提供有效的经验决策参考。

3.1 我国高速公路突发事件应急管理现状分析

交通营运管理与综合执法是高速公路运行管理的两项基本工作任务，安全与畅通是基本的工作目标。本节围绕这些任务和目标，在走访调研有关省份的高速公路运行管理现状的基础上，综合分析国内典型省份的高速公路运行管理体制，进一步梳理高速公路应急管理体制发展模式，分析当前应急管理面临的问题，以期形成针对性的科学应对之策。

3.1.1 样本收集与选择

合理的样本收集与选择是全面厘清和分析当前高速公路应急管理工作现状的前提。为此，本节将对样本收集与选择过程进行阐述。

目前，我国高速公路运行管理实行以"中央统筹规划、省级属地管理"为主的基本管理形式。各省级行政单位在国家道路交通管理相关法律、法规的框架下，结合本省高速公路营运与安全管理工作实际，已构建了相应的路网应急管理体制与运行机制，依法依规履行省域内高速公路运行管理职责。这是当前各省份在高速公路运行管理模式上的共性。然而，各省份的运行管理模式也存在一定的差异。相关研究发现，区域社会经济发展水平与社会管理能力水平呈现显著正相关[162]。区域社会经济发展水平能够在某种程度上正向促进区域高速公路应急管理能力提升和改善。同样地，地形、地貌等地理空间复杂性也客观上增加了高速公路网的运行管理难度。因此，受各省级区域社会经济发展水平不同，再加上各地区高速公路分布的地理空间位置特征的影响，由此形成各个省份之间不同的高速公路运行管理环境，主要表现为：沿海东部地区的社会经济发展水平要显著高于中西部地区；东部地区地形地貌多以平原、低山、丘陵为主，地势较为平坦，而西部地区多以高原、盆地为主，地形复杂，地势起伏变化较大，进而使得各区域内的省级高速公路运行管理的组织结构与形式存在一定的差异。为此，本书以区域社会经济发展水平、地理空间位置特征为指标，针对性地选择代表性省级高速公路运行管理实践，进而梳理和总结当前运行管理现状。

值得注意的是，以 2018 年国家统计数据为例（表 3.1），广东省 GDP 经济总量全国最大，接近十万亿元，江苏省、山东省的 GDP 紧跟其后，这三个省份的 GDP 位居全国前三，且均位于沿海东部地区。此外，广东省高速公路通车里程最长，且通车密度超过 5 千米/百平方千米，全国排名第四。紧随其后的是江苏省，其通车密度排名第五，山东排名第八。这三个省份的社会经济发展成绩显著，并且高速公路建设发展速度较快，因此作为本书的分析样本。尽管上海、北京、天津的高速公路通车密度高于广东，但因其通车里程与管理规模较小，本书未将其纳入分析样本。此外，中西部地区的地区也值得关注。其中，湖南、重庆、贵州三个地区的地形地貌均以山地、丘陵为主，高速公路通行环境的难度相当，且三者的高速公路通车密度相差不大，可作为中西部地区的代表。综上所述，考虑区域社会经济发展水平、高速公路建设发展规模因素，本书选择东部沿海经济较为发达地区（广东、江苏、山东）、中西部较发达地区（湖南、贵州、重庆）作为典型，对高速公路应急管理工作概况进行分析。

表 3.1　2018 年全国各个省份高速公路通车里程与通车密度一览表

序号	省级行政地区名称	GDP 经济总量（亿元）	GDP 经济总量排名	高速通车里程（万千米）	区域面积（万平方千米）	通车密度（百千米/万平方千米）	路网通车密度排名
1	广东	99945.22	1	0.9	18	5.00	4
2	河北	32494.61	13	0.73	18.8	3.88	10
3	四川	42902.1	6	0.71	48	1.48	24
4	湖南	36329.68	9	0.67	21	3.19	17
5	内蒙古	16140.76	20	0.66	118	0.56	28
6	河南	49935.9	5	0.66	16.7	3.95	9
7	贵州	15353.21	22	0.65	17.6	3.69	12
8	湖北	42021.95	7	0.64	18.6	3.44	15
9	山东	66648.87	3	0.61	15.4	3.96	8
10	江西	22716.51	16	0.59	16.7	3.53	14
11	广西	19627.81	19	0.56	23.6	2.37	22
12	山西	15958.13	21	0.56	15.6	3.59	13
13	陕西	23941.88	14	0.55	20.6	2.67	19
14	福建	38687.77	8	0.52	12	4.33	6
15	云南	20880.63	18	0.52	38	1.37	25
16	安徽	34010.91	11	0.48	14	3.43	16
17	新疆	12809.39	25	0.48	166	0.29	30
18	江苏	93207.55	2	0.47	10.3	4.56	5
19	黑龙江	12846.48	24	0.45	47	0.96	26
20	浙江	58002.84	4	0.44	10.2	4.31	7
21	辽宁	23510.54	15	0.43	14.6	2.95	18
22	甘肃	8104.07	27	0.42	45.4	0.93	27
23	青海	2748	30	0.33	72	0.46	29

续表

序号	省级行政地区名称	GDP 经济总量（亿元）	GDP 经济总量排名	高速通车里程（万千米）	区域面积（万平方千米）	通车密度（百千米/万平方千米）	路网通车密度排名
24	吉林	11253.81	26	0.33	18.7	1.76	23
25	重庆	21588.8	17	0.31	8.2	3.78	11
26	宁夏	3510.21	29	0.17	6.6	2.58	21
27	天津	13362.92	23	0.13	1.1	11.82	2
28	北京	33105.97	12	0.11	1.7	6.47	3
29	海南	4910.69	28	0.09	3.4	2.65	20
30	上海	36011.82	10	0.08	0.6	13.33	1
31	西藏	1548.39	31	0.06	123	0.05	31

数据来源：各省市统计年鉴

3.1.2 我国高速公路突发事件应急管理工作现状

本节将对上一节相关省份的高速公路应急管理工作概况进行分析与梳理，为后续研究工作奠定数据和事例基础。

3.1.2.1 广东省高速公路应急管理体制

广东省是全国"大交通"管理体制的典范，已逐步构建了省、市、县三级"大交通"管理体制。早在 2003 年，国家交通运输部将广东省作为全国交通运输综合行政执法改革试点城市之一，拉开了交通运输综合行政执法管理体制改革的序幕。2006 年，广东省实施《广东省交通综合行政执法改革方案》，将道路运政、公路（含高速公路）路政、水运、航道、港口、交通规费稽查等行政执法机构和职能整合，集中到新组建的交通运输综合行政执法局。2010 年 8 月，广东省全面实行交通综合行政执法（粤府函 [2010] 206 号），将交通运输领域的行政执法职权集中整合到各级交通运输行政主管部门行使。目前，按照省、市、县三级管理体制框架，各级交通运输行政主管部门已成立综合交通行政执法局,并根据交通行政管理法律、法规、规章,具体行使各自行政管辖区内的道路运政、水路运政、公路路政、航道行政、港口行政等方面的行政执法职责。

　　从广东省高速公路运行管理体制来看,省交通运输厅是全省公路交通运输行业的省级主管部门,指导和监督省内高速公路运输市场监管、维修管养、路网运行监测与协调、应急管理等工作。直属机构——广东省公路事务中心,承担含高速公路及其附属设施的建设、养护评价、路网运行调度、路政等事务工作,统筹全省公路应急保障资源的配置调度;承担全省路网重大公路交通突发事件、预警应急值守与处置。公路事务中心内设机构——养护服务部承担高速公路养护计划编制审核和计划执行工作,路政服务部(路网运行部)承担高速公路的路政事务工作,如路产路权管理、路网日常运行监测与应急,统筹调度、跨市交通组织和疏导、抢修保通等事项组织与协调有关工作。对于交通行政执法工作,各级交通主管部门按照省、市、县三级管理体制框架,由内设的交通行政执法局具体承担管辖区域内的路政、运政、路产保护维权、高速公路综合交通行政执法监督工作。对于高速公路网营运业务,由于广东省高速公路建设投资主体的多元化,涉及各级国资主管部门、交通主管部门及社会投资主体等,虽然路网营运管理模式多样,但仍然是以各级交通部门行业管理为主[163]。路网的日常营运由各主体内设的营运管理中心承担,为对应衔接各级公路管理机构的相关部门,中心下设养护大队、路政大队等基层执行单元落实具体营运管理事务,并与高速交警部门开展常态化的联勤联动、联合执法等协作工作。突发事件发生后,营运管理中心根据获知警情信息进行初步研判,指挥调度应急管理工作小组快速现场紧急处置,并同时通知高速交通警察、公路管理、医疗卫生、消防救援、环保等必要的业务关联部门参与协同处置[164]。广东省高速公路应急管理基本情况如表3.2所示。

表 3.2 广东省高速公路应急管理概况

管理机构	职责分工	参照依据	运行模式	行业主管部门	协作机制
交通行政执法局	承担路政、运政、路产保护维权、高速公路综合交通行政执法监督工作	《公路法》	三级模式：省级执法局、地市级执法局、区县级执法局	广东省交通运输厅	1. 联勤联动机制；2. 联合执法；3. 业务关联部门协作机制
广东省公安厅交通警察总队	高速公路交通安全执法、事故预防处理、维护交通秩序、治安秩序等	《道路交通安全法》	三级模式：省交警总队、高速警察支队、高速警察大队	广东省公安厅	
广东省公路事务中心	承担国省干线（含高速）公路及其附属设施的建设、养护评价、路网运行调度、路政等事务工作	《收费公路管理条例》《公路法》	三级模式：省级中心、地市级分中心、区县级	广东省交通运输厅	
各高速公路营运公司（多元主体）	依规承担路产巡查、组织车辆救援等许可的路政工作；全面负责全省高速公路的收费、养护、路网运行等营运管理工作	《收费公路管理条例》《公路法》	中心——营运分中心（路政大队、养护大队）	广东省交通运输厅（行业管理）	

3.1.2.2 江苏省高速公路应急管理体制

根据《江苏省高速公路条例》规定，结合省内高速公路管理工作实际，江苏省构建了相应的高速公路运行管理体制，涉及省交通运输厅、省公安厅、省国资委等主要责任单位以及其他协同单位或机构。其中，省交通运输厅是全省道路交通运输主管部门，也是省域内高速公路工作的主要责任单位。其厅属高速公路机构单位——交通运输综合行政执法监督局，下设有道路执法监督局，具体负责全省高速公路的路政、运政、路产保护、养护经营与收费服务的监督管理等综合行政执法工作。同时，江苏省公安厅主管全省高速公路的交通安全与治安保障工作，其厅属交通警察总队的高速交警机构——具体负责高速公路的交通安全、交通秩序管理和交通事故处理工作。隶属于省国资委的江苏交通控股有限公司负责全省高速公路的运营和管理，下设省高速公路经营管理中心以及各区域经营管理公司负责路网的日常运营、管养、清障等服务工作。此外，气象地质、环境保护、医疗救护、消防救援、网络通信等其他业务关联部门或协作机构按照各自的职责协同处理有关工作。

对于高速路网的日常管理方面，按照"一路三方"的基本管理原则，省交通运输综合行政执法监督局、省公安厅交通警察总队、江苏交通控股有限公司等三方各司其职，共同开展高速公路运行管理工作。对于高速公路交通行政综合执法业务，省交通运输综合行政执法监督局按照"道路执法监督局—执法支队—执法大队"三级管理架构，依据高速公路所属管辖地界区域分别设置执法支队，支队下设有若干执法大队。同样地，省公安厅交通警察总队也是按照地市管辖区域，构建了"交警总队—高速交警支队—高速交警大队"的三级管理架构，分别在各地、市、县设置相应支队或大队，维护管辖区域内的高速公路治安秩序和交通秩序。江苏交通控股有限公司是全省高速公路运营管理单位，下设有省高速公路联网营运管理中心以及各高速公路区域路段公司。联网营运管理中心负责全省联网高速公路通行费审核结算、公共信息的收集和发布、路网监控调度指挥及收费、监控、通信系统的研发和维护管理工作；区域路段公司负责各管辖区域内高速公路的经营、管养、维修、排障等工作，下设各地方管理处、排障大队、养护中心等基层业务执行单位。对于高速公路突发应急事件的应急管理与处置方面，由三方成立了调度指挥联合值班室，按照"统一命令、分别指挥、联动处置"的处置原则，各方优势互补，共享现有资源与信息，协同处置突发事件[165]。江苏省高速公路应急管理概况如表 3.3 所示。

表 3.3　江苏省高速公路应急管理概况

管理机构	职责分工	参照依据	运行模式	行业主管部门	协作机制
江苏省交通运输综合行政执法监督局	承担路产保护和路权维护、组织车辆救援等路政、运政工作，以及应急处置的相关事务性、技术性工作	《公路法》《江苏省高速公路条例》	三级模式：道路执法监督局、执法支队、执法大队	江苏省交通运输厅	1. "一路多方"成立联合值班室；2. 统一联动机制；3. 业务关联部门协作机制
江苏省公安厅交通警察总队	交通安全执法、事故预防处理、维护交通秩序、治安秩序等	《道路交通安全法》《江苏省高速公路条例》	三级模式：省交警总队、高速交警支队、高速交警大队	江苏省公安厅	
江苏交通控股有限公司	全面负责全省高速公路的收费、管养、排障以及路网运行监控调度等营运管理工作	《收费公路管理条例》《公路法》《江苏省高速公路条例》	三级模式：营运总中心、区域路段管理公司、基层排障与养护大队	江苏省国资委	

3.1.2.3　山东省高速公路应急管理体制

山东省高速公路按照"一路三方"的基本管理模式，以分级、属地管理为原则，依法依规开展运行管理工作。其中，山东省交通运输厅负责全省高速公路的布局规划以及建设、养护和运营管理的指导监督工作，是全省高速公路交通运输的主管部门。厅属单位省交通运输厅执法局指导监督全省高速公路路政、运政、路产保护等行政执法工作，具体业务工作分别由各地市设立的交通运输监察（执法）支队、区县设立的交通运输监察（执法）大队按照所辖行政区域负责实施和落实。全省高速公路交通秩序与安全管理工作由省公安厅负责指导监督，厅高速公路交通警察总队负责实施全省高速公路交通安全管理与交通秩序维护，下设高速公路交警支队及各地方交警大队。山东省人民政府国有资产监督管理委员会所属的山东高速集团有限公司及其下属高速公路营运企业运管分中心负责全省高速公路的投资开发、建设运营、维修管养及其他配套服务工作。值得注意的是，山东高速在 2018 年首次创新改革了高速公路营运管理模式，实现扁平化改革和优化资源配置，将原有的"总公司—分公司—管理处"三级管理体制压缩为"总公司—分中心"两级体制，撤销管理链条中的各分公司，并将原分公司下属的基层单位按照业务功能分别对应更名为路管分中心、养护分中心、信息分中心等。此外，省交通运输厅直属单位——省交通运输监察与应急处置中心，承担了全省交通运输公路网日常运行监测工作，为重大突发事件预警与应急处置提供必要的信息服务。在应急联动协作方面，各级交通运输执法部门、高速交警部门、各高速公路经营单位已建立了相关应急响应协作共享机制，如业务工作联席会议、信息联络机制、路警联合执法等。山东省高速公路应急管理概况如表 3.4 所示。

表 3.4 山东省高速公路应急管理概况

管理机构	职责分工	参照依据	运行模式	行业主管部门	协作机制
山东省交通运输厅执法局	承担高速公路路政、运作、路产保护、路权维护、组织车辆救援等工作	《公路法》	三级模式：省厅执法局、地市级交通运输监察（执法）支队、区、县级监察（执法）大队	山东省交通运输厅	1. 工作联席会议、联络机制；2. 路警联合执法
山东省公安厅高速公路交通警察总队	交通安全执法、事故预防处理、维护交通秩序、治安秩序等	《道路交通安全法》	三级模式：高速交警总队、支队、大队	山东省公安厅	
山东高速集团有限公司	全面负责全省高速公路的收费、养护、路网运行、清障等营运管理工作	《收费公路管理条例》《公路法》	两级模式：总公司、分中心	山东省国资委	

3.1.2.4 贵州省高速公路应急管理体制

贵州省高速公路应急管理组织机构或部门主要包括贵州省高速公路管理局（贵州省高速公路路政执法总队）、贵州省公安厅交通警察总队、贵州高速公路集团有限公司以及运输管理、气象环境、医疗卫生、消防救援、地质、网络通信等其他业务关联部门或协作机构，各个部门或机构围绕突发事件应急联动协作工作要求在省级应急联动协作业务规范框架下开展应急管理工作。其中，贵州省交通运输厅是高速公路业务主管部门，牵头领导省内高速公路行业的应急管理工作。其下设贵州省高速公路管理局（贵州省高速公路路政执法总队），在省交通运输厅的全面指导下承担省辖区域内高速公路的路政执法、车辆通行费稽查、路产巡查保护、路权维护、清障施救、超限运输治理等职责工作。同时，按照协作联动业务工作职责，也协助高速交警部门、营运管理公司及时做好道路交通临时安全警示、安全、保畅等工作。管理模式按照统一领导、分级负责"总队—支队—大队"的三级路网管理架构，在各个分区域高速公路管理处设有路政执法支队，支队下设路政执法大队。特别地，省高速公路管理局下设有与高速公路网应急管理工作密切相关的机构——贵州省高速公路监控与应急处置中心，除承担路网智能交通系统规划、建设与管理，以及一般信息服务等职能外，在高速公路突发事件发生时，该中心可向路政执法机构和交警执法机构提供必要的路产路权保障、紧急抢险施救、应急指挥调度、交通管制与疏导、车辆和人员缉查等交通网络信息和技术支持。

贵州省公安厅交通警察总队全面负责保障全省高速公路区域内的治安、巡逻、管制、交通事故处理等交通秩序、治安秩序、道路交通安全和车辆、驾驶员安全管理工作，行使高速公路交通执法职能，并按照区域管理界限划分机构部门，按照三级管理模式在各个分区域下设高速公路交警支队和高速交警大队。同时，高速交通警察也承担协助高速路政执法机构、消防救援部门、医疗卫生部门及时做好交通抢险施救与道路排障工作。贵州高速公路集团有限公司是全省高速公路基础设施建设与经营管理主体，由其下设的高速公路营运管理中心全面负责全省范围内高速公路的车辆通行收费、道路设施养护、路网运行监控等运营管理业务工作。类似地，按三级管理架构，营运管理中心依照高速公路的行政管理地域范围在各个分区域辖区设置有营运管理区域分中心，分中心下设基层应急保畅大队、应急中队。同时，该营运管理公司承担协助高速交通警察、路政执法机构按应急工作业务要求及时做好行人、车辆的分流、安置或转运工作。在突发事件发生时，按照应急管理联动协作业务需要，包括运输管理、气象环境、医疗卫生、消防救援、地质、网络通信等其他业务关联机构或部门接受上一级的协调联动指挥调度，并根据各自业务工作范围参与相应的事件应急处置工作。贵州省高速公路应急管理概况如表 3.5 所示。

表 3.5 贵州省高速公路应急管理概况

管理机构	职责分工	参照依据	运行模式	行业主管部门	协作机制
贵州省高速公路管理局	巡查、路政管理行政执法、路产保护和路权维护、组织车辆救援等	《公路法》	三级模式：路政总队、路政支队、路政大队	贵州省交通运输厅	1. 联络员机制； 2. "一路三（多）方"联勤联动机制； 3. 执法机构合作办公值班； 4. 业务关联部门协作机制
贵州省交通警察总队	交通安全执法、事故预防处理、维护交通秩序、治安秩序等	《道路交通安全法》	三级模式：交警总队、高速支队、高速大队	贵州省公安厅	
贵州省高速公路集团有限公司	全面负责贵州高速公路的收费、养护、路网运行等营运管理工作	《收费公路管理条例》	三级模式：省营运管理中心、区域分中心、应急保畅大队与中队	贵州省交通运输厅	

3.1.2.5 湖南省高速公路应急管理体制

2018 年以前，湖南省高速公路管理局，也称湖南省高速公路建设开发总公司，是全省高速公路基础设施建设与运营管理机构。其在湖南省交通厅的领导下，按照一门两牌，合署办公的管理运行模式，统一负责全省高速公路的项目开发、工程建设、运营监控、养护管理以及征费、路政、监控等工作，并与地方政府、公安交通警察等相关执法业务单位或机构开展突发事件的应急联动协同处置业务。这一政企合并的高速公路运营管理体制在一定时期内为全省高速公路建设与发展奠定了良好的组织制度保障，并在提升高速公路交通服务能力和水平上发挥了非常重要的作用。然而，随着高速公路建设与发展的不断完善，社会对高速公路运营管理与发展能力要求的不断提高，其运营管理不断凸显公共管理与服务的本质要求，已有的高速公路管理体制已不再适应交通运输事业的发展，迫切需要进行管理体制改革。为此，2017 年 12 月，湖南省高速公路管理围绕政企分开、政事分开、政资分开的整体要求，正式实施《湖南省高速公路体制改革方案》，将湖南省高速公路管理局整体转变为企业，剥离有关行政管理、执法、经营管理与公益服务职能，并划归至相关专业职能机构和业务单位，新成立省高速公路集团有限公司，切实加强了路网营运的公共管理和公路服务属性[166]。

对于应急事件协同处置的机构组成方面，负责高速公路应急协同管控业务的省级单位主要包括湖南省公路事务中心、湖南省高速公路集团有限公司、湖南省公安厅交通警察总队以及气象环境、医疗卫生、消防救援、地质、网络通信、运输管理等其他业务关联部门或协作机构。各个相关部门或机构按照省级应急联动协作业务处置工作流程和规范履行各自的应急处置职责。其中，湖南省交通运输厅下设应急办公室负责指导高速公路行业应急处置体系建设、组织行业总体应急预案编制并承担预案衔接协调、协调应急处置工作；省公路事务中心，负责指导高速公路应急处置相关事务性、技术性工作；省公安厅交通警察总队，主要负责维护全省高速公路上的治安、巡逻、事故处理等交通秩序、治安秩序和交通安全管理工作，行使高速公路交通执法职能；湖南省高速公路集团有限公司，全面承担全省所辖高速公路通行网络的安全生产主体责任，在实际管理中是按照区域管理边界划分下设各个地区管理处，具体负责日常路产巡查、管养及路网运行联网监测与管理，并配合执法部门开展与应急业务相关的运营、路产维保、清障施救等联动业务。值得注意的是，省高速公路集团有限公司受省公路事务中心委托，承担路产保护和路权维护、组织车辆救援等路政工作，各个分区域管理处下设路政支队和路政大队。另外，对于突发事件应急管理处置方面，以执法机构和营运公司为主体，其他业务关联机构或部门在上级部门的指挥调度下，根据应急联动协作工作机制与规范参与有关工作。湖南省高速公路应急管理概况如表 3.6 所示。

表 3.6 湖南省高速公路应急管理概况

管理机构	职责分工	参照依据	运行模式	行业主管部门	协作机制
湖南省公路事务中心	应急处置的相关事务性、技术性工作	《公路法》	三级模式：省级中心、州市级分中心、县级	湖南省交通运输厅	1. "一路多方"联动机制；2. 路警合署办公；3. 业务关联部门协作机制
湖南省交通警察总队	交通安全执法、事故预防处理、维护交通秩序、治安秩序等	《道路交通安全法》	三级模式：省交警总队、高速警察支队、高速警察大队	湖南省公安厅	
湖南省高速公路集团有限公司	受省公路事务中心委托，承担路产保护和路权维护、组织车辆救援等路政工作；全面负责全省高速公路的收费、养护、路网运行等营运管理工作	《收费公路管理条例》《公路法》	三级模式：省中心、区域管理处（路政支队）、养护应急大队（路政大队）	湖南省国资委（出资）、湖南省交通运输厅（行业主管）	

3.2.1.6 重庆市高速公路应急管理体制

道路交通营运管理和交通综合执法是高速公路运行管理的两项基本工作内容。重庆市交通局是全市交通行业主管部门。对于高速公路交通综合执法工作而言，自 2005 年 6 月起，重庆市按照国家有关综合行政执法体制改革试点的精神，以机构精简、职责统一、运行增效为原则，依据相关管理实际新成立重庆市交通行政执法总队，由其全面承担高速公路的交通综合执法业务工作，包括路政执法、运政执法和交通安全管理等工作，但不具备限制人身自由的执法权。2019 年 12 月，在已有交通行政执法总队的基础上，进一步整合其他有关职能职责，新成立重庆市交通运输综合行政执法总队，仍然由其继续承担高速公路的交通综合执法工作。其管理按照典型的"执法总队—执法支队—执法大队"三级组织框架模式，履行路政运政执法、路产巡查保护、路权维护、清障施救、车辆超速、超载、超限运输治理、危化品车辆管理等职责工作，并与其他业务关联管理机构或部门按照既定的应急联动协作规范开展协同管理工作。

重庆高速公路集团有限公司承担全市高速公路道路建设与营运管理职责，负责全市所辖高速公路的道路设施建设与安全养护、通行营运收费、沿线管理巡查、路网运行设施设备监控等运营业务工作，并以集团总中心、区域分中心、路网营运公司中心三级管理组织架构开展日常营运与应急管理工作。与此类似，高速集团公司与其他业务关联管理机构或部门按照既定的应急联动协作规范开展协同管理工作。其他业务关联管理机构或部门主要包括道路运输事务中心、公路事务中心、公安局以及气象环境机构、医疗卫生机构、消防救援机构、地质机构、网络通信公司等。交通行业系统内的公路事务中心、道路运输事务中心以及交通行业系统外的公安、气象环境、医疗卫生、消防救援、地质、网络通信等业务关联部门在高速公路日常管理及应急管理中也承担各自的工作职能。对于交通日常事件和应急事件的处置，按照交通综合执法与营运管理职能的分工，上述各相关部门按照各自的承担的职责协同完成各类交通事件的处置。重庆市高速公路应急管理概况如表3.7所示。

综上所述，高速公路运行管理的主要业务涉及路域范围内的综合交通行政执法与路网营运、维护管养。以政企分开原则，各地方政府在《公路法》《道路交通安全法》《收费公路管理条例》等国家和地方相关法定框架下，分别对应成立了交通执法机构和营运管理公司，各自按照权责要求开展高速公路运行管理工作。其中，对于日常管理工作，各自按照自有管理体系和工作规范履行有关职能，而对于应急管理工作，在上级部门的指挥协调下，参照联动协作机制规范，履行突发事件应急处置的协作工作需求职责。然而，各省的管理体制上也存在一些不同之处，主要体现在交通行政执法和营运维护管养两个职能的划分界限和范围上。大部分省份将路政、运政、路产路权保护等职权集中到交通综合执法部门承担，交通安全、治安秩序等职权归入公安交警部门承担。与这些省份不同的是，重庆市将交通安全、治安秩序（除限制人身自由权利）等职权集中归入交通综合执法部门承担，已形成了统一化、整体化的高速公路交通综合行政执法体系，避免多头管理。从表面上看，大部分省份的做法虽然强化了职能专业化，有利于提升管理工作效果，但因违背了交通运行管理的自然规律，客观上形成了管理业务的条块分割，且多方多头管理增加了应急处置的协调、协作难度，势必导致应急管理效率不高。显然，从应急管理实践过程来看，重庆市实施的高速公路交通运输综合行政执法模式具有一定的管理优势。

表 3.7 重庆市高速公路应急管理概况

管理机构	职责分工	参照依据	运行模式	行业主管部门	协作机制
重庆市交通运输综合行政执法总队	路政运政执法、路产巡查、路产保护和路权维护、组织车辆救援、事故处理、交通安全管理（除限制人身自由权利）等	《公路法》《道路交通安全法》渝府发〔2005〕61号	三级模式：执法总队、执法支队、执法大队	重庆市交通局	1. 基层执行单元协作机制；2. 合作、联勤联动机制；3. 业务关联部门协作机制
重庆高速公路集团有限公司	全面负责高速公路的收费、养护、路网运行等营运管理工作	《收费公路管理条例》	三级模式：集团总中心、区域分中心、营运公司中心	重庆市交通局	

3.1.3 我国高速公路突发事件应急管理运行模式现状

应急管理体制的有效运转离不开科学、合理的管理运行机制。特别地，结合 2.1.3 节突发事件的特征分析，从应急管理处置角度来看，有效的应急管理运行机制是关键。在 3.1.2 节分析了有关省份高速公路应急管理体制现状后，可以看出，我国各级政府结合本省高速公路运行管理实际构建相应的运行管理体制，各运行管理主体按照行政区域界线划分已形成了稳定的自上而下三级管理体制架构，在保障路网安全、畅通方面发挥了积极重要的作用。

一般而言，高速公路运行管理主要涉及交通安全行政执法和营运维护管养两个基本业务工作，各级地方政府依据业务职能划分成立了相应的交通安全行政执法机构和路网营运维护管养公司。该两个直接执行管理机构，在当前管理体制框架下，其运行机制上均采用自上而下的三级管理运行模式，并各自按照自有体系和制度规范开展业务工作。机制的运行模式是否有效，对突发事件处置效果如何也是各级管理机构关注的重要问题。本小节将从当前运行管理实践角度对三级应急管理运行模式进行综合分析。图 3.1 是高速公路交通事件的三级应急管理运行模式示意图。

从上述路网应急管理框架的运行模式来看，其管理工作模式与流程缺乏顶层领导、统一指挥、协作处置功能，只有基层业务执行单元才具有相应的信息交互沟通机制。因此，具体来看，主要包括以下三方面的管理弊端：

其一，缺乏足够的应急指挥与业务协调功能强度。图 3.1 中信息流转过程显示，顶层管理主体按照自上而下的层次依次下达指令，这一过程使得各主体与同系统内部其他相关机构之间缺乏有效的联系和及时的沟通，尤其是与现场业务基层执行单元没有直接联系与交互，由此易导致顶层管

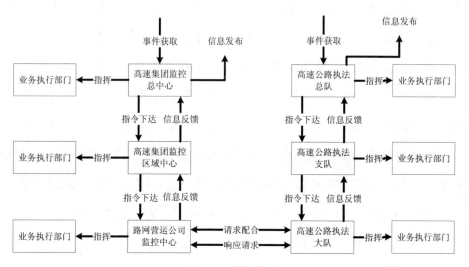

图 3.1   高速公路应急管理运行模式

理机构的应急指挥与业务协调强度不足,在管理形式上忽视了交通管理的内在本质联系,影响了交通管理运营业务与执法业务之间的有效联动,导致难以实现高速公路突发事件应急响应处置的高效协同应对。同时,基层业务执行单元自下而上依次反馈业务处置信息,他们的请求与协商是各个管理主体间协同管控的主要驱动力,显然这一模式存在强度较低的协调力度和命令约束,从而使得协同管控效率不高、处置效果难以满足管控要求。特别地,这一运行模式无法满足跨区域的突发事件应急处置管控要求。因此,该运行模式可有效满足部门内部的日常业务处理,但对于复杂的突发交通应急事件的协同处置上存在严重不足,无法有效满足应急联动协同的指挥统一性、协调一致性、执行高效性的基本要求。

其二,缺乏必要的跨业务部门之间信息交互与共享功能。突发事件信息在应急联动协同管控处置过程中起着极其重要的作用,然而,上述运行模式弱化了信息的重要性,尤其是部门间必要的信息共享能力已然缺失,由此导致交通突发事件应急响应处置过程中管理决策主体无法及时、有效、完整地获知实时状况信息，继而影响事件的有效研判和应急决策，使得应急处置效果不尽如人意，无法保障及时高效的交通应急管理服务。

其三，缺乏明确的信息采集职责与必要的信息沟通机制。交通行政执法机构和营运维护管养公司是高速公路的两个直接管理主体，各自按照业务工作需求，内部均有一定数量的交通运行状态信息采集设施设备，且各自按照自有体系和制度规范独立开展前端信息采集、逐级反馈上报、研判处理、对外信息发布等业务工作。然而，这一工作模式缺乏信息交互沟通机制必然引发信息的一致性出现问题，极易引发应急决策、管控处置、信息发布的错误研判和公众误解。

综上所述，在高速公路应急管理运行模式中，交通行政执法机构和营运维护管养公司作为两个直接管理高速公路的主体单位，在路网运行管理过程中各单位自成一体，仅形成了前端基层业务执行单元的请求与协商，导致突发事件应急处置的业务指挥与协调功能、协同与联动功能的命令级约束强度不足。同时，因缺乏必要的信息交互、共享沟通机制，导致突发交通事件应急协同管控处置过程的非扁平化，进而影响突发交通事件的快速指挥调度和有效协同处置效果，这也是当前高速公路应急管理服务效能不高的重要原因。

3.2 我国高速公路突发事件应急管理的问题评析

3.2.1 我国高速公路突发事件应急管理模式发展脉络分析

综合上一节的分析，从国内高速公路管理体制发展过程来看，我国高速公路管理体制主要存在三种基本管理模式，即公安部门和交通部门的

"两家管""上分下合，属地管理"和"一家管"等[167, 168]，对比分析情况如表 3.8 所示。

表 3.8 三种典型高速公路管理模式比较

序号	管理模式	管理主体	职责分工	优点	缺点
1	两家管	公安部门、交通部门	公安部门承担交通安全管理职责；交通部门承担路政、运政管理职责	各司其职，独立执法，互不影响	管理链延长，协作管理难度较大，管理效率低下
2	上分下合，属地管理	公安部门、交通部门	两部门"合署办公"的工作方式，执行层面的"合"，而决策层面的"分"	优于"两家管"模式，管理链变短，管理协作效率有所提高	人员统一管理难度较大，未解决合理分工
3	一家管	交通部门	统一负责高速公路路政、运政与安全管理（除限制人身自由的行政处罚权）	权责集中，统一管理，协作难度较小	内部机构易形成二元管理主体

3.2.2.1 公安部门和交通部门"两家管"的管理模式

"两家管"，顾名思义，是由公安部门和交通部门共同承担高速公路运行管理的相关职责。该管理模式类似于普通公路管理，也是当前全国大部分省份普遍采用的模式。其中，公安部门全面承担保障高速公路的治安、巡逻、交通管制、事故处理等交通秩序、治安秩序、驾驶员安全管理工作，依法行使高速公路交通安全执法职能。交通部门全面负责高速公路的建设管养、证费稽查、路政运政执法、运行监控等职责工作。两个管理主体，按照业务工作范围，各自独立履行路网管理的职责。此外，交通部门系统内部常常设有高速公路管理局、高速公路有限公司、公路局、运输管理局等机构共同参与高速公路运行管理。该管理模式两家单位各司其职，独立执法，但因职责划分而客观上条块分割了一体化的交通管理业务，

"路内扯皮、推诿"现象时有发生。同时,各自独立执法的工作模式客观上就不利于突发事件的协同管控处置,导致管理链延长,协作管理难度较大,管理效率低下。

3.2.2.2 "上分下合,属地管理"的管理模式

该管理模式是一种典型的过渡管理模式,主要是基于公安部门与交通部门"合署办公"的工作方式,较优于"两家管"模式的管理效能。模式的重点是"合署办公",一般主要体现在业务执行基层单元层面的"合",使得管理链变短,管理协作效率有所提高。然而,顶层管理决策层面仍然是处于"分"的状态,并未较好地解决路网管理主体的"唯一性"问题和职责的合理分工问题。同时,业务执行基层单元层面"合署办公"的工作方式,因人员分属于不同管理体制队伍,使得人员的统一管理难度较大。

3.2.2.3 "一家管"的管理模式

"一家管"的管理模式是由交通部门一家上路,实行"统一管理、综合执法"。在高速公路运行管理中,由交通部门统一负责高速公路路政执法、运政执法与交通安全管理业务工作。该模式优于前述两个模式,能够实现高速公路路网管理的权责集中和统一管理,解决"两家管"中二元主体、职责不清、路内扯皮等问题,且事件的联动协作处置难度较小。然而,在管理实践中,该模式并未较好地解决路网运营管理与执法管理的主体关系。例如,作为这一高速公路管理模式应用的典型——重庆市交通局(原称重庆市交通委员会),统一负责高速公路路政执法、运政执法与交通安全管理业务工作。早在 2005 年重庆市交通委员会(现称市交通局)就成立了下属的重庆市交通行政执法总队(现称重庆市交通运输综合行政执法总队),由其承担高速公路的交通综合执法业务工作,包括路政执法、运政执法和交通安全管理等工作。另有其下属企业——重庆高速公路集团

有限公司，负责全市所辖高速公路的道路设施建设与安全养护、通行营运收费、沿线管理巡查、路网运行设施设备监控等营运业务工作。执法总队是高速公路交通综合执法行政主体，高速集团是营运管理公司主体，两者同在交通局的领导下，各司其职，内部协调，共同保障高速公路安全、畅通。在实际运行中，高速集团承担了部分区域的路政业务，以及大部分交通基础设施信息监测系统的建设与运营，且其采集的交通状态信息难以达成部门间的合作共享，最终使得内部机构之间形成二元主体。因此，其管理模式上并未实现真正意义上"一家管"的路网统一管理与综合执法。

综合上述分析，我国当前高速公路管理体制仍在不断探索与建设完善中。结合我国高速公路运行管理工作实践效果，未来高速公路管理体制的发展趋势必将朝着职能专业化分工方向演进，在一定程度上不断促进管理人员的专业化，提高运营机构管理水平和社会服务质量。但是，这种专业化分工管理方式也易引起职能条块分割以及不合理的协同管控机制，继而导致路网运行管理效率不高。因此，我们可以做出判断，目前我国高速公路应急管理体制遇到的问题是如何保持高速公路网络运行管理的职能专业化，一方面能够进一步强化各管理部门之间联动协作功能，另一方面能够不损失整个路网的运行管理效率。

3.2.2　我国高速公路突发事件应急管理决策能力提升的影响因素分析

上一节对比分析几种典型的高速公路运行管理模式，结果显示：对于完善的高速公路应急管理体系而言，交通行政执法主体的合法性是前提，交通执法行为的可监督与可约束是基础，交通运行管理主体权利与职责统一是保障，交通运行管理模式的高效是关键[169, 170]。详细分析如下：

（1）高速公路交通行政执法主体的合法性是应急管理体系运行的前提。执法的合法性被认为是交通部门行政管理的最基本条件，如果交通部门行政执法缺乏必要的法律法规支持，势必导致行政管理体制的崩溃与瓦解。特别地，执法主体的合法性并不仅仅是等同于遵守有关法律法规，而是要符合相关法律法规。例如，作为重庆市高速公路行政执法主体的交通运输综合行政执法总队，其综合执法依据的法律尚与当前国家相关法律或条文存在一定的冲突，在执法实践中常常影响综合执法工作的有效开展。从问题产生的角度来看，一般可通过两种方式解决：一种方法是国家按照立法修法的基本程序对其进行针对性调整或修订，可从根本解决该问题，然而该修订进程相对较为费时和漫长；另一种方法是由地方政府主导，将公安的交通管理职能机构整体转入交通主管部门，按照业务权责范围接受公安和交通两个主管部门的双重领导，可有效解决当前体制下的合作强度不足的问题。考虑当前国家层面法律调整或修订的实际，可先采取第二种方法完善应急管理体制建设。例如，重庆市依照相关文件对高速公路应急管理体制做了相关调整，公安部门不再承担高速公路的交通安全管理（除限制人身自由职权），转由交通运输综合行政执法总队全面承担高速公路辖区范围的交通行政综合执法与安全管理工作，但是在受地域空间边界限制的路网外部协作与工作交接合作问题仍需强化两者的职责与合作。

（2）交通执法行为的可监督与可约束是应急管理体系运行的基础。高速公路行政执法是保障交通运行安全、畅通的主要方式，执法行为的可监督与可约束是执法效果的关键，切实避免自己监督自己。例如，重庆市交通运输综合行政执法总队和重庆高速公路集团有限公司是同属于重庆市交通局的两个下属单位，共同具体承担高速公路运行管理职责，这种管理体制在客观上极易引起行政执法行为的可监督与可约束功能失效，给路网运行管理服务带来一定的隐患。为此，分离立法与执法可有效阻断行政执法权和监督约束权的合并，形成可监督和可约束的执法行为。设立高速公路法定的行政执法机构，独立行使的综合执法职能，将执法与监督同步，使权力行使规范、有约束。

（3）交通运行管理主体权利与职责统一是应急管理体系运行的保障。权力与职责的统一，也即权力与职责的有机匹配，其中权力的可分性、职责的可分性是权责统一的前提条件。然而，受制于交通管理对象内涵的整体性以及权责的客观不可分性，再加上在高速公路管理实践中忽视对这些运行管理客观规律的领会和尊重，进而导致管理体制的顶层设计方面存在一些方法问题。例如，在重庆市高速公路运行管理工作实践中，两个管理主体经常因权责不清、工作内容冲突问题出现路内扯皮、责任推诿等现象，继而影响运行管理的协作处置效果。针对这个协作处置困难的问题，交通主管部门试图利用严格的权责划分来明确两个管理主体的职责与业务范围，结果陷入一个"剪不断、理还乱"的循环。这些都是因为缺乏对管理对象内涵的整体性以及权责的客观不可分性自然规律的尊重和认知，强行将本不可分的权责进行拆分，势必降低运行管理效能。因此，对于客观上本不可分的权责，采取合并为一的方式也是解决问题的好方法，并且这一处理方法已在国外发达国家相关应急管理实践工作中得到普遍应用。

（4）交通运行管理模式的高效性是应急管理体系运行的关键。运行管理模式高效性的内在要求主要体现在两方面。一是，尊重管理对象的客观运行规律。即路政、运政、营运、交通安全管理等业务是一个相互关联、不可分割的统一整体。其业务运行应当是包括交通事件发现、研判确认、分类分级、预案启动、指挥调度、响应处置、评估反馈等工作内容的全过程管理，并且其管理过程应该是以管理体制内联动协作为主，避免体制外分工协调引发的工作摩擦。所以，当前体制中的多头管理模式，已然增加了协调工作量，延长了业务管理链条，进而降低了运行管理效能。二是，精炼管理层次，促使业务管理链条扁平化。理想的应急管理模式应尽可能地减少中间管理层级，由顶层中心直接指挥协调基层执法业务单元、营运服务单元做好突发交通事件的应急处置。然而，目前国内大部分省份按照行政区域划分路网运行管理界限，并以典型的"省级—区域—地方"三级管理架构模式，在应急管理实践中客观增加了管理层级，不符合管理链条扁平化要求，导致应急管理效率低下。

综上所述，我国高速公路突发事件应急管理体系仍然存在一些需要健全与完善的问题，亟待提升面向突发事件的应急管理决策能力。根据前述我国当前高速公路突发事件应急管理现状、发展脉络等问题分析，进而可以总结得出应急管理决策能力提升的关键影响因素，主要包括管理制度规范、业务职能建设、管理运行模式等方面。

3.3　我国高速公路突发事件应急管理决策能力提升的实证分析

上一节结合当前我国几种典型的高速公路运行管理模式，分析了高速公路突发事件应急管理决策能力的影响因素，包括管理制度规范、业务职能建设、管理运行模式等。本节将围绕这些影响因素，依托既有的高速公路突发事件处置案例，研究探讨提升应急管理决策能力的分析方法，进而给出我国高速公路突发事件应急管理决策能力的提升策略，以期为各级高速公路管理部门或机构提供有效的经验决策参考。

3.3.1　问题分析

在3.2的分析指出，管理制度规范、业务职能建设、管理运行模式是影响我国高速公路突发事件应急管理决策能力建设的三个重要因素，那么如何围绕这些影响因素进一步获取针对性的应急管理决策能力提升策略或建议？在相关应急管理研究中，结合上述因素已有学者提出了一些有价值的策略或措施，如完善应急体系与机制[171]、加强应急管理技术支撑能力建设[172]等。然而，这些策略或措施因偏于宏观、理论，在实施方面存在方法不明确、方案不细致等无法落地问题，以致难以有效被相关部门或机构采纳与应用，其可参考利用的价值有限。因此，相比之下，其他更为细致、明确的能力提升措施或策略，如加强落实高速公路交通安全管理联勤工作、开展安全保障技术研究和健全完善安全标准规范工作、构建重点营运车辆动态监控联网联控工作、全面排查整治用危险货物运输车辆加装紧急切断装置等，在实际应用中更具有重要的参考利用价值。

高速公路突发事件的事故调查报告具有重要的参考借鉴价值。我国高速公路应急管理工作实践显示，长期以来高速公路运营管理是按照"属地管理"的基本原则，由各城市全面负责行政管辖范围内的高速公路突发事件应急管理工作。特别地，对于管辖区内发生的各个级别的高速公路突发事件，高速公路应急管理部门按照信息公开的基本要求发布了相关的事故调查报告，如《陕西安康京昆高速"8·10"特别重大道路交通事故调查报告》《沪昆高速湖南邵阳段"7·19"特别重大道路交通危化品爆燃事故调查报告》等。进一步分析这些权威的事故调查分析报告，可以发现这些报告的文本组成结构中均包含事件的基本概况、应急处置过程、防范与整改措施等固定范式内容，并且这些内容对其他各级机构或部门的类似突发事件的应急管理决策具有非常重要的借鉴与参考价值。尤其是调查报告的防范与整改措施部分，不仅给出了针对性的事故防范措施，而且针对已有应急管理工作实践中存在的问题也给出了可操作的健全与完善建议。然而，现实应急管理实践中却忽视了这些有价值的参考借鉴经验的挖掘和再利用。另外，受制于社会经济发展水平和社会综合治理能力差异，再加上我国高速公路的"属地管理"，各个城市的高速公路应急管理决策能力存在一定的差别。因此，合理有效地利用这些权威的事故调查报告中的相关经验措施或策略，可为其他能力较弱的城市在高速公路应急管理决策能力建设与提升方面提供有价值的参考借鉴，进而可整体提高我国高速公路应急管理决策能力水平。

因此，本节以既有的我国高速公路突发事件处置调查报告典型案例为基础，围绕影响高速公路突发事件应急管理决策能力的相关因素，研究探讨应急管理决策能力提升策略的分析方法，深入发掘我国高速公路突发事件应急管理决策能力的提升策略，以期为各级高速公路管理部门或机构提供参考借鉴。

3.3.2　研究方法及框架

前述分析可知，各级高速公路管理机构或部门在突发事件的应急处置过程中积累了丰富的管理决策经验，并且由此形成的有关事故调查分析报告对其他机构或部门在提升突发事件的应急管理决策能力方面，存在较多有价值的参考借鉴经验。值得注意的是，经验挖掘理论可为这些经验的有效利用提供良好的研究借鉴思路。Shen 等[9, 173]、Wang 等[174]提出了基于经验挖掘理论的决策支持系统，有效实现从已有城市可持续发展的管理实践经验提取有价值的决策参考信息，为其他城市在面对同类问题时做出最优的可持续发展战略规划。该理论方法的核心是对已有相关管理实践工作的经验，如相关的分析报告、决策建议、规划方案等，进行信息的统计分析、价值挖掘等处理，进而形成可参考借鉴的经验，为其他类似事件的管理实践工作提供可用的决策参考借鉴经验。经验挖掘理论方法因其具有良好的管理实践应用优势，已被成功应用到退休养老社区可持续发展与运营[175]、国际建设工程项目纠纷问题解决[176]、绿色建筑方案设计[177]等其他不同领域的经验分析与挖掘过程。

经验挖掘理论与方法旨在从已有问题的管理实践经验中抽取有价值的可参考借鉴信息，其方法的关键是基于已有参考经验的信息表述、数据处理和知识挖掘等技术处理过程。对于这些参考经验的信息分析与价值发掘方面，当前在高速公路应急管理领域还未见相关报道。基于此，本书借鉴Shen 等[9]提出的经验挖掘理论方法思路，设计基于经验挖掘理论的应急管理决策能力提升策略分析的新方法，进一步总结与挖掘已有的高速公路突发事件应急管理决策实践经验，据此形成有价值的应急管理决策能力提升的参考策略。由此，该研究方法的基本框架流程如图3.2所示。

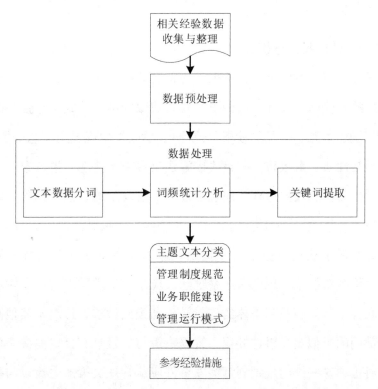

图 3.2 我国高速公路突发事件应急管理决策经验挖掘方法框架流程图

该方法思路的基本过程是：首先，借助互联网平台、专题数据库、知识论坛等网络媒介收集获取相关经验文本数据。由于这些经验文本数据的文件保存格式不一，如 doc、pdf、jpg 等，因此需要将其统一转换为便于文本分析的 txt 格式，完成文本数据的预处理。其次，借鉴经验挖掘理论方法的研究思路，对预处理的文本数据进行分词、词频统计、关键词提出等分析处理过程，再围绕各个主题因素对文本特征做进一步筛选、归纳、分类，并汇聚至各个主题因素。最后，总结形成各主题因素下的参考经验措施或策略。

3.3.3　数据收集与整理

高速公路突发事件调查分析报告为管理部门响应处置类似突发事件提供了良好的经验参考基础。这些报告具有相似的结构范式，包括事故基本情况（车辆、道路、人员、涉事单位等）、事故发生经过与应急处置情况、事故原因与性质、事故防范和整改措施建议等文本信息。报告中不仅阐述了事故发生与应急处置过程，而且也针对事故发生的直接或间接原因提出具体的防范与整改措施和建议。例如，《陕西安康京昆高速"8·10"特别重大道路交通事故调查报告》中提出完善营运客车防疲劳驾驶的制度措施、加大缉查布控等非现场执法系统建设应用、推进重点营运车辆动态监控联网联控工作等一系列具体的应对措施和经验做法，这对于其他高速公路管理部门的类似突发事件的应急管理决策与处置具有良好的参考借鉴意义，同时也为这些部门规划制订突发事件应急管理决策能力建设与提升的方案提供了针对性措施和建议。因此，高速公路突发事件调查分析报告文本可以作为应急管理决策能力提升经验参考的重要来源。

获取相关事故调查分析报告是实施参考经验挖掘的前提和基础。当前，互联网信息技术的飞速发展，为获取有关高速公路突发事件事故调查分析报告提供了便利。各级政府应急管理部门官方网站、交通主管部门网站、高速公路运营管理企业网站以及其他相关安全管理门户网站、专业数据库、专题论坛等可搜集到有关高速公路突发事件的调查分析报告文件。进一步梳理和总结突发事件事故调查分析报告特征的有关关键词,如"高速公路突发事件""高速公路交通事故""高速公路应急管理""高速公路交通安全""高速公路应急响应"等,利用"百度"搜索引擎进行关键词搜索、筛选与整理,得到关于各级高速公路突发交通事故的调查分析报告文件集,共搜索到 15 份可用的事故调查分析报告。其中,每份报告文本中的"事故防范和整改措施建议"部分给出了可参考的经验措施或建议内容,如表 3.9 所示。

表 3.9 高速公路突发交通事故的调查分析报告及部分经验措施

序号	高速公路突发事件调查分析报告	事件发生时间	部分经验措施列举
1	沪陕高速公路全椒段"2019.1.28"较大道路交通事故调查报告	2019-01-28	1. 加强道路状况安全评估工作,及时调整和完善企业相关管理制度。 2. 完善道路安全防护设施,完善限速设置、交通安全管理设备和监控设施,强化科学管理。 ……
2	重庆绕城高速"7·20"较大道路交通事故调查报告	2018-07-20	1. 积极主动与高速公路执法部门沟通衔接,及时整改执法部门通报的道路隐患。 2. 加强车型车道非现场抓拍,结合移动测速规范大型货车行车秩序。 ……
3	京港澳高速公路衡阳段"6·29"重大道路交通事故调查报告	2018-06-29	1. 运用互联网+监管手段管住"两客一危"重点营运车辆,积极引进第三方监测平台,推动重点营运车辆安全监管信息实现跨区域、跨行业、跨部门共享。 ……

序号	高速公路突发事件调查分析报告	事件发生时间	部分经验措施列举
4	G65包茂高速南川大观段"5·1"较大道路交通事故调查报告	2018-05-01	1. 加大纠违布控等非现场执法系统建设应用。 2. 高速公路执法部门加强与安监、交巡警、旅游、质监等部门及相关专家协同联动。 ……
5	G65包茂高速界石至南彭段"12·22"较大道路交通事故调查报告	2018-12-22	1. 加强对道路交通的疏导和分流,多渠道采集发布交通拥堵和安全驾驶信息。 ……
6	京港澳高速新乡段"9·26"重大道路交通事故调查报告	2017-09-26	1. 利用机动车缉查布控系统和道路货运车辆公共监管和服务平台,加强路面联合执法。 2. 公安、交通、质监等部门应建立相应的沟通协作机制和信息共享机制。 ……
7	陕西安康京昆高速2017.8.10特别重大道路交通事故报告	2017-08-10	1. 重点加大缉查布控等非现场执法系统建设应用,有效查处超速、违反规定时间和车道行驶等违法行为,提升路面执法管控工作成效。 2. 进一步推进重点营运车辆动态监控联网联控工作。 ……
8	广河高速公路龙门路段"7·6"重大道路交通事故调查报告	2017-07-06	1. 排查整治营运客车变相挂靠问题,提升大型客车本质安全水平。 2. 加快推进重点营运客车动态监控联网联控工作,切实发挥动态监控作用。 ……

序号	高速公路突发事件调查分析报告	事件发生时间	部分经验措施列举
9	津蓟高速公路"7·1"重大道路交通事故调查报告	2016-07-01	1. 强化安全生产红线意识，切实加强对企业的安全管理。 2. 完善营运客车在途安全驾驶监管，充分运用科技手段提高管理效率和水平。 ……
10	湖南郴州宜凤高速"6·26"特别重大道路交通事故调查报告	2016-06-26	1. 建立道路客运企业安全生产诚信体系，开展企业安全生产诚信评价。 2. 进一步推进重点营运车辆动态监控联网联控工作。 ……
11	沪昆高速公路关岭段"3·12"较大道路运输事故	2016-03-12	1. 切实加强运输车辆动态监控。 2. 加强对重点道路、重点时段的交通管控和路面巡查。 ……
12	沪昆高速公路湘潭段"9·25"重大道路交通事故调查报告	2015-09-25	1. 建立健全安全生产责任制和安全管理规章制度。 2. 加强联合执法，形成联动机制，加大对商品运输车辆的执法力度。 ……
13	沪昆高速公路邵阳段"7·19"特别重大道路交通危化品爆燃事故调查报告	2014-07-19	1. 建立健全"党政同责、一岗双责、齐抓共管"的安全生产责任体系。 2. 各部门要注重协调配合，加强联合执法，搞好日常执法，形成联动机制。 ……
14	晋济高速公路晋城段岩后隧道"3·1"特别重大道路交通危化品燃爆事故调查报告	2014-03-01	1. 加强安全保障技术研究和健全完善安全标准规范工作。 2. 强化应急响应和处置工作，建立责任明晰、运转高效的应急联动机制。 ……

续表

序号	高速公路突发事件调查分析报告	事件发生时间	部分经验措施列举
15	粤赣高速公路河源和平路段"12·13"重大道路交通事故调查报告	2014-12-13	1. 设立公路超限检测站或设置动（静）态监测等技术设备，加强车辆超限超载情况监测。 2. 健全完善高速公路交通安全管理联勤机制。 ……

3.3.4　数据处理与结果分析

将搜集到的 15 份高速公路突发交通事故调查分析报告文件作为分析样本，首先提取各个报告中"事故防范和整改措施建议"的文本内容，建立统一的 txt 格式的文档数据库，共有 26373 个中文字符。利用 RStudio 开源数据分析平台（Version 1.3.959）对这些 txt 格式文本书件进行编程分析处理，包括分词、过滤筛选和词频统计等过程。文本中字词的重要性与其出现的频次成正比增加，例如，词频统计结果显示"安全"一词频次最高，出现了 398 次之多，表明"安全"是高速公路运行管理工作的核心，这也是符合当前高速公路运行管理实际的。因此，借助词频统计的结果来提取有价值的参考借鉴经验具有一定的合理性。

另外，在对"事故防范和整改措施建议"的文本内容分析时，我们注意到，文本中关于突发事件的具体防范措施经验内容，一般采用典型的"谓语+宾语"语句表达形式，如"加强……""督促……""落实……""加大……""完善……""强化……""开展……""提高……""建立……""整治……"等语句表述形式（表 3.9）。如果将这些特征语句提取出来，进而梳理和归纳这些关键语句的特征语义，将有利于获取有价值的决策参考经验措施。因此，根据对谓语动词的词频统计结果，本书选取了前 10

个词频较高的谓语动词作为特征关键词。此外，考虑某些经验措施存在一些不具参考价值的语句，需要作进一步筛选和剔除。例如，《京港澳高速公路衡阳段"6·29"重大道路交通事故调查报告》中的"落实不到位"、《湖南郴州宜凤高速"6·26"特别重大道路交通事故调查报告》中的"督促约束作用"等。经上述过程，共提取出有效的经验措施语句 521 条。其中，"加强……"句型有 115 句，"落实……"句型有 64 句，"督促……"和"完善……"句型均有 53 句，"加大……"句型有 51 句，"开展……"句型有 42 句，"建立……"句型有 41 句，"强化……"句型有 39 句，"提高……"句型有 36 句，"健全……"句型有 27 句。表 3.10 给出了基于词频统计的特征关键词语句统计结果与部分参考措施列举。受篇幅限制，未将相关经验措施内容全部列出。

表 3.10　事故调查分析报告关键词统计分析的部分结果

序号	语句特征关键词	词频统计结果（次）	相关的部分经验措施结果	经验措施结果来源
1	加强……	115	1. 加强道路状况安全评估工作，及时调整和完善企业相关管理制度。 2. 加强指导协调，推动各主管部门落实行业监管责任，组织公安、交通等有关部门开展定期、不定期的危险货物道路运输联合执法检查，形成监管合力。	1.《沪陕高速公路全椒段"2019.1.28"较大道路交通事故调查报告》 2.《沪昆高速湖南邵阳段"7·19"特别重大道路交通危化品爆燃事故调查报告》
2	落实……	64	1. 落实 GPS 监管平台 24 小时值班制度，强化客运企业对所属客车的动态监管。 2. 落实行业监管责任，组织公安、交通等有关部门开展定期、不定期的危险货物道路运输联合执法检查，形成监管合力	1.《津蓟高速"7·1"重大道路交通事故调查报告》 2.《沪昆高速湖南邵阳段"7·19"特别重大道路交通危化品爆燃事故调查报告》

续表

序号	语句特征关键词	词频统计结果（次）	相关的部分经验措施结果	经验措施结果来源
3	完善……	53	1. 完善交通运输法律法规体系和有关政策，努力为治超工作提供有力的法制保障。 2. 完善相关法律法规，加强对机构和个人利用网络社交平台从事非法旅游经营活动的监管	1.《2014 年粤赣高速公路河源和平路段"12·13"重大道路交通事故调查报告》 2.《湖南郴州宜凤高速"6·26"特别重大道路交通事故调查报告》
4	督促……	53	1. 督促企业充分利用具有行驶记录功能的卫星定位装置等科技手段，强化道路运输企业对所属运输车辆的动态监管。 2. 督促道路运输企业及动态监控系统运营服务商加快完善动态监控系统功能，高速公路执法部门根据道路实际情况为重点运输企业提供设置科学的分段限速值和运行线路的参考信息	1.《沪昆高速关岭段"3·12"较大道路运输事故》 2.《G65 包茂高速南川大观段"5·1"较大道路交通事故报告》
5	加大……	51	1. 加大纠违布控等非现场执法系统建设应用。 2. 加大对新《安全生产法》和相关法律法规的宣贯力度，推进依法治安，强化依法治理，从严执法监管	1.《G65 包茂高速南川大观段"5·1"较大道路交通事故调查报告》 2.《沪昆高速湖南邵阳段"7·19"特别重大道路交通危化品爆燃事故调查报告》
6	开展……	42	1. 开展道路路面、隧道、长下坡、急弯陡坡等重点路段的安全隐患发现工作，对发现的安全隐患要督促相关部门积极采取措施及时进行整改。 2. 开展疲劳驾驶告警、自动紧急制动、车道偏离告警等智能主动安全技术在大中型客车上的应用研究	1.《G65 包茂高速南川大观段"5·1"较大道路交通事故报告》 2.《湖南郴州宜凤高速"6·26"特别重大道路交通事故调查报告》

序号	语句特征关键词	词频统计结果（次）	相关的部分经验措施结果	经验措施结果来源
7	建立……	41	1. 建立包括营运客车在内的重点车辆动态监控信息共享机制，实现重点车辆动态监控信息在不同部门之间的即时查询。 2. 公安、交通、质监等部门应建立相应的沟通协作机制和信息共享机制	1.《广河高速公路龙门路段"7·6"重大道路交通事故调查报告》 2.《京港澳高速新乡段"9·26"重大道路交通事故调查报告》
8	强化……	39	1. 强化综合监管，加强指导协调，推动各主管部门落实行业监管责任，组织公安、交通等有关部门开展定期、不定期的危险货物道路运输联合执法检查，形成监管合力。 2. 强化应急响应和处置工作，建立责任明晰、运转高效的应急联动机制	1.《沪昆高速湖南邵阳段"7·19"特别重大道路交通危化品爆燃事故调查报告》 2.《晋济高速公路山西晋城段岩后隧道"3·1"特别重大道路交通危化品燃爆事故调查报告》
9	提高……	36	1. 提高道路交通事故应急处置能力，严格按照交通事故处理工作规范要求划定警戒区，放置反光锥筒、警告标志、告示牌，停放警车示警等。 2. 提高路面监控排查整治水平，尽快将移动测速设备投入使用，充分发挥高科技装备的实时监控能力，重点加强对营运客车"三超"违法行为的查处力度	1.《沪昆高速湖南邵阳段"7·19"特别重大道路交通危化品爆燃事故调查报告》 2.《沪陕高速公路全椒段"2019.1.28"较大道路交通事故调查报告》
10	健全……	27	1. 健全联合执法机制，依托交警执法站、公路超限检测站等，严把出站、出城、上高速、过境"四关"，提高路面见警率和现场查处率，营造严管严查的执法氛围	1.《陕西安康京昆高速2017.8.10特别重大道路交通事故报告》

从提取的 521 条参考经验措施语句内容来看，其涵盖了高速公路应急管理工作的多个方面，包括法律法规、制度规范、管理体制、行业主体责任、管控机制、技术应用、信息共享等，需要将其作进一步的主题细化分类。为此，以 3.2 节分析得出的三个影响应急管理决策能力建设的关键因素——管理制度规范、业务职能建设、管理运行模式为主题，利用基于关键词的词频统计分析方法对已提取的参考经验措施进行筛选、分类，可得到各个主题下的参考经验措施文本集合。具体步骤如下：

首先，需要确定上述三个主题的关键词。类似地，再次利用 RStudio 开源数据分析平台对 521 条参考经验措施进行分词、过滤和词频统计等过程。在过滤掉"加强""道路""车辆""完善""生产""运输""工作"等无显著特征意义词语之后，词频统计结果显示，"责任"出现频次最高，达到 109 次。然后，结合词频统计结果，并考虑高速公路应急管理工作实际和 3.2 节中关于各个主题含义分析，再抽取与主题相关的特征词。其中，"管理制度规范"的特征词包括"制度""法律法规""标准"，分别出现了 103 次、57 次、39 次；"业务职能建设"的特征词包括"责任""监管""应急""执法"，分别出现了 109 次、82 次、77 次、59 次；"管理运行模式"的特征词包括"机制""系统""信息""技术""联动/联合/联勤"，分别出现了 42 次、39 次、33 次、32 次、25 次。最后，利用各个主题下的关键词的词频统计结果，进一步梳理和分类所有参考经验措施的主题内容，可得出"管理制度规范"为主题的参考经验措施有 148 条，"业务职能建设"为主题的参考经验措施有 260 条，"管理运行模式"为主题的参考经验措施有 139 条。因受篇幅限制，这里仅列出每个主题下的部分参考措施建议语句文本，关键词统计结果和部分主题分类结果如表 3.11 所示。

表 3.11　基于主题关键词的词频统计结果和部分主题分类结果

主题	主题关键词	主题关键词统计结果（次）	经验措施统计（条）	相关的部分经验措施结果
管理制度规范（148）	制度	103	84	1. 健全民警执勤执法规章制度，强化道路执勤执法检查考核，将有关法律法规和规章落到实处。 2. 加强对应急工作的监督和管理，建立完善相关工作制度，严肃工作纪律，切实提高值班人员思想警觉性，确保工作人员认真履行职责。 ……
	法律/法规	57	30	1. 加强道路交通安全法律法规、安全行车常识、典型事故案例等内容的宣教培训，切实开展应急演练，提高驾驶人安全素质特别是突发情况下的应急处置能力。 2. 加大对新《安全生产法》和相关法律法规的宣贯力度，推进依法治安，强化依法治理，从严执法监管。 ……
	标准	39	34	1. 加强与安监、交巡警、旅游、质监等部门及相关专家协同联动，依据相关法规和标准规范深入开展道路路面、隧道、长下坡、急弯陡坡等重点路段的安全隐患发现工作，对发现的安全隐患要督促相关部门积极采取措施及时进行整改。 2. 健全道路安全问题排查治理机制，统一道路安全问题的认定标准，落实信息通报、反馈机制，切实解决部分路段事故多发的问题，有效提升道路安全通行条件。 ……

续表

主题	主题关键词	主题关键词统计结果（次）	经验措施统计（条）	相关的部分经验措施结果
业务职能建设（260）	责任	109	91	1. 督促各级公安机关交通管理部门严查营运客车超速、超员、疲劳驾驶等交通违法行为，以严查严处倒逼客运企业落实安全生产主体责任。 2. 加大对道路交通安全法律法规、安全行车常识、典型事故案例等内容的学习，时刻强化安全责任意识。 ……
	监管	82	70	1. 落实行业监管责任，组织公安、交通等有关部门开展定期、不定期的危险货物道路运输联合执法检查，形成监管合力。 2. 督促道路客运企业加强对所属车辆和驾驶人的日常安全监管，合理安排长途客车驾驶人的出车时间，保障长途客运驾驶人的落地休息时间，严禁驾驶人疲劳驾驶。 ……
	应急	77	52	1. 加强应急救援队伍建设，配备先进适用、实用管用的应急救援物资和装备，提高应对突发性事件的快速反应和应急处置能力。 2. 完善应急预案并定期组织演练，强化从业人员应对突发事件的应急处置能力，配备必要的专业抢险设备。 ……
	执法	59	47	1. 督促各级公安机关交通管理部门将道路运输车辆动态监控系统记录的交通违法信息作为执法依据，依法查处，依法严厉打击动态监控系统运营服务商删改、屏蔽动态监控数据等违法行为。 2. 加大纠违布控等非现场执法系统建设应用，提升路面执法管控工作成效。 ……

续表

主题	主题关键词	主题关键词统计结果（次）	经验措施统计（条）	相关的部分经验措施结果
管理运行模式（139）	机制	42	39	1. 加强联合执法，搞好日常执法，形成联动机制，打击危险化学品非法运输行为，整治无证经营、充装、运输，非法改装、认证，违法挂靠、外包，违规装载等问题。 2. 健全联合执法机制，依托交警执法站、公路超限检测站等，严把出站、出城、上高速、过境"四关"，提高路面见警率和现场查处率，营造严管严查的执法氛围。 ……
	系统	39	27	1. 完善动态监控系统功能，高速公路执法部门根据道路实际情况为重点运输企业提供设置科学的分段限速值和运行线路的参考信息。 2. 加大缉查布控等非现场执法系统建设应用，有效查处超速、违反规定时间和车道行驶等违法行为，提升路面执法管控工作成效。 ……
	信息	33	24	1. 落实信息通报、反馈机制，切实解决部分路段事故多发的问题，有效提升道路安全通行条件。 2. 加强各相关部门的协调联动，搭建部门信息共享渠道，建立违法旅行社、机构以及个人的"黑名单"制度，完善社会信用体系建设。 ……

续表

主题	主题关键词	主题关键词统计结果（次）	经验措施统计（条）	相关的部分经验措施结果
	技术	32	27	1. 开展疲劳驾驶告警、自动紧急制动、车道偏离告警等智能主动安全技术在大中型客车上的应用研究。 2. 强化科技装备和信息化技术在道路交通执法中的应用，拓展系统的大数据分析能力，提高路面管控的精准化、科学化、智能化水平。 ……
	联动/联合/联勤	25	22	1. 健全完善应急主管部门、公安交警、交通运输、消防、安全监管、卫生等部门联动的道路交通事故紧急救援机制，加强道路交通事故紧急救援队伍建设，配足、配强救援设备，提高施救水平。 2. 加强与安监、交巡警、旅游、质监等部门及相关专家协同联动，依据相关法规和标准规范深入开展道路路面、隧道、长下坡、急弯陡坡等重点路段的安全隐患发现工作，对发现的安全隐患要督促相关部门积极采取措施及时进行整改。 ……

值得注意的是，对于提取的 521 条参考经验措施文本，结合语义分析，可以发现某些文本记录并不是完全严格对应一个主题，可能呼应多个主题的含义。例如，"加强与安监、交巡警、旅游、质监等部门及相关专家协同联动，依据相关法规和标准规范深入开展道路路面、隧道、长下坡、急弯陡坡等重点路段的安全隐患发现工作，对发现的安全隐患要督促相关部门积极采取措施及时进行整改"，既归入了"管理制度规范"主题对应的参考经验措施，也归入了"管理运行模式"主题。因此，在实际应

用中，有关机构或部门可根据具体问题的主题内容，选择合适的经验措施进行参考和借鉴。

3.4　我国高速公路突发事件应急管理决策能力提升策略

长期以来，我国各省份按照"属地管理"的基本原则，全面负责行政管辖范围内的高速公路突发事件应急管理工作。受到上位法和制度的制约，尽管各省份采取不同的应急管理模式，如"一家管""两家管"或"合署办公"模式，但都是在相关上位法的框架下出台了相应的管理制度、规范、条例、办法等应对措施，从一定程度上强化了高速公路交通执法与安全管理、营运管理服务的基本功能，提高了突发事件的应急管理决策效能。因此，充分考虑到当前我国顶层法律和制度设计的制约性，鉴于高速公路应急管理工作的复杂性、艰巨性，其管理决策能力建设与提升是一个循序渐进的过程，需要在长期实践过程中不断摸索。但是，围绕管理制度规范、业务职能建设、管理运行模式三个相关主题，结合 3.3 节的参考经验措施挖掘分析结果，我们还是能获得一些有益的启示或启发。未来高速公路突发事件应急管理决策能力提升的策略是：

（1）健全法治建设，保障依法应急。法制是执法的前提与保障。一是，推进高速公路管理的法治建设。健全完善相关法律法规与规章制度，定期开展有关的宣贯教育、学习培训、案例推送等系列活动，提升高速公路各个营运管理主体的法治意识。二是，强化制度落实专项考核与执法监督力度。建立与健全执勤、执法规章制度，制定专项考核落实方案，强化各级层层落实。推进依法应急，强化依法治理，从严执法监管，建立公众执法监督机制，保障依法应急的透明、公正。

（2）加强专业化分工协作。专业化的社会职能分工不可或缺，利于应急管理决策效能提升。一是，按照应急管理体制运行所要求的统一性、整体性、综合性的要求，根据社会职能分工要求明确承担高速公路网络的交通管理与运行服务职能部门，建立专门的执法机构和营运服务单位，明确各自职能，严格落实主体责任，分工负责监管路网运行状态、指挥协调路网交通事件处置、管理外场监管设施、管养路网基础设施等业务。

（3）强化集中管控与决策。有效的一体化应急协同管控与决策机制是关键。一是，按照高速公路管理体制的职能专业化、业务分工、协同管控效率提升的总体要求，成立统一的高速公路应急管控工作小组，明确职责分工，建立一套与之相适应的一体化多主体应急协同管控机制，推进应急工作的联勤、联动，强化应急业务协同，变外部协调为内部管控，加强管理链扁平化。二是，完善应急管理决策机制。从高速公路突发事件的基本特点入手，立足集中管控处置过程，构建有效应对突发事件的快速应急管理决策机制，完善应急决策方法体系，提高应急决策的针对性与可靠性。

（4）推进应急管理决策信息化建设，提升信息互通共享能力。应急管理决策平台信息化建设是应急管理决策能力提升的基础保障。引进先进信息技术，如大数据、云计算、物联网等，推进应急管理决策平台软硬件设施设备的升级改造，健全和完善系统平台的结构与功能，强化应急管理决策信息化建设，进一步构筑政府高速公路应急管理网络化组织机构，突破部门间条块分割，疏通信息孤岛，实现相关信息和业务信息的互通共享。

3.5　本章小结

目前，我国高速公路交通已经进入了一个快速发展的新时期，如何提升高速路网交通运行应急管理决策能力是一个全新的研究与发展方向。本章以提升高速路网交通运行应急管理决策能力为目标，围绕我国高速公路突发事件应急管理现状与问题，引入经验挖掘理论方法，设计了基于经验挖掘理论的高速公路突发事件应急管理决策能力提升策略分析的方法，从已有问题的管理实践经验中挖掘有价值的可参考信息，以期为各级高速公路管理部门或机构提供有效的经验决策参考。

首先，对国内典型省份的高速公路应急管理现状进行了总结和对比分析，研究范围覆盖东部沿海经济较为发达地区、中西部较发达地区等主要地区的6个主要省份。然后，采用对比分析方法梳理了我国高速公路应急管理体制发展的脉络，主要包括"两家管""上分下合，属地管理"和"一家管"三种管理模式的特点及经验，进而认为应急管理体制的健全不仅需要加强各职能部门管理人员的专业化，而且需要建立必要的协同管控机制，促进管理运行效率提升。在此基础上，分析了高速公路应急管理体系的执法监督与约束、权责统一、执法主体合法、运行模式高效四方面的发展要求，认为影响应急管理决策能力提升的关键因素在于管理制度规范、业务职能建设、管理运行模式等主题方面。

最后，将网络搜集到的15份高速公路突发交通事故调查分析报告文件作为分析样本，采用经验挖掘理论与方法，进行了应急管理决策能力提升策略的实证分析。基于经验挖掘思路，利用RStudio开源数据分析平台（Version 1.3.959），对报告文本进行分词、过滤筛选和词频统计等，共提取出有效的参考经验措施语句521条。围绕前述三个影响因素的主题含义，对521条参考经验措施做进一步梳理和分类，可得出"管理制度规范"为主题的参考经验措施148条，"业务职能建设"为主题的参考经验措施260条，"管理运行模式"为主题的参考经验措施139条。在获知的参考经验措施基础上，聚焦管理制度规范、业务职能建设、管理运行模式三个相关主题，重点探讨了未来高速公路突发事件应急管理决策能力提升的策略：健全法治建设，保障依法应急；加强专业化分工协作，强化集中管控与决策；推进应急管控决策信息化建设，提升信息互通共享能力。

第四章　云技术驱动的高速公路应急
管理决策系统分析与建构

上一章分析了当前形势下高速公路应急管理现状，并就这些现实问题提出了强化应急管理决策系统平台建设的应对策略。而加强应急管理决策系统平台建设，是有效提升应急管理决策能力的关键。因此，本章结合当前高速公路信息化发展的内外部环境，构建一种基于云技术的高速公路应急管理决策系统服务平台体系架构与功能。

首先，针对高速公路发展概况与运行管理现状，系统梳理高速公路网应急管理决策系统现状及在系统结构、信息共享、信息流转、协同管控中存在的问题，分析了加强高速公路网应急管理决策信息化建设、提高应急管控能力的必要性；其次，结合当前新信息技术发展的大环境，系统分析强化建设高速公路应急管理决策系统的总体目标与设计思路，并在此基础上设计系统服务平台的体系架构，继而从应用需求角度对各层次的组织结构与应用功能进行分析与设计；最后，考虑应急管理决策系统平台上线运行的保障条件，对有效促进平台正常运行的管理体系内容进行研究。系统架构主要包括交通信息感知层、云架构信息接入与管理层、交通大数据管理与决策服务应用层三层结构，可以实现交通运行状态感知信息和业务管理信息的资源共享、信息交换，为全面强化信息利用、提高应急管理决策能力奠定有效的技术支撑。该方案将有助于我国新一代智能交通管理系统平台的建设。

4.1　问题分析

高速公路为国民经济发展提供强大的基础运输设施保障，经过三十多年的发展已然形成较为完善、先进的国家交通运输通行网络。截至 2018 年底，我国高速公路总里程已达 14.26 万公里，位居世界第一，已经形成了以高速公路网为骨架的公路交通运输网络，并且随着当前国家各项规划与政策的实施，其通车里程仍将继续增加。与此同时，我国民用汽车保有量迅速增长，截至 2019 年末已超过 2.6 亿辆，并且据相关统计数据预测，未来几年我国汽车消费需求及保有量还将保持持续快速增长的发展态势。然而，如此庞大的高速公路交通运输网络和持续快速增长的汽车保有量，使得交通路网运行与管理服务面临诸多挑战，具体包括路网交通管控能力与信息服务水平、运行管理效率、突发交通事件应急决策处置能力等。

综合分析当前应急管理决策服务平台运行状况与发展形势，当前的高速公路应急管理决策信息化建设与发展还存在着一些亟待解决的现实问题：

（1）突发事件应急联动管控信息化水平低下，具备统一可视化信息联动管控功能的应用管理决策系统服务平台有待构建与完善；

（2）在高速公路运行管理实践中，行业主管部门主导下的管理职责与业务分工，使得路网管理运行涉及多个管理机构或单位，各个机构或单位按照营运管控业务工作要求都拥有一定数量的路网交通信息采集设施设备以及相关业务管理信息系统服务平台，但是这些设备或平台由于是各自机构或单位独自组织建设与设计，缺乏统一的建设标准体系与设计规范，使得系统组织结构复杂、体系异构。

（3）由于各管理机构或单位已有的信息采集设施设备及相关信息服务系统平台基本局限在本部门内部使用，在信息共享、业务信息沟通与数据交换方面存在一定的不足，时常导致信息流转不畅，进而对及时获取、有效处理实时的路网交通信息造成一定的影响。

（4）存在较多的信息孤岛现象，进而影响路网交通事件的监测预警、指挥调度、应急响应、协作处置等交通管理行为的敏捷性及一致性，由此给路网交通应急管理决策服务效能造成一定的负面影响。

此外，伴随着交通运输行业的飞速发展，高速公路管理的相关信息获取与管理日趋复杂，交通业务与安全管理难度不断增加，对高速公路网应急管理决策服务平台的建设提出了新的要求[169,178-180]：其一，对日益增加的车流、客流的运行安全性提供技术保障支持，保证其在流动过程中的动态信息采集，实时跟踪监测，智能分析预警的及时性、准确性和高效性；其二，对交通基础设施资源涉及的地理空间位置、在线设备状态、实时监测信息及其所处的气象环境、地质环境等全方位海量数据的采集、传输、处理、分析和管理提供技术保障支持；其三，为高速路网运行区域内各类公众用户提供及时、准确的交通服务，包括交通政务、路况、气象、出行线路、诱导服务、投诉报警热线等多层次的综合交通信息服务；其四，面向高速路网运行管理机构或部门提供日常运行管理和监测预警、应急指挥调度、管控处置、智能决策的信息平台，保障高速公路网运行的安全性、通畅性和高效性。为此，在上述建设要求的前提下，如何利用先进的信息技术，整合高速公路网络运行管理资源，实现高速公路运行信息的管理与集成，建设新形势下基于新信息技术的高速公路应急管理决策系统服务平台，保障高速公路网络运行的安全与畅通，进一步提升公众交通信息服务水平和运行管理效率，已经成为高速公路信息化建设发展中迫切需要解决的问题[169]。

近年来，物联网、云计算、大数据、人工智能等新一代信息技术的深入发展，为新一代智能交通系统的提档升级提供了重要的技术保障，也为加强高速公路管理信息化与现代化，提升通行网络运行与应急管理决策能力和水平提供了必要的信息技术手段，发展不断成熟。以这些新兴信息技术为基础的交通信息化建设与应用也初见成效，如美国的 IntelliDrive 计划[181]、欧洲的 EasyWay 计划[182]以及国内的北京奥运智能交通管理与服务综合系统、上海世博交通综合信息平台与道路交通信息采集发布系统、广州智能交通管理指挥系统（GZ-ITMS）等[179]。利用新信息技术构建高速公路应急管理服务信息平台，以物联网前端智能感知、后端自适应接入、多机协同工作架构以及强大的数据处理与管理能力等应用优势，可为解决高速公路网应急管理服务水平和决策管控效率提升提供全新的研究思路。据此，本书针对高速公路运行管理的特点，以新信息技术手段为基础，为解决高速公路网络交通管理与服务中存在的系统整合、数据集成、信息共享、联动管控等问题，设计了一种基于云技术框架的高速公路网应急管理决策系统体系架构和应用功能，为高速公路管理信息化建设提供方案支持。

4.2 高速公路应急管理决策系统构建分析

4.2.1 系统总体与建构思路

随着高速公路建设工作的不断推进，高速公路通车里程的持续增加，运营管理规模的日益扩大，再加上汽车保有量的持续快速增长，公众选择高速公路为主要出行方式的比重增加。这种情况频发的高速公路突发事件，使得高速公路运行管理工作任务越来越大。面对当前严峻的形势，新一代信息技术在强化提升高速公路运行管理信息化能力方面具有明显的功能扩展和应用优势。围绕各管理主体业务管理需求，整合各类交通状态监测系统与计算资源，构建合理的高速公路应急管理信息采集与共享机制，打破信息孤岛，构建完善统一的高速公路应急管理决策系统，促进信息在各管理主体及协作部门之间有序流转与业务应用，实现高速公路应急管理决策与响应服务效率提升的目标。

基于云技术建构高速公路应急管理决策系统的思路是：构建运行通畅、技术先进的高速公路网应急管理决策响应体系，前移高速公路应急管理的工作重心，强化突发事件的事前监控预防、预测预警、事中的高效处置，转变"重处置、轻预防"的应急管控观念，提高应急管理决策能力和响应服务效率；提升交通管理与服务的智能化水平，利用先进的物联网与云技术搭建由交通信息感知设备、信息传输网络、智能处理与决策应用服务平台构成的高速公路应急管理决策系统，全面智能感知路网交通基础设施设备、通行车辆的安全运行状态以及交通实时流量数据、路网气象环境状态等基础信息，进而利用云技术整合多类异构服务系统平台，实现海量数据信息的接入与处理，强化路网交通信息的获取、传输、存储、应用等重要功能，疏通信息孤岛，实现相关感知信息和业务信息的互通共享，提升公众交通信息服务水平和效率，提高应急管理决策响应能力，加快推进"畅通、高效、安全、绿色"的交通运输体系建设。

4.2.2　系统的基本需求分析

从高速公路日常运行管理的工作任务来看，其应用功能需求主要体现在路网日常运营管理、突发事件应急管理决策与应急响应联动等环节。在高速公路网运行管理过程中，各运营保障管理主体（包括交通执法主体和营运维保公司）根据职责范围规定与业务工作要求，在管理辖区交通路网范围内履行日常巡查和交通事件管理处置的职责。对于突发交通事件的管理决策与处置过程，属于职责范围内的工作由各个管理主体自行处理完成，若超出职责范围之外，则按照相应的应急协同联动机制协调其他单位和机构联合决策处置。对于常规化的日常管理工作，各运营保障管理主体职责明确、工作相对单一，信息系统流程清晰，属于例行的信息管理工作，可按照业务工作流程在信息系统平台上完成，而应急响应联动管理工作涉及管理体制内外机构间的协调（包括公安、运输管理、消防救援、医疗卫生、气象等协作部门机构），专业性强，且信息应用需求强度较大，这也正是建设应急管理决策系统的所要解决的主要问题。综上所述，本书仅对应急响应联动管理的系统功能进行分析。

4.2.2.1 应急响应联动管理业务分类及功能需求

根据《中华人民共和国道路交通安全法》《中华人民共和国突发事件应对法》《中华人民共和国道路运输条例》《国家突发公共事件总体应急预案》《公路交通突发公共事件应急预案》《高速公路交通应急管理程序规定》《高速公路恶劣天气条件下交通管理方案》等相关法律、法规、规章和政策，结合高速公路交通事件的实际情况和应急响应联动管理业务需求，梳理应急响应联动工作流程，按照应急事件发生的性质，可系统地将路网交通事件梳理为交通设施监管（交通基础设施安全状态监测、路产损坏、隐患排查）、收费秩序维护、施工养护管理、交通车辆运行状态监管（危险品运输车辆监控、客运车辆监控、超载监测、超限监测、超速监测）、道路交通警卫、突发事件处置（突发自然灾害事故、突发交通大流量拥堵事件、突发公共卫生安全事件、突发道路交通安全事故、突发群体性事件、国家救灾通道紧急事件、道路交通肇事逃逸与案件查缉事件）六类十八项应急事件业务[41]。各类交通事件的信息需求如表4.1所示。

表4.1　高速公路突发事件应急管理的业务功能需求

序号	典型交通事件类型	交通事件名称	系统功能需求内容说明
1	交通设施监管	交通基础设施安全状态监测	公路桥梁状态检测、边坡状态检测、隧道状态检测、路面状态检测、机电设备设施运行状态检测、设施防护防盗预警、状态预测、智能化运营监测、可视化现场作业与设备管理
		路产损坏	路产状态检测、路产设施设备状态预警、可视化现场作业管理与指挥调度、交通状态监控
		隐患排查	智能日常巡检与研判预警、可视化现场指挥调度、交通状态监控
2	收费秩序维护	收费秩序维护	智能车辆信息采集、可视化现场监控与指挥、交通状态监控、应急资源调配管理
3	施工养护管理	施工养护管理	可视化作业管理与现场监控、交通状态监控、资源调配管理、信息发布管理
4	交通车辆运行状态监管	危险品运输车辆监控	智能化运行监测与安全预警、可视化视频监控、车辆运行状态感知、交通运行状态感知、可视化现场指挥调度、应急资源调配管理
		客运车辆监控	
		超载监测	
		超限监测	
		超速监测	
5	突发事件处置	突发自然灾害事故（天气灾害、地质灾害）	区域天气状态检测、沿线地质状态检测、智能灾害预警与信息发布、区域道路交通运行状态监控、受灾路段交通管制状态监控、可视化现场管理与监控、抢修救援资源调配管理
		突发交通大流量拥堵事件	智能交通流量信息采集与管理、智能数据分析与决策预警、拥堵状态监控、信息发布管理、可视化现场指挥管理、应急资源调配管理
		突发公共卫生安全事件	疫情发生地沿线交通状态监控、疫情管理、可视化现场监控、信息发布管理、应急资源调配管理

序号	典型交通事件类型	交通事件名称	系统功能需求内容说明
		突发道路交通安全事故（交通事故、火灾事件）	区域道路交通运行状态监控、交通事故信息智能采集、管理与信息发布、事故路段交通管制状态监控、可视化现场管理与监控、救援资源调配管理
		突发群体性事件	路段管制状态管理、可视化现场监控、信息发布管理、可视化现场指挥管理、应急资源调配管理、交通状态监控
		国家救灾通道紧急事件	救援通道运行状态监测、路段管制状态管理、救援人员设施设备定位与管理、可视化现场交通管制状态监控、资源统一分配调度
		道路交通肇事逃逸与案件查缉事件	智能现场信息勘查、智能视频监控及稽查、智能分析与决策、资源统一分配调度、沿线出入口协查管理、统一信息交互
6	道路交通警卫	道路交通警卫	统一协作信息管理、资源统一分配调度、可视化指挥调度、路段管制状态管理、交通状态监控

4.2.2.2 应急联动工作流程分析

在高速公路应急管理决策的组织构成上，一般是以交通行业主管部门为主体，由路网监测与应急处置中心、交通执法机构、营运维保公司以及行业系统内的道路运输管理局、公路局、公安局与行业系统外的气象、地质、医疗卫生、消防救援等部门或机构组成。其中，路网监测与应急处置中心是整个应急响应联动管理工作的领导协调机构，统一监管路网运行状态、指挥协调各相关职能部门和救援机构参与路网事件处置、管理与使用外场监控设施、信息发布等。其他机构和部门按照各自的专业化职能分工承担相应的应急工作职责。

高速公路应急联动的工作目标是及时快速决策响应与高效协同处置突发事件。从应急联动处置的工作流程来看，其工作主要包括突发事件信息获取、应急指挥调度、事件现场处置、联动协作响应、信息管理与发布等基本内容。首先，通过交通服务热线报警电话、外场交通监测设施设备预警、基层单元日常沿线巡查上报等渠道初步获取交通事件信息。然后，针对初步获取的时间信息，利用各类可用的监控巡查资源进一步确认事件，再由处置中心进行事件研判、事件分类分级及预案生成决策，以此启动应用与之相适应的应急联动预案。最后，处置中心根据应急预案指挥基层执法单元、营运维保单元进行现场处置业务，直至事件有效处置为止。其中，处置中心汇总所掌握的事件状态信息、交通运行状态信息、现场处置信息等各类信息，按照信息管理与发布规范，采取合适的方式面向社会公众和管理部门发布的有关信息。此外，在事件现场处置过程中，根据业务处置工作需要协调行业系统内外的相关部门或机构参与协同联动处置。具体工作信息流程如图4.1所示。

4.2.3 系统总体架构分析

考虑高速公路应急管理决策的信息需求，进一步梳理根据已建设和即将建设的高速公路网络运行管理的各类信息系统，其信息化建设仍然面临着亟待解决的特殊困难。其中，最为关键的是管理决策者必须实时获取、监控路网中所有基础设施运行状态及位置、交通流状态、气象环境状态、车辆运行状态等信息，并将这些信息有效处理成可被用于突发事件应急管理决策的研判依据。这也是当前整个高速公路运行管理信息系统规划与建设中没有重视的问题[169, 180]。此外，由于高速公路运行管理涉及多个管理主体，需要各主体的协同合作与信息实时沟通，尤其是针对突发应急事件的情况，实时信息的重要性是不言而喻的，再加上路网的各类运行状态信

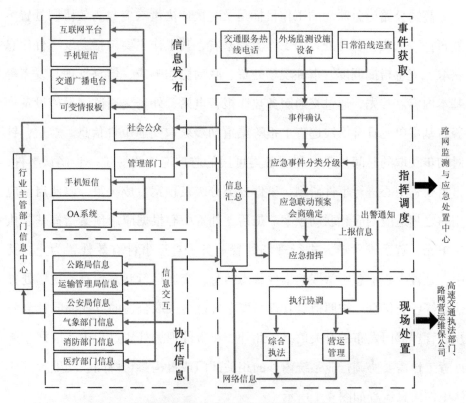

图 4.1　基于协同联动的高速公路应急管理决策信息流程图

息均是动态变化的，因此其管理过程中的信息不能仅仅是异动信息的简单记录，而要实时记录并分析利用所有的相关信息。这就使得高速公路运行管理信息的实时性要求比其他一般行业更高，同时这也是长期以来高速公路网应急响应联动管理决策效率与服务水平较低的重要原因。在传统的信息技术条件下，上述问题是难以实现的，但是物联网技术为实时监控路网的各类运行状态信息，达成有效的信息共享与沟通提供了全新的思路，再加上云计算、大数据技术等新兴信息技术具备的强大数据处理与分析能力，这些新兴信息技术在高速公路信息化建设与发展中的应用必将从根本上提升高速公路网应急管理决策的科学性、系统性和实效性。

　　根据物联网与云技术体系结构的特征与内在要求，结合高速公路网运行管理实际运作所需，本书设计了高速公路网应急管理决策系统平台，采用典型的三层技术架构：信息感知层、网络传输层和应用层[183, 184]。

信息感知层：该层是路网应急管理决策系统平台的数据基础层，负责获取和收集前端各类用于运营管理与应急决策的基础数据信息。通常利用智能传感设备、RFID 标签、网络视频监控设备、GPS、测速仪、单兵手持系统等进行数据的实时获取。在系统建设中，需要考虑的是各类型不同用途的传感器及智能分析系统的选择。

网络传输层：作为整个运行管理系统平台的中枢，负责将感知层获取的信息进行传输、交换与管理。在应用于高速公路网应急管理决策时，可通过现有的互联网（Internet）、广电网络、运营商通信网络、无线网络等有线和无线网络传输形式实现信息的共享与交换。其主要涉及数据传输方式及网络运营选择。

应用层：主要提供交通管理与服务应用，是整个应急管理决策平台的应用核心。利用各类应用系统，把网络层传输过来的监测数据和历史数据进行信息共享、分析计算和数据挖掘，有效判断路网运行状况与变化趋势，对自然灾害、交通事故等各类交通事件进行预警、研判、决策、信息发布、应急指挥、调度、处置等工作，为路网的管理决策者、路网运行营运工作及执法工作提供及时、科学、可靠的管理决策依据和参考。充分考虑和最大限度地利用已建成的信息系统，避免信息系统的重复建设，在系统建设过程中为其提供必要的、统一的标准化数据接口，增强系统的兼容性与可扩展性。系统架构如图 4.2 所示。

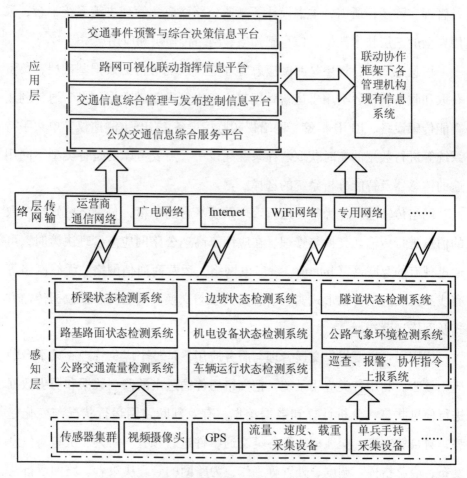

图 4.2　高速公路应急管理决策信息平台物联网架构

4.3　应急管理决策系统的体系架构逻辑分析

前一节研究设计了高速公路应急管理决策系统平台的总体架构，能够综合利用先进的物联网与云技术的应用优势，不但具备高速公路管理系统的基本信息管理功能，而且整合了现有的和即将建设的交通设施，并从路网运行管理数据的实时采集和综合利用、交通状态的全面感知和监测、按需使用的资源共享和信息交换等多个方面入手，保证了海量交通状态数据准确、及时的采集、传输、加工和处理，实现了对路网运行状态信息的实时感知与全程监测、综合分析与决策支持，加强了路网管理机构之间的资源共享、信息交换和联动协作合力，提高高速公路网运行管理决策效率和突发事件应急指挥处置能力。本节将在上一节系统平台总体架构的基础上，围绕信息的采集、处理、应用三个重要环节，分别阐述系统平台的三层关键技术架构的建设实施内容。

4.3.1 交通信息感知层

交通信息感知层作为高速公路网应急管理决策平台的物理最底层，可实现交通事件监测与预警信息的动态识别与自动采集，为交通应用与服务层级的管理与决策应用提供数据支持。子系统主要包括公路交通基础设施设备状态检测系统、公路气象环境检测系统、公路交通流量检测系统、车辆运行状态检测系统，以及路网巡查、报警、协作指令上报系统等。

公路交通基础设施设备状态检测系统：采用各类传感及智能监测技术感知获取桥梁、边坡、隧道、路基路面、机电设备等道路交通基础设施设备的安全状态信息。该系统主要是由各类设施设备检测子系统组成。

公路气象环境检测系统：利用各类传感监测设备，全面、实时、动态地监测路网的气象状况、地质环境的安全状态信息，为高速路网应急提供及时、准确的气象、地质信息服务以及必要的安全预警信息，主要由公路气象状况检测子系统、地质环境检测子系统组成。

公路交通流量检测系统：借以各类道路交通检测技术手段，如网络视频监控、地感线圈、GPS 技术等，获取路网的交通流量状态信息，其主要功能是检测能够全面反映路网交通运行状态的流量参数，为路网营运管理和执法工作提供及时、准确的路网运行通行状态信息。

车辆运行状态检测系统：利用设置在路网中的视频监控终端、特种车辆定位设备、车辆荷载检测设备、测速设备，实时获取路网中各类车辆的运行状态信息。其关键系统构成主要包括网络视频监控子系统、车辆荷载子系统、超限车辆检测子系统、危化品运输车辆状态监测子系统、客运车辆状态监测子系统、车辆测速子系统。

路网巡查、报警、协作指令上报系统：基层业务执行单元（营运机构、执法部门）按照例行巡查工作要求，利用单兵手持信息采集设备可实时获取并上报交通事件、收取下发的监测预警信息及协作指令等信息。同时，依托各类状态监测预警系统、电话报警系统、网络报警平台等第一时间获取路网警情信息。其主要是由可视化手持网络视频监控子系统、电话报警平台、路网巡查系统，以及协作指令子系统平台。

4.3.2 云架构信息接入与管理层

云架构信息接入与管理层是整个系统的中枢，负责所有的交通状态信息传输、加工、处理、交换及资源共享，主要包括云信息接入系统、处理系统及管理系统[185]。

（1）云信息接入系统。云信息接入系统负责传输和处理感知层获取的各类状态监测信息，以及交通管理与服务应用层下发的控制指令信息。各类信息或数据的网络传输根据各类感知设备所处的环境综合选择合适的传输媒介，主要包括光纤、专线等有线通信网络以及 Wi-Fi、GPRS、4G/5G 移动通信、微波、无线电等无线通信网络。

（2）云信息处理系统。云信息处理系统主要完成对各类交通状态监测信息的转换与融合，其过程包括数据信息的规范化与归一化处理、信息的集成与融合。其中，规范化与归一化处理是对获取的交通状态数据信息进行规范预处理，形成统一的交通状态范式描述；信息的集成与融合主要是汇集各类设备采集的数据信息，并消解信息的不一致或冲突，从而保障数据信息的可靠性。

（3）云信息管理系统。云信息管理系统主要提供适用于数据存储、数据计算、数据管理的分布式、并行计算的应用系统功能环境。资源虚拟化与调度将底层物理设备与上层操作系统、应用软件分离，通过平台软件或固件管理程序构建虚拟层并对其进行应用管理，把物理资源映射成逻辑的虚拟服务器、虚拟存储和虚拟网络等资源，为高速公路网应急管理决策系统中海量数据提供必备的计算、存储资源；采用分布式存储、分布式数据库管理和 MapReduce 并行计算来实现大规模结构化数据的计算和分析；采用包括防火墙、IPS 入侵防御系统等各类网络安全设备，并结合基于虚拟化平台的系统底层访问控制、流量监控和过滤等系统安全措施，建立基于用户及权限管理、资源信息管理、安全认证管理等为一体的管理体系，保障云安全。

4.3.3 交通大数据管理与决策服务应用层

交通大数据管理与决策服务应用层是整个应急管理决策系统的应用核心，各类管理信息系统都在此核心下运行并为各类关联机构和用户提供针对性的管理与决策信息服务。基于云技术的高速公路网应急管理决策系统以海量实时监测数据和历史数据为基础，通过对其的分析计算和数据挖掘，有效判断路网运行状况与变化趋势，对自然灾害、交通事故等各类交通事件进行预警、研判、决策、应急指挥、调度、处置等工作，为路网的管理决策者、路网运行营运工作及执法工作提供及时、科学、可靠的决策依据和参考。此外，系统平台为与高速公路网应急管理相关的政府部门、营运企业提供一个开放式的统一数据交换、资源共享服务平台，避免产生

"信息孤岛"，有利于高速路网管理效率提升。图4.3为高速公路网应急管理决策系统云服务架构图。

综合信息管理系统：主要包括高速公路交通运输网络各类交通状态信息的管理、搜索、查询等功能，包括高速公路交通运输网络的基本信息管理、交通通行网络实时状态监测信息、政府相关职能管理部门信息管理、交通行业主管部门信息管理、高速公路交通执法部门信息管理、路网营运维保公司信息管理、车辆运行状态信息管理、交通事件处置管理、基本书档资料存储与管理等。

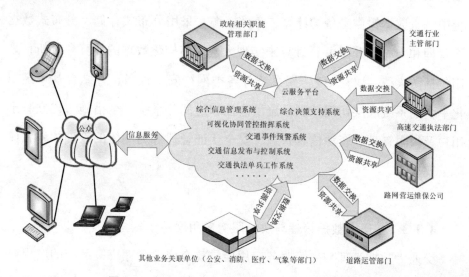

图4.3　高速公路网应急管理决策系统云服务架构

可视化应急响应联动管理决策系统：该系统实现对路网交通运行实时状态的可视化管理与应用。平台主要目标是实现高速公路交通管理从简单、静态的管理到智能、动态的管理转变，以可视化应急响应联动管理决策为基础平台，完成交通事件信息的收集、共享、处理、分析、控制及决策，以此实现高速公路上日常管理事件和应急突发事件的高效、快速、科学的指挥和处置。可视化应急响应联动管理决策系统通过对路网中的各类监控设备及设施实时获取的各类可视化信息的收集、整理、分析,自动完成交通事件的判别;管理决策者可根据交通事件的判别结果及可视化信息综合分析和辨识交通事件的关键信息,利用指挥系统完成指挥调度指令的下达和交通事件的联动处置。可视化应急响应联动管理决策系统应用框架结构如图4.4所示。

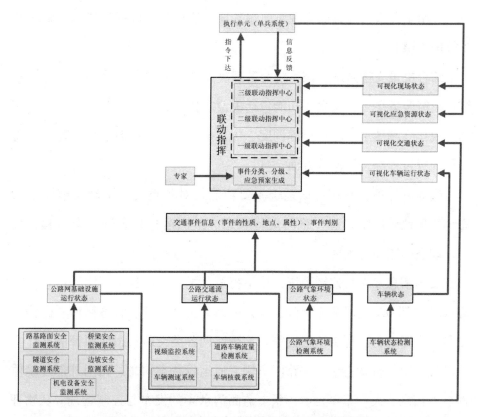

图4.4　可视化应急响应联动管理决策系统应用架构

交通执法单兵工作系统:该系统主要完成路网运营管理过程中一线基层执法单元前端的移动式巡查、路政、运政、安全管理以及中心管理后台的现场信息获取、处理、流转、指挥、调度管理的业务功能。从物理结构上看,该工作系统主要由前端移动式信息采集系统、后台指挥管理信息系统两部分构成。其中，前端移动式信息采集系统具有移动便携、可视化安全管理、交互式协同、执法管理证据实时固定等应用优势，包括移动通信模块、GPS定位模块、可视化音视频监控模块、数据交互式集中处理模块、安全预警模块等。后台指挥管理信息系统兼具数据库管理与信息流转应用功能，一方面实现前端采集数据信息的一体化数据库存储、查询、管理与应用服务，另一方面实现对前端基层执法单元的可视化指挥、调度以及救援资源管理。

综合决策支持系统：该系统为管理决策部门提供高速路网应急管理的综合决策服务平台，其主要功能包括决策支持综合信息服务、交通事件现场可视化终端展示、应急指挥调度、仿真推演、应急资源信息管理、交通事件处置过程综合评价等方面。

交通事件预警系统：该系统主要功能是对各类交通基础设施设备状态、气象地质环境状态、路网运行状态、车辆运行状态进行全过程、实时、动态的监控与预警。

交通信息发布与控制系统：该系统平台主要通过各类可用的信息发布方式（内部OA管理系统平台、官方网站、公众短信、官方微博、微信公众号、广播电台、可变情报板等）实现路网各类交通状态与预警信息（交通基础设施运行状态信息、路网车辆交通运行状态信息、路网外部环境监测状态信息、人—车单元运行状态监测信息）的发布与控制管理。从物理结构上看，该工作系统构成主要包括前端路网状态监测信息获取模块、数据通信与传输链路模块、综合信息管理与服务模块、信息发布与控制管理模块四个基础功能模块。其中，前端路网状态监测信息获取模块执行路网运行过程中各类交通状态与预警信息的获取与预处理功能，数据通信与传输链路模块为数据信息的交互共享和网络传输提供可用的物理通信链路设施；综合信息管理与服务模块将获取的交通状态与预警信息作进一步分析、加工、应用与存储管理，负责事件信息的上传下达；信息发布与控制管理模块按照信息发布工作业务规范与要求达成信息的对外发布与控制管理功能。图 4.5 给出了交通信息发布与控制系统功能结构示意图。

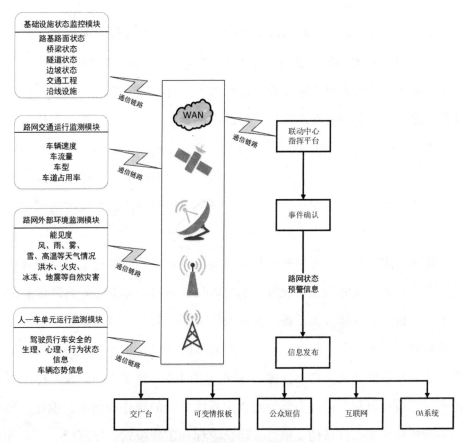

图 4.5　交通信息发布与控制示意图

4.4　系统实施分析

基于云技术的高速公路网应急管理决策系统有效运转的关键在于制定一套与之相适应的协同管控体系，包括管理制度、组织结构和业务流程等。从整个交通突发事件应急处置过程来看，应急响应联动管理的组织涉及多个职能部门和专业技术机构，业务内容复杂、随机、动态、多样，且各相关应急处置机构间的协同管控功能需求强度较大，尤其是在物联网环境下，迫切需要建立一体化的联动协调指挥与管理决策框架体系以及保障制度，成立统一的应急联动指挥协调管理部门，明确各职能机构的职责和义务。

此外，除了完善交通物联网基础设施建设，交通信息的集成与融合能力也不容忽视。新的信息系统服务平台既包含新建的多类业务管理信息服务系统，也还集成原分属于各个管理机构或部门的业务信息系统，能够实时获取海量的人、车、路时空动态交通网络信息以及业务交互协同管控信息，这些海量信息的采集、传输、处理、应用需要建立统一的业务标准规范与工作流程机制，否则必然导致整个系统平台的解体或崩溃。因此，要进一步梳理相关数据结构、信息、信息流程和工作模式，建立统一、合理的业务流程、数据标准、信息编码与标识、信息流转规范等。因此，一套合理的、科学的管理体制与平台运营模式，是本系统在高速公路网运行管理中促进管理效率提升的重要保障。

4.5　本章小结

与传统的高速公路应急管理决策系统相比，基于云技术的高速公路应急管理决策系统具有明显的应用优势，其较高的系统整合能力和管理信息化水平，可大幅提高路网运行管理效率。本章首先分析与总结了高速公路突发事件应急管理决策系统服务平台的运行与发展现状，得出：高速公路运行管理不仅需要加强管理制度改革的创新，而且还要加快突发事件应急管理决策系统的信息化建设；然后，结合物联网、云计算、大数据等新兴信息技术发展的大环境，提出了基于云技术的高速公路网应急管理决策系统的建设目标和思路，重点分析了路网运行管理的六类十八项应急事件的联动管理功能需求和工作流程；最后，据此设计了高速公路网应急管理决策系统三层物联网架构，包括感知层、网络传输层和应用层，并分别阐述了每个层次系统建设方案的功能与要求。目前，本系统建设方案作为国家交通运输部重大科技专项"重庆公路运行状态监测与效率提升技术研究及示范应用"（201231835040）的重要成果之一，主要功能已应用于重庆市公路运行状态监测与效率提升示范工程，在路网交通基础数据收集、整理、汇总、交通信息服务以及各交通管理主体的应用、协作、管理、决策方面逐渐发挥应有的作用和功能，进一步提高了高速公路管理决策服务的水平和能力。同时，也对其他城市的高速公路网应急管理决策平台的建设具有一定的指导和参考价值。

第五章　高速公路突发事件单阶段应急决策方法

　　上一章构建的基于云技术的高速公路应急管理决策系统框架，有机整合高速公路运营管理内部各相对孤立、结构复杂、体系异构的业务服务系统，为及时、有效获取和处理交通信息提供了有力的技术保障。尤其是在高速公路突发事件发生或先兆发生时，它有利于管理决策主体第一时间获取可用于应急决策的事件情景信息，进而对其进行有效分析、研判，并及时做出应急行动方案的决策选择。然而，尽管信息技术手段较好地解决了突发事件情景信息及时有效获取的难题，为突发事件的及时应对与处置提供必要的研判与决策基础，但是受制于突发事件的复杂性、不确定性、信息匮乏性等特征影响，再加上高速公路固有的线路特征，其突发事件应急决策工作形势依然严峻，科学、合理、可靠的应急决策方法仍然是当前研究的重点和难点。

　　针对已有应急决策方法研究考虑多重不确定决策因素的不足，本章综合考虑决策环境信息的不确定性、模糊性、匮乏性，包括信息不确定性、决策专家有限理性、信息最大化利用等，提出一种基于前景理论和热力学方法的单阶段应急决策模型与方法，并给出了该模型方法的详细步骤。首先，将梯形直觉模糊理论与应急决策方法相结合，利用梯形直觉模糊数（Trapezoidal Intuitionistic Fuzzy Numbers，TrIFNs）刻画决策专家的判断偏好信息，有效实现了决策专家对各个备选应急预案量化指标属性值的初始判断；将决策专家的有限理性行为引入量化过程中，提出基于前景理论的前景效用信息转化的方法。然后，为了最大化利用前景效用信息，在类比热力学方法的基础上，定义了能够表征决策信息数量和质量的热力学量化参数，将前景效用信息转化为新的基于热力学方法的前景效用信息。最后，利用梯形直觉模糊 Choquet 积分算子和加权平均算子有效集结各备选预案的前景效用信息，并引入带有风险态度参数的得分函数，得到备选应急预案的最终排序决策。以某省级高速公路应急管理部门的突发事件应急预案决策问题为算例，应用本章提出的模型与方法，算例分析结果验证了方法的实用性。此外，引入参数敏感性分析、与其他决策方法对比分析等过程，进一步验证了该方法的可靠性和合理性。

5.1 高速公路突发事件应急决策问题分析

高速公路运输网络作为一类重要的道路交通运输基础设施，一方面因其快捷、舒适、经济、安全等特点，为社会提供了较为便捷的交通运输方式；另一方面满足了日益增长的道路交通运输需求，为国民经济的持续、快速、健康、高质量发展提供了强有力的基础支持。然而，尽管高速公路网络为社会发展提供了极大的运输便捷和强大的设施保障，但是我们也应该注意到，路网中各类突发安全事件的频发不仅造成巨大的人员伤亡和财产损失，而且还对人类社会的可持续发展构成威胁[186]。相较于其他突发事件，受高速公路固有的特征，包括速度高、流量大、有限开放、中断损失大、大空间性等客观影响，高速公路突发事件的应急决策处置具有决策信息不确定、未知或有限、响应决策时间紧迫等实践局限性。因此，解决应急决策过程中的信息不确定性、时间紧迫条件下可用决策信息的最大化利用等问题，是高速公路突发事件有效应急决策的关键。

信息不确定性，主要包括两方面：一是决策信息的不确定性；二是决策主体有限的决策行为。关于突发事件应急决策的信息不确定性问题引起了越来越多的学者关注和研究，并提出了相应的量化决策模型与方法[15, 97, 143]。然而，受制于评估决策环境的复杂性、风险性、不确定性增加，这些以清晰数表征决策属性判断值的方法在实际应用中存在一定的局限性，无法更好地贴近现实[187-190]。因此，有必要开发更强大、更灵活的表征刻画工具或方法来突破这些实际应用中的限制。1965年，Zadeh[191]提出了著名的模糊理论，为多属性决策问题中刻画包括模棱两可、含糊不清等不确定或模糊边界的决策属性判断信息提供了便捷、实用的研究工具。随后，Atanassov[192]将模糊理论与方法扩展推广到直觉模糊形式，引入隶属度、非隶属度和犹豫度的定义，分别描述决策者对决策环境认知的支持、反对和中立态度，实现客观世界信息不确定或模糊程度的细腻描述与精细刻画，在此基础上提出了直觉模糊集 IFS（Intuitionistic Fuzzy Set）的理论与方法。然而，由于 IFS 使用离散数据集，评估决策过程中易丢失部分重要的判断信息，无法提供全面、准确的表征信息[21]。因此，考虑将数据由离散形式变换为连续形式，Xu 和 Yager[20]首次将 IFS 扩展到直觉模糊数 IFNs（Intuitionistic Fuzzy Numbers）的形式，使得隶属度、非隶属度和犹豫度能够更加精细地刻画相关决策判断信息。基于该优势，IFNs 在多属性决策领域得到了广泛应用，并被推广到其他更灵活的形式，如区间直觉模糊数 IVIFNs（Interval-Valued Intuitionistic Fuzzy Numbers）[23, 193]、三角直觉模糊数 TIFNs（Triangular Intuitionistic Fuzzy Numbers）[16]、梯形直觉模糊数 TrIFNs[19, 21, 194, 195]等。从数据结构形式上看，与其他形式的 IFNs 数据结构相比，TrIFNs 具有更多的表征参数，也进一步说明 TrIFNs 对于描述评估决策环境具有更强的灵活性和刻画能力，并且具有较少的信息损失，更加清晰和贴近现实。然而，基于 TrIFNs 表征形式的评估决策模型与方法已在软件系统选型[194]、绿色物流供应商选择[19, 21, 195]等领域广泛应用，但在应急决策方面的应用研究较少，因此有必要充分利用 TrIFNs 深入刻画不确定的客观世界的应用优势，研究探讨与之相应的应急决策模型与方法。

从应急决策实践来看，决策过程是在主管部门主导下，组织相关评估专家根据决策环境条件给定初始判断，然后通过采取合理可靠的模型与方法完成量化决策任务。由此可见，参与决策专家的初始判断显得尤为重要。然而，决策专家受各自知识体系结构、专业技术背景、岗位职责能力等方面存在差异的影响，在面对信息不确定、风险增加的复杂情形下常常显示出有限理性的异质心理状态，具体表现为损失规避、参考点依赖、风险厌恶、敏感性递减等行为特征，进而导致其初始判断的评估结果失去了一定的实用性和可靠性。这一因素在一些传统的评估决策方法研究中也经常被忽视[13, 196, 197]。Kahneman 和 Tversky[158]在 1979 年开展了行为实验研究，首次提出了前景理论（Prospect Theory，PT），有效刻画了不确定风险条件下个体在面临损失和收益时的异质心理偏好或有限理性行为。然后，Krohling 等人结合前景理论和模糊理论的优点，首次将前景理论与模糊数引入多属性决策问题研究中，提出了一种处理不确定性和风险多属性决策问题的混合方法[13]。目前，前景理论已经广泛用于解决各类现实决策问题，如应急决策[15, 97]、企业产品生产决策[198]、企业投资决策[199]等。这些应用研究表明：决策者面对不确定信息或风险决策时的异质心理行为是不容忽视的；前景理论有效考虑了人们在面对不确定信息时的决策心理行为，能够给出比最优决策更合理、更贴近现实的决策结果。因此，在面对信息不确定、时间紧迫的应急风险决策环境下，决策者的心理偏好行为更应该被重点考虑，这也是本书采用前景理论方法研究应急决策实践问题的出发点之一。

此外，从本质上看，应急决策过程是在对决策环境各类相关信息进行综合有效刻画的基础上，利用合理有效的模型和算法对各应急备选预案进行量化，即将决策专家给定的初始偏好判断值量化转变为可用于应急预案比选的评价值，这一过程是解决该类多属性决策问题的关键步骤。近年来，针对这一问题的方法已有众多研究[188, 200, 201]，包括层次分析法（Analytic Hierarchy Process，AHP）[202]、网络分析法（Analytic Network Process，ANP）[203]、TOPSIS方法（Technique For Order Preference By Similarity To An Ideal Solution）[204]、全乘比例分析多目标优化方法（Multi-Objective Optimization By Ratio Analysis Coupled With Reference Point Theory Plus The Full Multiplicative Form，MULTIMOORA）[25, 205]等。然而，前述研究的方法从信息数量量化的角度为量化决策过程提供了强大的数据计算能力，但是很少有研究考虑有限决策信息的最大限度利用的角度。事实上，应急决策的应用实践中经常存在决策信息不确定、未知或有限、响应决策时间紧迫等局限性，进而导致短时间周期内可利用的决策信息非常有限。因此，如何利用这些有限的决策信息促使量化结果更准确、更有效，已然成为该问题研究探讨的重点方向之一。近年来，热力学类比分析方法考虑信息的数量和质量的量化过程，为最大化利用信息提供了创新的研究解决思路。Prathap[29]首次将该热力学分析方法类比扩展到文献计量评价领域，并成功应用于科学家的绩效评价领域。其提出的基于热力学方法类比的管理评价方法为科学定量评价提供了新的研究思路。Verma和Rajasankar[30]将热力学理论引入多属性评价决策问题，首次在类比热力学分析方法的基础上定义了基于多属性决策过程的效能、能量、熵等参数，并应用于评估决策过程。此后，Ren等[98, 206]、Liao等[207]将热力学分析方法扩展到模糊多属性决策问题中，考虑了信息的数量和质量，分别获得了一些较好的研究结果。上述研究表明，将热力学类比分析方法应用到评估决策过程，通过热力学参数可以有效地量化信息的数量和质量，并最大限度地利用现有的决策信息。值得注意的是，在未知或不确定的应急决策环境下，可获得的决策信息往往非常有限且珍贵，更应该被最大化地挖掘利用，但鲜有研究考虑这个角度。据此，本书聚焦直觉梯形模糊环境下的应急决策问题，提出一种基于热力学类比分析方法的决策信息评价量化模型与方法，该方法充分考虑评估信息表征刻画预案价值的本质，引入信息数量和质量的量化过程，可更为合理有效地解决应急备选预案决策问题。

综上所述，本章聚焦于当前应急决策工作实践中关于决策专家评估信息精细刻画、有限理性行为有效描述、评估信息最大化利用等现实局限问题，研究了一类基于 TrIFNs 评估信息表征并集成前景理论、热力学方法、Choquet 积分算子的应急决策模型与方法。在考虑各类属性指标量化应急备选预案时，决策专家的不确定性或模糊性偏好直接影响决策结果的准确性和有效性，为此本章采用 TrIFNs 精细刻画决策专家的不确定或模糊评判结果，并定义了 TrIFNs 基本运算和加权平均算子。利用前景理论描述决策专家的前景期望效用异质偏好，定义了 TrIFNs 前景价值函数，构建了基于 Choquet 积分 TrIFNs 集结算子。受制于应急决策环境下可利用的决策信息匮乏、响应决策时间紧迫、不确定风险等影响，针对传统方法忽视最大化利用和挖掘有限的决策信息的缺陷，利用 TrIFNs 的热力学类比分析方法，提出了能够表征决策信息数量和质量的热力学量化参数，由此构建信息数量、质量的量化方法与步骤。利用某省级高速公路应急管理部门的应急决策案例验证了本章提出的方法，并引入敏感性分析和对比分析过程，验证了方法的可靠性和合理性。

5.2 相关理论方法

5.2.1 梯形直觉模糊数

针对传统模糊集仅利用单一的隶属度刻画信息不确定程度的不足，1983 年保加利亚学者 Atanassov 面对更为贴近现实的描述客观事物或信息的模糊性与不确定性的应用需求，首次引入模糊隶属度、模糊非隶属度和犹豫度的定义，继而提出直觉模糊集（Intuitionistic Fuzzy Set，IFS）的理论与方法[192]。然而，由于 IFS 所考虑的论域为离散形式，导致其在刻画信息的模糊性方面存在一定的局限性。Xu 和 Yager 将其论域延伸拓展为连续形式，首次提出了直觉模糊数（Intuitionistic Fuzzy Numbers，IFNs）的理论方法[20]。然后，王坚强综述了多属性决策方法中涉及的各类模糊数的概念，包括直觉模糊数、梯形直觉模糊数、区间梯形直觉模糊数等[208]。基于上述研究，本节首先简要介绍梯形直觉模糊数的相关理论。

定义 5.1[11] 设 X 是一个非空集合，则称 $A = \langle([a, b, c, d] ; \mu_A)$，$([a', b, c, d'] ; v_A)\rangle$ 是论域 X 上的一个梯形直觉模糊数，其隶属度函数和非隶属度函数分别为

$$\mu_A(x) = \begin{cases} \dfrac{x-a}{b-a}\mu_A, & a \leq x < b \\[2mm] \mu_A, & b \leq x \leq c \\[2mm] \dfrac{d-x}{d-c}\mu_A, & c < x \leq d \\[2mm] 0, & \text{其他} \end{cases} \qquad \text{式 (5.1)}$$

$$
\upsilon_A(x) = \begin{cases} \dfrac{b-x+(x-a')\ \upsilon_A}{b-a'}, & a' \leqslant x < b \\[3mm] \upsilon_A\,', & b \leqslant x \leqslant c \\[3mm] \dfrac{x-c+(d'-x)\ \upsilon_A}{d'-c}, & c < x \leqslant d' \\[3mm] 1, & \text{其他} \end{cases} \qquad \text{式 (5.2)}
$$

其中，a，b，c，d，a'，d' 分别为 R 上的常实数；μ_A 和 υ_A 为直觉模糊数 A 的隶属度和非隶属度，且满足 $0 \leqslant \mu_A$，$\upsilon_A \leqslant 1$，$\mu_A + \upsilon_A \leqslant 1$。需要说明的是，当 $\mu_A = 1$ 且 $\upsilon_A = 0$ 时，该直觉模糊数 A 退化为梯形模糊数。为了便于计算，通常令 $a = a'$，$d = d'$，则直觉模糊数 A 可表示为 $A = \langle([a, b, c, d]; \mu_A, \upsilon_A)\rangle$，这也是本书所讨论的直觉模糊数基本形式。

定义 5.2[209] 设 $x_1 = ([a_1, b_1, c_1, d_1]; \mu_{x_1}, \upsilon_{x_1})$ 和 $x_2 = ([a_2, b_2, c_2, d_2]; \mu_{x_2}, \upsilon_{x_2})$ 是非空集合 X 上的两个梯形直觉模糊数，且有 $\| T_{x_1} \| = (|a_1| + |b_1| + |c_1| + |d_1|)/4$，$\| T_{x_2} \| = (|a_2| + |b_2| + |c_2| + |d_2|)/4$，则有该两个梯形直觉模糊数的基本运算规则如下。

（1）加法

$x_1 \oplus x_2$

$$
= \left(\begin{bmatrix} a_1+a_2, & b_1+b_2, \\ c_1+c_2, & d_1+d_2 \end{bmatrix}; \ \frac{\| T_{x_1} \| \mu_{x_1} + \| T_{x_2} \| \mu_{x_2}}{\| T_{x_1} \| + \| T_{x_2} \|}, \ \frac{\| T_{x_1} \| \upsilon_{x_1} + \| T_{x_2} \| \upsilon_{x_2}}{\| T_{x_1} \| + \| T_{x_2} \|} \right)
$$

$$\text{式 (5.3)}$$

（2）减法

$x_1 \ominus x_2$

$$
= \left(\begin{bmatrix} a_1-d_2, & b_1-c_2, \\ c_1-b_2, & d_1-a_2 \end{bmatrix}; \ \frac{\| T_{x_1} \| \mu_{x_1} + \| T_{x_2} \| \mu_{x_2}}{\| T_{x_1} \| + \| T_{x_2} \|}, \ \frac{\| T_{x_1} \| \upsilon_{x_1} + \| T_{x_2} \| \upsilon_{x_2}}{\| T_{x_1} \| + \| T_{x_2} \|} \right)
$$

$$\text{式 (5.4)}$$

（3）数乘

$$\lambda x_1 = \begin{cases} ([\lambda a_1, \ \lambda b_1, \ \lambda c_1, \ \lambda d_1]; \ \mu_{x_1}, \ \upsilon_{x_1}), & \lambda \geqslant 0 \\ ([\lambda d_1, \ \lambda c_1, \ \lambda b_1, \ \lambda a_1]; \ \mu_{x_1}, \ \upsilon_{x_1}), & \lambda < 0 \end{cases} \quad 式（5.5）$$

（4）幂乘

$$x_1^{\theta} = \left(\begin{bmatrix} \operatorname{sgn} a_1 \cdot |a_1|^{\theta}, \ \operatorname{sgn} b_1 \cdot |b_1|^{\theta}, \\ \operatorname{sgn} c_1 \cdot |c_1|^{\theta}, \ \operatorname{sgn} d_1 \cdot |d_1|^{\theta} \end{bmatrix}; \ (\mu_{x_1})^{\theta}, \ 1-(1-\upsilon_{x_1})^{\theta} \right), \ \theta \geqslant 0$$

$$式（5.6）$$

其中，符号函数满足 $\operatorname{sgn} x = \begin{cases} 1, & x > 0 \\ 0, & x = 0 \\ -1, & x < 0 \end{cases}$

（5）Hamming 距离

$d(x_1, x_2)$

$$= \frac{1}{8} \begin{pmatrix} |(1+\mu_{x_1}-\upsilon_{x_1}) a_1 - (1+\mu_{x_2}-\upsilon_{x_2}) a_2| + \\ |(1+\mu_{x_1}-\upsilon_{x_1}) b_1 - (1+\mu_{x_2}-\upsilon_{x_2}) b_2| + \\ |(1+\mu_{x_1}-\upsilon_{x_1}) c_1 - (1+\mu_{x_2}-\upsilon_{x_2}) c_2| + \\ |(1+\mu_{x_1}-\upsilon_{x_1}) d_1 - (1+\mu_{x_2}-\upsilon_{x_2}) d_2| \end{pmatrix} \quad 式（5.7）$$

定义 5.3[21, 210] 设 $x_i = ([a_i, \ b_i, \ c_i, \ d_i]; \ \mu_i, \ \upsilon_i)$ $(i=1, 2, \cdots, n)$ 是非空集合 X 上的一组梯形直觉模糊数，利用得分函数 $s(x_i)$ 确定梯形直觉模糊数 x_i 的大小，则有

$$s(x_i) = \frac{(a_i+b_i+c_i+d_i)}{4} (\mu_i-\upsilon_i) \quad 式（5.8）$$

通常，得分函数 $s(x_i)$ 的值越大，则可认为梯形直觉模糊数 x_i 越大。

然而，如果 $s(x_i)=s(x_j)$（$i,j=1,2,\cdots,n$），则无法比较两个梯形直觉模糊数 x_i 和 x_j 的大小。为此，可进一步定义梯形直觉模糊数 x_i 的期望函数

$$E(x_i)=\frac{1}{8}(a_i+b_i+c_i+d_i)(1+\mu_i-\nu_i)\qquad 式（5.9）$$

当 $s(x_i)=s(x_j)$（$i,j=1,2,\cdots,n$）时，如果 $E(x_i)>E(x_j)$，则 $x_i>x_j$；如果 $E(x_i)=E(x_j)$，则 $x_i=x_j$；若 $E(x_i)<E(x_j)$，则 $x_i<x_j$。

定义 5.4[211] 设 $x_i=([a_i,b_i,c_i,d_i];\mu_i,\nu_i)$（$i=1,2,\cdots,n$）是非空集合 X 上的一组梯形直觉模糊数，且设 TrIFWA：$\Omega^n\rightarrow\Omega$，若

$$\text{TrIFWA}(x_1,x_2,\cdots,x_n)$$

$$=\mathop{\oplus}\limits_{i=1}^{n}w_ix_i=\left(\left[\begin{array}{l}\sum\limits_{i=1}^{n}w_ia_i,\ \sum\limits_{i=1}^{n}w_ib_i,\\[4mm]\sum\limits_{i=1}^{n}w_ic_i,\ \sum\limits_{i=1}^{n}w_id_i\end{array}\right];\ \frac{\sum\limits_{i=1}^{n}(\parallel T_{x_i}\parallel\mu_i)}{\sum\limits_{i=1}^{n}\parallel T_{x_i}\parallel},\ \frac{\sum\limits_{i=1}^{n}(\parallel T_{x_i}\parallel\nu_i)}{\sum\limits_{i=1}^{n}\parallel T_{x_i}\parallel}\right)$$

$$式（5.10）$$

则称 TrIFWA（Trapezoidal Intuitionistic Fuzzy Weighted Averaging operator）为梯形直觉模糊加权平均算子，其中 $w=(w_1,w_2,\cdots,w_n)^T$ 为 x_i（$i=1,2,\cdots,n$）的权重向量，满足 $w_i\in[0,1]$，$\sum\limits_{i=1}^{n}w_i=1$。

定义 5.5[212] 设 $x_i=([a_i,b_i,c_i,d_i];\mu_i,\nu_i)$（$i=1,2,\cdots,n$）是非空集合 X 上的一组梯形直觉模糊数，基于决策专家风险态度偏好的风险期望得分函数 $RES(x_i)$ 可定义为

$$RES(x_i)=\frac{[\eta(a_i+b_i-c_i-d_i)+c_i+d_i]}{4}(1+\mu_i-\nu_i)\quad 式（5.11）$$

其中，$RES(x_i)\in[0,1]$，η 是决策专家的风险态度偏好系数，满

足 $\eta \in [0, 1]$。当 η 的值越接近 1，则表示决策专家的风险态度越乐观；反之，当 η 的值越接近 0，则表示决策专家的风险态度越悲观。特别地，当 η 的值为 0.5 时，显示了决策专家持中立的风险态度，公式（5.11）简化为梯形直觉模糊数的期望得分公式（5.9）。因此，本书考虑决策专家对方案评估决策时的风险态度偏好影响，引入风险期望得分函数 $RES(x_i)$ 的计算过程，将基于 TrIFNs 的决策判断信息转化为可量化的决策方案值，进而利用偏好系数 η 对决策方案的排序结果进行敏感性分析，表明应急预案排序结果受到决策专家风险态度影响的规律。

5.2.2 前景理论

相关研究揭示了决策专家个体在风险决策过程中经常是有限理性多于完全理性[157, 158, 213-215]。前景理论是 1979 年由 Kahneman 和 Tversky 两位学者在研究期望效用理论（Expected utility theory）的决策行为时，从实证研究的角度出发，通过各类行为实验调查研究得出的，并发现期望效用理论存在忽视人的主体性、非理性等方面缺陷[158]。前景理论作为一种能够有效刻画不确定风险的决策条件，个体在面临损失和收益时异质心理偏好或有限理性的行为描述理论。典型的行为倾向，主要包括损失规避、参考点依赖、风险厌恶、敏感性递减等行为特征。由于该理论在决策问题的研究与应用过程更加贴近于现实、符合现实行为规律，它受到了许多学者的重点关注，并被广泛应用于现实决策问题的研究与应用中。例如，Liu 等[14]考虑决策专家的有限理性行为，提出一种基于前景理论的 TODIM（an acronym in Portuguese for Interactive Multi-criteria Decision Making）方法对企业的技术能力创新进行评价。Bao 等[216]针对决策专家有限理性的行为影响，将前景理论与证据推理方法相结合，提出一种直觉模糊决策环境下的多属性决策方法。Xu 等[18]考虑群体决策的一致性，构建一种基于累积前景理论的决策一致性框架，解决群决策的异质心理偏好问题。此外，考虑决策专家个体的主观态度，Zhu 等[10]针对参考点的静态和动态属性，将专家对方案的期望值、正理想值、演变状态设置为参考点，提出一种多参考点的风险决策优化方法。该方法利用前景理论和优化模型计算每个决策方案的加权前景值来实现方案的排序，最后将该方法应用于一个突发事件的应急决策案例。针对模糊多属性决策环境下风险态度问题，Hao 等[153]认为前景理论能够有效地刻画决策过程中专家的风险态度，研究了动态应急决策环境下的多属性决策问题和贝叶斯网络方法，提出动态直觉模糊决策的理论框架，并从基础上提出一种集成前景理论的风险决策方法。

　　充分利用该理论在描述决策专家个体异质心理偏好行为的优势，本书将其引入突发事件应急决策分析过程中，有效刻画不确定风险决策条件下专家个体的有限理性行为。根据 Kahneman 和 Tversky 给出的前景理论的基本原理与特征[157, 158]，个体的决策行为在面对损失时的敏感程度要高于面对收益时的敏感程度，即面对确定性损失时个体常常表现为风险寻求，反之面对确定性收益时表现为风险厌恶。基于这个思想，利用前景理论将个体的行为决策过程刻画为编辑和评估两个重要的分析阶段。首先，行为个体在编辑阶段中凭借对所掌握决策信息的前景分析，确定方案的前景参考点；其次，在后续的评估阶段中，各备选方案的前景值由价值函数计算，并将综合前景值较高的方案作为最终选择结果。价值函数是由一个 S 型函数图像表示（图 5.1），函数表达式为：

$$v\ (x) = \begin{cases} x^{\alpha} & x \geq 0 \\ -\lambda\ (-x)^{\beta} & x < 0 \end{cases} \qquad 式（5.12）$$

　　式（5.12）中，x 表示方案的收益（$x \geq 0$）和损失（$x < 0$）；λ 参数（$\lambda > 1$）描述个体的风险厌恶程度，它的值越大，表明个体对风险的厌恶

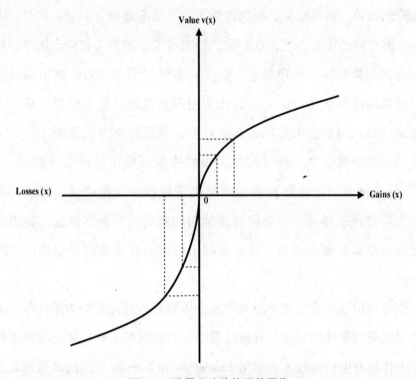

图 5.1　前景理论价值函数图像

程度越大；α 和 β（$\alpha \geq 0$，$\beta \leq 1$）分别表示价值函数凸凹程度的指数参数，刻画了个体在面对收益和损失的敏感性递减的心理行为特征。对于上述参数的取值，一些学者通过大量的行为实验确定了这些参数的经验值，并取得了较好的应用效果[157, 217-219]。本书对于上述参数的取值为：$\alpha = \beta = 0.88$，$\lambda = 2.25$[10, 157, 220]。

5.2.3　热力学方法

热力学方法的理论基础是物质在发生能量形式转换时所遵循的三大基本定律，这些定律通过固有的三个参数揭示物质能量转换过程中的关系，即能量（Energy）、熵（Entropy）和效能（Exergy）。其中，能量是一种物质固有的物理性质，代表该物理系统的工作能力；熵是刻画物理系统的不确定性程度，达到平衡状态时的熵最大；效能是使物理系统在给定环境下达到平衡状态过程中所做的最大功[221]。

由于热力学的方法能够有效刻画物质能量转换的能力与程度，再加上相关领域的评价、评估等量化过程类似于能量转换过程，因此，基于热力学的类比方法近年来引起了一些学者的关注。Prathap[29]、Verma 和 Rajasankar[30] 等人在类比热力学方法，并将其应用到各类定量评价决策应用问题中，进行了有益的研究与探索。他们提出的基于类比热力学方法的量化评价方法，为科学定量分析相关决策问题提供了一种崭新的研究方法与思路。为此，在 Prathap[29]、Verma 和 Rajasankar[30] 等人研究的基础上，引入决策环境的不确定性或模糊特征，Ren 等[98, 206] 将热力学评价方法引入模糊决策环境，提出不确定环境下的热力学多属性评价决策方法，并分析了该方法的有效性。综合上述研究成果，本书考虑 TrIFNs 不确定环境下的决策问题需求，利用类比热力学理论与方法的思想，对梯形直觉模糊热力学方法的相关参数进行了分析与定义，具体内容如下。

定义 **5.6** 令 EN 表示直觉梯形模糊决策环境下的能量（Trapezoidal Intuitionistic Fuzzy Energy，TrIFE），用以刻画决策过程中备选方案的处置能力，则有

$$EN = w \cdot I_v \qquad 式（5.13）$$

其中，I_v 是梯形直觉模糊决策值（Trapezoidal Intuitionistic Fuzzy Decision Value，TrIFDV），表示决策专家针对不同评价指标属性对各个备选方案能量（处置能力）的评价值；w 表示评价指标属性的综合权重向量，采用熵权法计算确定，则有

$$w_j = (1 - H_j) / \left(n - \sum_{j=1}^{n} H_j \right) \qquad 式（5.14）$$

其中，w_j、H_j 分别是评价指标属性的权重和信息熵，则信息熵 H_j 可由式（5.15）计算

$$H_j = -(\ln m)^{-1} \sum_{i=1}^{m} f_{ij} \ln f_{ij} \qquad \text{式 (5.15)}$$

其中 $f_{ij} = x_{ij} / \sum_{i=1}^{m} x_{ij}$，如果 $f_{ij} = 0$，则令 $f_{ij} \ln f_{ij} = 0$。为了降低熵权法在计算 TrIFNs 指标权重的复杂性，Zhang 等[222] 提出模糊数的期望值计算方法，并将梯形直觉模糊数转化为便于计算的确切数。其计算过程为

$$f_{ij} = \frac{E(x_{ij})}{\sum_{i=1}^{m} E(x_{ij})} = \frac{(x_{ij}^1 + x_{ij}^2 + x_{ij}^3 + x_{ij}^4) \times (1 + \mu_{ij} - \upsilon_{ij})}{\sum_{i=1}^{m} (x_{ij}^1 + x_{ij}^2 + x_{ij}^3 + x_{ij}^4) \times (1 + \mu_{ij} - \upsilon_{ij})}$$

$$\text{式 (5.16)}$$

众所周知，决策环境下的各类信息在决策过程中起着至关重要的作用，许多研究者在对决策信息的数量量化方面已经做了大量的工作。然而，鲜有研究关注决策信息质量的量化。对于信息的基本属性——质量，它不仅是客观存在的，也是决策信息量化过程中不容忽视的关键要素之一。信息质量的客观特征，如准确性、完整性、描述性、客观性等，主要受制于构成这些信息的数据结构、数据之间关系等因素的影响[206]。因此，考虑初始决策信息的数据构成和结构，本书提出了一种可行的信息质量评价定义和方法。

定义 5.7 令参数 Q（$Q \in [0, 1]$）为决策信息的质量。考虑各模糊数的相互距离和相似度，基于 TrIFWA 算子的梯形直觉模糊决策值 I_v 的平均值为 $\bar{I_v}$（Mean-TrIFDV or M-TrIFDV），$\bar{I_v}$ 作为 I_v 的中心，具有较高的信息质量。I_v 越接近于 $\bar{I_v}$，则 I_v 的信息质量越高；反之，I_v 的信息质量越差。据此，可采用文献[210] 的距离公式定义决策信息质量 Q 的计算过程。

$$Q = 1 - d\ (I_v,\ \bar{I}_v)$$

$$= 1 - \frac{1}{8} \left(\begin{array}{l} |\ (1+\mu_{I_v}-\upsilon_{I_v})\ a_{I_v} - (1+\mu_{\bar{I}_v}-\upsilon_{\bar{I}_v})\ \bar{a}_{\bar{I}_v}\ | \\ + |\ (1+\mu_{I_v}-\upsilon_{I_v})\ b_{I_v} - (1+\mu_{\bar{I}_v}-\upsilon_{\bar{I}_v})\ \bar{b}_{\bar{I}_v}\ | \\ + |\ (1+\mu_{I_v}-\upsilon_{I_v})\ c_{I_v} - (1+\mu_{\bar{I}_v}-\upsilon_{\bar{I}_v})\ \bar{c}_{\bar{I}_v}\ | \\ + |\ (1+\mu_{I_v}-\upsilon_{I_v})\ d_{I_v} - (1+\mu_{\bar{I}_v}-\upsilon_{\bar{I}_v})\ \bar{d}_{\bar{I}_v}\ | \end{array} \right) \qquad 式 （5.17）$$

其中，$d\ (I_v,\ \bar{I}_v)$ 是 I_v 与 $\bar{I}_v$ 之间的 Hamming 距离。

定义 **5.8** 令 *EX*（Trapezoidal Intuitionistic Fuzzy Exergy，TrIFEX）为基于不同评价指标属性的备选方案最大效能，刻画了备选方案的最大处置能力，则有

$$EX = Q \cdot EN, \ Q \in [0, 1] \qquad 式 （5.18）$$

显然，TrIFEX 的计算过程不仅关注了决策信息的数量量化，而且也从信息数据的内部构成、结构方面考虑了信息质量的量化。

5.3　基于 Choquet 积分的梯形直觉模糊集结算子

决策信息集结方法是管理决策问题研究领域的热点，受制于决策问题及决策环境不确定性、复杂性的影响，如何有效、可靠地集结模糊数据信息一直是广大研究者聚焦的问题之一。为此，本书研究了梯形直觉模糊决策环境下的决策信息集结问题，考虑决策专家之间存在偏好信息交错、冗余或互补等关联特征，提出基于 Choquet 积分的 TrIFNs 信息集结算子，并研究了该 Choquet 积分信息集结算子的幂等性、单调性、有界性、置换不变性等性质。

定义 5.9$^{[223, 224]}$ 设 μ：$P(x) \to [0, 1]$ 是定义在非空集合 $X = \{x_1, x_2, \cdots, x_n\}$ 上的模糊测度，满足 $\mu(\varphi) = 0$，$\mu(x) = 1$，且当 A，$B \in P(x)$，$A \subseteq B$ 时，则有 $\mu(A) \leqslant \mu(B)$。设 $x_i = ([a_i, b_i, c_i, d_i]; \mu_i, v_i)$ $(i = 1, 2, \cdots, n)$ 是集合 X 上的一组梯形直觉模糊数，则有基于模糊测度 μ 的梯形直觉模糊 Choquet 积分集结算子 TrIFCI（Trapezoidal Intuitionistic Fuzzy Choquet Integral Aggregation Operator）为

$$\int X d\mu = TrIFCI(x_1, x_2, \cdots, x_n) = x_{(1)}[\mu(B_{(1)}) - \mu(B_{(2)})]$$

$$\oplus x_{(2)}[\mu(B_{(2)}) - \mu(B_{(3)})] \oplus \cdots \oplus x_{(n)}[\mu(B_{(n)}) - \mu(B_{(n+1)})]$$

$$= \bigoplus_{i=1}^{n} x_{(i)}[\mu(B_{(i)}) - \mu(B_{(i+1)})]$$

$$= \left(\begin{array}{c} \left[\begin{array}{cc} \sum_{i=1}^{n} a_{(i)}[\mu(B_{(i)}) - \mu(B_{(i+1)})], & \sum_{i=1}^{n} b_{(i)}[\mu(B_{(i)}) - \mu(B_{(i+1)})], \\ \sum_{i=1}^{n} c_{(i)}[\mu(B_{(i)}) - \mu(B_{(i+1)})], & \sum_{i=1}^{n} d_{(i)}[\mu(B_{(i)}) - \mu(B_{(i+1)})] \end{array} \right]; \\ \dfrac{\sum_{i=1}^{n}(\|T_{x_i}\|\mu_i)}{\sum_{i=1}^{n}\|T_{x_i}\|}, \dfrac{\sum_{i=1}^{n}(\|T_{x_i}\|v_i)}{\sum_{i=1}^{n}\|T_{x_i}\|} \end{array} \right)$$

式（5.19）

其中，（·）表示集合 X 的一个置换排列，对于任意的 i，满足 $x_{(1)} \leqslant x_{(2)} \leqslant \cdots \leqslant x_{(n)}$，$B_{(i)} = (x_{(i)}, x_{(i+1)}, \cdots, x_{(n)})$，且 $B_{(n+1)} = \phi$。

定理 5.1 设 $x_i = ([a_i, b_i, c_i, d_i]; \mu_i, v_i)$ $(i = 1, 2, \cdots, n)$ 是非空集合 $X = \{x_1, x_2, \cdots, x_n\}$ 上的一组梯形直觉模糊数，μ 是定义在集合 X 上的模糊测度，则由 TrIFCI 集结运算得到的结果仍为梯形直觉模糊数，即

$$TrIFCI(x_1, x_2, \cdots, x_n) = \bigoplus_{i=1}^{n} x_{(i)}[\mu(B_{(i)}) - \mu(B_{(i+1)})]$$

式（5.20）

证明：由数学归纳法可知：

1）当 n=2 时，根据定义 **5.2** 中的 TrIFNs 的相关运算法则，有

$TrIFCI(x_1, x_2)$

$= x_{(1)}[\mu(B_{(1)}) - \mu(B_{(2)})] \oplus x_{(2)}[\mu(B_{(2)}) - \mu(B_{(3)})]$

$$= \left(\begin{array}{l} \left[\begin{array}{ll} \sum\limits_{i=1}^{2} a_{(i)}[\mu(B_{(i)}) - \mu(B_{(i+1)})], & \sum\limits_{i=1}^{2} b_{(i)}[\mu(B_{(i)}) - \mu(B_{(i+1)})], \\ \sum\limits_{i=1}^{2} c_{(i)}[\mu(B_{(i)}) - \mu(B_{(i+1)})], & \sum\limits_{i=1}^{2} d_{(i)}[\mu(B_{(i)}) - \mu(B_{(i+1)})] \end{array} \right]; \\ \dfrac{\sum\limits_{i=1}^{2}(\|T_{x_i}\|\mu_i)}{\sum\limits_{i=1}^{2}\|T_{x_i}\|}, \quad \dfrac{\sum\limits_{i=1}^{2}(\|T_{x_i}\|v_i)}{\sum\limits_{i=1}^{2}\|T_{x_i}\|} \end{array} \right)$$

2）当 n=k 时，TrIFCI 集结运算结果为

$TrIFCI(x_1, x_2, \cdots, x_k)$

$= \bigoplus\limits_{i=1}^{k} x_{(i)}[\mu(B_{(i)}) - \mu(B_{(i+1)})]$

$$= \left(\begin{array}{l} \left[\begin{array}{ll} \sum\limits_{i=1}^{k} a_{(i)}[\mu(B_{(i)}) - \mu(B_{(i+1)})], & \sum\limits_{i=1}^{k} b_{(i)}[\mu(B_{(i)}) - \mu(B_{(i+1)})], \\ \sum\limits_{i=1}^{k} c_{(i)}[\mu(B_{(i)}) - \mu(B_{(i+1)})], & \sum\limits_{i=1}^{k} d_{(i)}[\mu(B_{(i)}) - \mu(B_{(i+1)})] \end{array} \right]; \\ \dfrac{\sum\limits_{i=1}^{k}(\|T_{x_i}\|\mu_i)}{\sum\limits_{i=1}^{k}\|T_{x_i}\|}, \quad \dfrac{\sum\limits_{i=1}^{k}(\|T_{x_i}\|v_i)}{\sum\limits_{i=1}^{k}\|T_{x_i}\|} \end{array} \right)$$

当 n=k+1 时，则有

$TrIFCI(x_1, x_2, \cdots, x_k, x_{k+1})$

$= TrIFCI(x_1, x_2, \cdots, x_k) \oplus x_{(k+1)}[\mu(B_{(k+1)}) - \mu(B_{(k+1)})]$

$$
= \begin{pmatrix}
\begin{bmatrix}
\sum_{i=1}^{k} a_{(i)} \left[\mu(B_{(i)}) - \mu(B_{(i+1)}) \right] \oplus a_{(k+1)} \left[\mu(B_{(k+1)}) - \mu(B_{(k+2)}) \right], \\[2mm]
\sum_{i=1}^{k} b_{(i)} \left[\mu(B_{(i)}) - \mu(B_{(i+1)}) \right] \oplus b_{(k+1)} \left[\mu(B_{(k+1)}) - \mu(B_{(k+2)}) \right], \\[2mm]
\sum_{i=1}^{k} c_{(i)} \left[\mu(B_{(i)}) - \mu(B_{(i+1)}) \right] \oplus c_{(k+1)} \left[\mu(B_{(k+1)}) - \mu(B_{(k+2)}) \right], \\[2mm]
\sum_{i=1}^{k} d_{(i)} \left[\mu(B_{(i)}) - \mu(B_{(i+1)}) \right] \oplus d_{(k+1)} \left[\mu(B_{(k+1)}) - \mu(B_{(k+2)}) \right]
\end{bmatrix}; \\[6mm]
\dfrac{\sum_{i=1}^{k} \left(\|T_{x_i}\| \mu_i \right) \oplus \|T_{x_{(k+1)}}\| \mu_{k+1}}{\sum_{i=1}^{k} \|T_{x_i}\| \oplus \|T_{x_{(k+1)}}\|}, \quad \dfrac{\sum_{i=1}^{k} \left(\|T_{x_i}\| v_i \right) \oplus \|T_{x_{(k+1)}}\| v_{k+1}}{\sum_{i=1}^{k} \|T_{x_i}\| \oplus \|T_{x_{(k+1)}}\|}
\end{pmatrix}
$$

$$
= \begin{pmatrix}
\begin{bmatrix}
\sum_{i=1}^{k+1} a_{(i)} \left[\mu(B_{(i)}) - \mu(B_{(i+1)}) \right], & \sum_{i=1}^{k+1} b_{(i)} \left[\mu(B_{(i)}) - \mu(B_{(i+1)}) \right], \\[2mm]
\sum_{i=1}^{k+1} c_{(i)} \left[\mu(B_{(i)}) - \mu(B_{(i+1)}) \right], & \sum_{i=1}^{k+1} d_{(i)} \left[\mu(B_{(i)}) - \mu(B_{(i+1)}) \right]
\end{bmatrix}; \\[6mm]
\sum_{i=1}^{k+1} \left(\|T_{x_i}\| \mu_i \right) / \sum_{i=1}^{k+1} \|T_{x_i}\|, \quad \sum_{i=1}^{k+1} \left(\|T_{x_i}\| v_i \right) / \sum_{i=1}^{k+1} \|T_{x_i}\|
\end{pmatrix}
$$

显然，当 $n = k+1$ 时，TrIFCI 的运算也是符合式（5.20）。

综上所述，由 TrIFCI 集结算子运算得到的结果仍为梯形直觉模糊数，且有 $TrIFCI\ (x_1,\ x_2,\ \cdots,\ x_n) = \bigoplus_{i=1}^{n} x_{(i)} \left[\mu(B_{(i)}) - \mu(B_{(i+1)}) \right]$。

证毕。

类似地，TrIFCI 算子也具备幂等性、单调性、有界性、置换不变性等性质。

性质 5.1（幂等性）设 $x_i = ([a_i,\ b_i,\ c_i,\ d_i];\ \mu_i,\ v_i)\ (i=1,\ 2,\ \cdots,\ n)$ 是非空集合 $X = \{x_1,\ x_2,\ \cdots,\ x_n\}$ 上的一组梯形直觉模糊数，μ 是定义在集合 X 上的模糊测度。当 $x_i = ([a,\ b,\ c,\ d];\ \mu,\ v)\ (i=1,\ 2,\ \cdots,$

n) 时, 则有

$$TrIFCI\ (x_1,\ x_2,\ \cdots,\ x_n) = (\ [a,\ b,\ c,\ d];\ \mu,\ \upsilon)$$

式 (5.21)

性质 5.2 (单调性) 设 $x_i = ([a_i,\ b_i,\ c_i,\ d_i];\ \mu_i,\ \upsilon_i)$ ($i=1,\ 2,\ \cdots,$ n) 是非空集合 $X=\{x_1,\ x_2,\ \cdots,\ x_n\}$ 上的一组梯形直觉模糊数, μ 是定义在集合 X 上的模糊测度。对于任意的 i, 当 $x_i \leqslant x'_i$ ($i=1,\ 2,\ \cdots,\ n$) 时, 则有

$$TrIFCI\ (x_1,\ x_2,\ \cdots,\ x_n) \leqslant TrIFCI\ (x'_1,\ x'_2,\ \cdots,\ x'_n)$$

式 (5.22)

性质 5.3 (有界性) 设 $x_i = ([a_i,\ b_i,\ c_i,\ d_i];\ \mu_i,\ \upsilon_i)$ ($i=1,\ 2,\ \cdots,$ n) 是非空集合 $X=\{x_1,\ x_2,\ \cdots,\ x_n\}$ 上的一组梯形直觉模糊数, μ 是定义在集合 X 上的模糊测度。当

$$x_{min} = (\ [\min a_i,\ \min b_i,\ \min c_i,\ \min d_i];\ \min \mu_i,\ \max \upsilon_i),\ x_{max} =$$
$$(\ [\max a_i,\ \max b_i,\ \max c_i,\ \max d_i];\ \max \mu_i,\ \min \upsilon_i),$$

则有

$$x_{min} \leqslant TrIFCI\ (x_1,\ x_2,\ \cdots,\ x_n) \leqslant x_{max} \qquad 式 (5.23)$$

性质 5.4 (置换不变性) 设 $x_i = (\ [a_i,\ b_i,\ c_i,\ d_i];\ \mu_i,\ \upsilon_i)$ ($i=1,$ $2,\ \cdots,\ n$) 是非空集合 $X=\{x_1,\ x_2,\ \cdots,\ x_n\}$ 上的一组梯形直觉模糊数, μ 是定义在集合 X 上的模糊测度。令 $(x'_1,\ x'_2,\ \cdots,\ x'_n)$ 是 $(x_1,\ x_2,\ \cdots,$ $x_n)$ 的一个置换排列, 则有

$$TrIFCI\ (x_1,\ x_2,\ \cdots,\ x_n) = TrIFCI\ (x'_1,\ x'_2,\ \cdots,\ x'_n)$$

式 (5.24)

5.4　基于信息质量的高速公路应急决策模型

高速公路应急决策作为一类典型的多属性决策 (Multi-criteria Decision

Making，MCDM），通过采取一定的决策信息量化评估方式或方法，对一组备选的应急预案进行排序或择优，为相关应急事件的响应处置提供科学、合理的决策方法，对提高高速公路管理部门或机构的应急处置能力具有重要的理论和意义。然而，日益复杂的现代应急决策环境，给应急决策工作带来了严峻的挑战。一方面，决策环境的复杂性、模糊性、不确定性等特征因素不断增加，导致决策者难以有效地获知、理解、识别必要的决策环境信息；另一方面，突发应急事件的决策环境具有可用的决策信息有限、响应时间要求苛刻等潜在特征，再加上决策专家风险偏好认知异质，导致决策者难以获得可靠的决策结论。

为此，由于很难准确地描述复杂、不确定的应急预案量化决策环境，本章引入直觉梯形模糊数（TrIFNs）作为决策信息的基本输入形式，并提出一种集成前景理论和热力学方法的应急决策模型。充分考虑决策专家的有限理性，引入前景理论刻画决策专家在面对潜在的收益和损失时应急决策的心理行为；利用热力学方法在量化信息方面的应用优势，将热力学方法类比推广到 TrIFNs 形式，从而最大限度地利用有限的决策信息。然后，考虑决策信息集结，本章引入梯形直觉模糊 Choquet 积分算子（TrIFCI）进一步集结各个备选应急预案的前景价值，得到预案的总体前景价值。最后，确定各个备选应急预案的综合排序，并进行敏感性比较分析，以证明所提出方法的合理性和有效性，最终获取预案排序决策结论。

在前述理论方法分析的基础上，本节重点讨论基于热力学方法和前景理论的多准则决策框架和求解过程，进而处理梯形直觉模糊背景下的应急预案多属性决策问题。

5.4.1 问题描述

根据应急决策的应用实践要求，结合决策信息框架体系的组成要素，首先给定描述决策问题所涉及的相关变量参数,具体如下。

$E^k(k=1, 2, \cdots, l)$:表示参与应急决策的 l 个决策专家,由管理决策主体按照应急事件的相关属性选择来自不同领域或岗位的若干人员组建决策专家团队;

$A_i(i=1, 2, \cdots, m)$:表示待决策选择的 m 个备选应急预案集合,由管理决策主体依据相关法律法规、技术标准、规范、历史样本信息、演练实施等相关信息预先编制的若干应急响应行动方案;

$C_j(j=1, 2, \cdots, n)$:表示用以量化预案优劣所涉及的 n 个评价指标,由决策专家按照科学性、系统性和实用性的原则,结合应急事件的任务类型、响应目标、资源保障、事件推演等相关特征属性确定,如应急预案的组织责任明确性、处置保障完备性、方案可操作性、处置时效性、经济性等;

$X^k(k=1, 2, \cdots, l)$:表示决策专家结合属性指标体系对待比选的各备选应急预案的量化偏好值,刻画了各个决策专家对备选方案的认可程度。值得说明的是,偏好值一般可以采用语言变量、清晰数、区间数、模糊数等形式表示。为了有效刻画决策过程中的不确定性,本章采用梯形直觉模糊数形式刻画决策专家对各备选预案的偏好值,其决策矩阵为 $X^k = (x_{ij}^k)_{m \times n} = (([a_{ij}^k, b_{ij}^k, c_{ij}^k, d_{ij}^k]; \mu_{ij}^k, v_{ij}^k))_{m \times n}$,其中,$x_{ij}^k$ 表示第 k 个决策专家 E_k 针对第 j 个评价指标 C_j 对第 i 个备选应急预案 A_i 的偏好值。

$w_j^k(k=1, 2, \cdots, l)$:表示第 k 个决策专家 E_k 认为第 j 个评价指标 C_j 的权重向量,满足 $w_j^k \geq 0$ 且 $\sum_{j=1}^{n} w_j^k = 1$。该值可直接根据专家的知识结构、专业背景等要素,采用主观赋值法、层次分析法等方法获得,也可间接从专家给定的评估矩阵中进一步计算得知。本书采用熵权法计算各指标权重。

由以上定义信息可知,下一步的工作是如何根据决策专家给定的偏好

信息 X^k 对待比选的应急预案集合 A_i 开展量化决策，并最终确定最优的突发事件应急响应预案。

5.4.2　决策模型与方法

基于上述描述与分析，本章考虑决策专家的偏好以及决策信息的质量，提出的基于热力学方法和前景理论的高速公路应急预案多准则决策模型的具体步骤如图 5.2 所示。

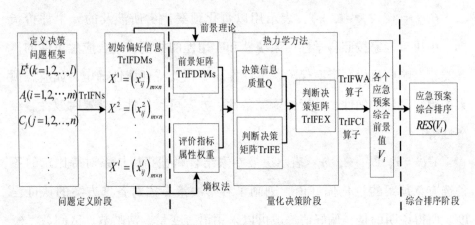

图 5.2　决策框架流程图

Step 5.1 根据应急预案 A_i （i = 1，2，$\cdots$，m）的决策比选工作要求，管理决策主体召集相关行业或领域的专家成员组建应急决策专家委员会 E^k（k = 1，2，$\cdots$，l），然后根据属性指标体系 C_j （j = 1，2，$\cdots$，n），以 TrIFNs 形式确定各备选应急预案针对不同指标的偏好值，由此确定经过标准规范化处理的初始决策判断矩阵 TrIFDMs （Trapezoidal Intuitionistic Fuzzy Decision Matrixes） 可以表示为

$$X^k = (x_{ij}^k)_{m \times n} = \begin{array}{c} \\ A_1 \\ A_2 \\ \vdots \\ A_m \end{array} \begin{pmatrix} x_{11}^k & x_{12}^k & \cdots & x_{1n}^k \\ x_{21}^k & x_{22}^k & \cdots & x_{2n}^k \\ \vdots & \vdots & \vdots & \vdots \\ x_{m1}^k & x_{m2}^k & \cdots\cdots & x_{mn}^k \end{pmatrix}, \quad k = 1, 2, \cdots, l$$

$$\begin{array}{cccc} C_1 & C_2 & \cdots & C_n \end{array}$$

式 (5.25)

此外，考虑参与决策的专家成员来自不同行业或领域，且面对不确定风险决策时经常存在有限理性，表现出参照依赖、损失规避、风险厌恶等异质偏好行为，因此，根据各个决策专家的期望确定相应的评价指标参考点矩阵为

$$R_j^k = (\tilde{r}_{kj})_{l \times n} = \begin{array}{c} \\ E^1 \\ E^2 \\ \vdots \\ E^l \end{array} \begin{pmatrix} \tilde{r}_1^1 & \tilde{r}_2^1 & \cdots & \tilde{r}_n^1 \\ \tilde{r}_1^2 & \tilde{r}_2^2 & \cdots & \tilde{r}_n^2 \\ \vdots & \vdots & \vdots & \vdots \\ \tilde{r}_1^l & \tilde{r}_2^l & \cdots\cdots & \tilde{r}_n^l \end{pmatrix}, \quad j = 1, 2, \cdots, n$$

$$\begin{array}{cccc} C_1 & C_2 & \cdots\cdots & C_n \end{array}$$

式 (5.26)

Step 5.2 确定评价指标的权重。指标权重在决策量化过程中起着极其重要的作用。根据公式（5.14 – 5.16），基于初始决策偏好矩阵 X^k，本书采用熵权法计算 w_j^k（$k = 1, 2, \cdots, l$）。

$$w_j^k = \frac{1 + (\ln m)^{-1} \sum_{i=1}^m (f_{ij}^k \ln f_{ij}^k)}{n + \sum_{j=1}^n \left[(\ln m)^{-1} \sum_{i=1}^m (f_{ij}^k \ln f_{ij}^k) \right]}$$ 式 (5.27)

其中，$f_{ij}^k = E(x_{ij}) / \sum_{i=1}^m E(x_{ij})$。然后，确定各个评价指标的权重 $w =$

141

$$(w_1, w_2, \cdots, w_n)^T, \sum_{j=1}^n w_j = 1, \text{且} w_j \in [0, 1]。$$

$$w_j = \frac{1}{l} \sum_{k=1}^l w_j^k, \quad j = 1, 2, \cdots, n \qquad \text{式 (5.28)}$$

Step 5.3 根据前景理论确定初始评估值与参考点的前景偏差值 $\tilde{\Delta x}_{ij}^k$。

$$\Delta \tilde{x}_{ij}^k = x_{ij}^k \ominus R_j^k \qquad \text{式 (5.29)}$$

进而可构建梯形直觉模糊决策前景矩阵（Trapezoidal Intuitionistic Fuzzy Decision Prospect Matrixes，TrIFDPMs）$\tilde{X}^k = (\tilde{x_{ij}^k})_{m \times n} = (v(\tilde{\Delta x}_{ij}^k))_{m \times n} = ([\tilde{a}_{ij}^k, \tilde{b}_{ij}^k, \tilde{c}_{ij}^k, \tilde{d}_{ij}^k]; \tilde{\mu}_{ij}^k, \tilde{v}_{ij}^k)_{m \times n}$。

$$\tilde{X}^k = (v(\tilde{x}_{ij}^k))_{m \times n} = \begin{pmatrix} v(\tilde{\Delta x}_{11}^k) & v(\tilde{\Delta x}_{12}^k) & \cdots\cdots & v(\tilde{\Delta x}_{1n}^k) \\ v(\tilde{\Delta x}_{21}^k) & v(\tilde{\Delta x}_{22}^k) & \cdots\cdots & v(\tilde{\Delta x}_{2n}^k) \\ \vdots & \vdots & \vdots & \vdots \\ v(\tilde{\Delta x}_{m1}^k) & v(\tilde{\Delta x}_{m2}^k) & \cdots\cdots & v(\tilde{\Delta x}_{mn}^k) \end{pmatrix}, \quad k = 1, 2, \cdots, l$$

$$\text{式 (5.30)}$$

其中，

$$v(\Delta \tilde{x}_{ij}^k) = \begin{cases} (\Delta \tilde{x}_{ij}^k)^\alpha = \begin{pmatrix} \begin{bmatrix} \text{sgn}\tilde{a}_{ij}^k \cdot |\tilde{a}_{ij}^k|^\alpha, & \text{sgn}\tilde{b}_{ij}^k \cdot |\tilde{b}_{ij}^k|^\alpha, \\ \text{sgn}\tilde{c}_{ij}^k \cdot |\tilde{c}_{ij}^k|^\alpha, & \text{sgn}\tilde{d}_{ij}^k \cdot |\tilde{d}_{ij}^k|^\alpha \end{bmatrix}; \\ (\tilde{\mu}_{ij}^k)^\alpha, \ 1 - (1 - \tilde{v}_{ij}^k)^\alpha \end{pmatrix}, & s(\tilde{\Delta x}_{ij}^k) \geqslant 0 \\ \\ -\lambda (-\tilde{\Delta x}_{ij}^k)^\beta = \begin{pmatrix} \begin{bmatrix} \lambda \cdot \text{sgn}\tilde{a}_{ij}^k \cdot |\tilde{a}_{ij}^k|^\beta, & \lambda \cdot \text{sgn}\tilde{b}_{ij}^k \cdot |\tilde{b}_{ij}^k|^\beta, \\ \lambda \cdot \text{sgn}\tilde{c}_{ij}^k \cdot |\tilde{c}_{ij}^k|^\beta, & \lambda \cdot \text{sgn}\tilde{d}_{ij}^k \cdot |\tilde{d}_{ij}^k|^\beta \end{bmatrix}; \\ (\tilde{\mu}_{ij}^k)^\alpha, \ 1 - (1 - \tilde{v}_{ij}^k)^\alpha \end{pmatrix}, & s(\tilde{\Delta x}_{ij}^k) < 0 \end{cases}$$

$$\text{式 (5.31)}$$

Step 5.4 依据定义 5.6 中关于热力学 TrIFE 的描述，利用公式 (5.13)

将 TrIFDPMs 转化为基于热力学方法的决策偏好矩阵 TrIFE（EN_{ij}^k）。

$$EN_{ij}^k = w_j^k \tilde{X}^k = \begin{pmatrix} w_1^k \tilde{x}_{11}^k & w_2^k \tilde{x}_{12}^k & \cdots\cdots & w_{n1}^k \tilde{x}_{1n}^k \\ w_1^k \tilde{x}_{21}^k & w_2^k \tilde{x}_{22}^k & \cdots\cdots & w_n^k \tilde{x}_{2n}^k \\ \vdots & \vdots & \cdots\cdots & \vdots \\ w_1^k \tilde{x}_{m1}^k & w_2^k \tilde{x}_{m2}^k & \cdots\cdots & w_n^k \tilde{x}_{mn}^k \end{pmatrix} \quad (k=1,\ 2,\ \cdots,\ l)$$

式（5.32）

Step 5.5 依据定义 5.7 中关于信息质量的描述，根据公式（5.17），确定偏好矩阵 TrIFDPMs 的信息质量 Q_{ij}^k。

$$Q_{ij}^k = 1 - d\ (\tilde{x}_{ij}^k,\ \overline{\tilde{x}}_i^k)$$

$$= \begin{pmatrix} 1-d\ (\tilde{x}_{11}^k,\ \overline{\tilde{x}}_1^k) & 1-d\ (\tilde{x}_{12}^k,\ \overline{\tilde{x}}_1^k) & \cdots\cdots & 1-d\ (\tilde{x}_{1n}^k,\ \overline{\tilde{x}}_1^k) \\ 1-d\ (\tilde{x}_{21}^k,\ \overline{\tilde{x}}_2^k) & 1-d\ (\tilde{x}_{22}^k,\ \overline{\tilde{x}}_2^k) & \cdots\cdots & 1-d\ (\tilde{x}_{2n}^k,\ \overline{\tilde{x}}_2^k) \\ \vdots & \vdots & \vdots & \vdots \\ 1-d\ (\tilde{x}_{m1}^k,\ \overline{\tilde{x}}_m^k) & 1-d\ (\tilde{x}_{m2}^k,\ \overline{\tilde{x}}_m^k) & \cdots\cdots & 1-d\ (\tilde{x}_{mn}^k,\ \overline{\tilde{x}}_m^k) \end{pmatrix}$$

$(k=1,\ 2,\ \cdots,\ l)$

式（5.33）

其中，$\overline{\tilde{x}}_{ij}^k$ 表示决策矩阵 $\tilde{x}_{ij}^k$ 的加权平均矩阵值，可由加权平均算子 TrIF-WA 确定。

$$\tilde{x}_i^k = \mathrm{TrIFWA}(\tilde{x}_{i1}^k, \ \tilde{x}_{i2}^k, \ \cdots, \ \tilde{x}_{in}^k) = \overset{n}{\underset{j=1}{\oplus}} w_j^k \tilde{x}_{ij}^k$$

$$= \left(\begin{bmatrix} \sum\limits_{j=1}^n w_j^k \tilde{a}_{ij}^k, & \sum\limits_{j=1}^n w_j^k \tilde{b}_{ij}^k, \\ \sum\limits_{j=1}^n w_j^k \tilde{c}_{ij}^k, & \sum\limits_{j=1}^n w_j^k \tilde{d}_{ij}^k, \end{bmatrix}; \ \frac{\sum\limits_{j=1}^n (\|T_{x_{ij}^k}\| \tilde{\mu}_{ij}^k)}{\sum\limits_{j=1}^n \|T_{x_{ij}^k}\|}, \ \frac{\sum\limits_{j=1}^n (\|T_{x_{ij}^k}\| \tilde{v}_{ij}^k)}{\sum\limits_{j=1}^n \|T_{x_{ij}^k}\|} \right)$$

式（5.34）

然后，依据定义 5.8 中关于热力学 TrIFEX 的描述，按照公式
(5.18)，进而将决策矩阵 TrIFE 转化为 TrIFEX（EX_{ij}^k）。

$$EX_{ij}^k = Q_{ij}^k \cdot EN_{ij}^k$$

$$= \begin{pmatrix} Q_{11}^k w_1^k \tilde{x}_{11}^k & Q_{12}^k w_2^k \tilde{x}_{12}^k & \cdots\cdots & Q_{1n}^k w_n^k \tilde{x}_{1n}^k \\ Q_{21}^k w_1^k \tilde{x}_{21}^k & Q_{22}^k w_2^k \tilde{x}_{22}^k & \cdots\cdots & Q_{2n}^k w_n^k \tilde{x}_{2n}^k \\ \vdots & \vdots & \cdots\cdots & \vdots \\ Q_{m1}^k w_1^k \tilde{x}_{m1}^k & Q_{m2}^k w_2^k \tilde{x}_{m2}^k & \cdots\cdots & Q_{mn}^k w_n^k \tilde{x}_{mn}^k \end{pmatrix} \ (k=1, \ 2, \ \cdots, \ l)$$

式（5.35）

Step 5.6 考虑专家偏好信息关联，从相关历史样本事件信息中获知参
与评估的决策专家集合的模糊测度，进而利用定义 5.9 中的 TrIFCI 模糊信
息集结算子对 TrIFEXs 进行信息综合集结，得到各个决策专家对备选预案
的综合评价值。首先，对比序列 EX_{ij}^1，EX_{ij}^2，$\cdots$，EX_{ij}^l 的大小，按照从小到
大的顺序确定新的排序 $EX_{ij}^{\varphi(1)}$，$EX_{ij}^{\varphi(2)}$，$\cdots$，$EX_{ij}^{\varphi(l)}$，满足对于任意 k，存
在 $EX_{ij}^{\varphi(k)} \leqslant X_{ij}^{\varphi(k+1)}$。定义非空集合 $H_{\varphi(k)} = \{E_{\varphi(k)}, \ E_{\varphi(k+1)}, \ \cdots, \ E_{\varphi(l)}\}$ 为决策
专家集合的一个子集，且 $H_{\varphi(l+1)} = 0$，$\mu(H_{\varphi(k)})$ 表示 $H_{\varphi(k)}$ 的重要程度，可
从历史样本事件信息中获知。然后，可得到 TrIFCI 模糊信息集结结果。

$$\int EX_{ij}^{k}d\mu = \text{TrIFCI}(EX_{ij}^{1},\ EX_{ij}^{2},\ \cdots,\ EX_{ij}^{l})$$

$$= EX_{ij}^{\varphi(1)}\big[\mu(H_{\varphi(1)}) - \mu(H_{\varphi(2)})\big]\oplus$$

$$EX_{ij}^{\varphi(2)}\big[\mu(H_{\varphi(2)}) - \mu(H_{\varphi(3)})\big]\oplus \qquad \text{式 (5.36)}$$

$$\cdots \oplus EX_{ij}^{\varphi(l)}\big[\mu(H_{\varphi(l)}) - \mu(H_{\varphi(l+1)})\big]$$

$$= \bigoplus_{k=1}^{l} EX_{ij}^{\varphi(k)}\big[\mu(H_{\varphi(k)}) - \mu(H_{\varphi(k+1)})\big]$$

最后，可获取基于 Choquet 积分集结算子 TrIFCI 的综合前景决策矩阵

$$[CD_{ij}]_{m\times n} = \begin{bmatrix} CD_{11} & CD_{12} & \cdots\cdots & CD_{1n} \\ CD_{21} & CD_{22} & \cdots\cdots & CD_{2n} \\ \vdots & \vdots & \vdots & \vdots \\ CD_{m1} & CD_{m2} & \cdots\cdots & CD_{mn} \end{bmatrix}$$

$$= ([a_{ij}^{CD},\ b_{ij}^{CD},\ c_{ij}^{CD},\ d_{ij}^{CD}]\ ;\ \mu_{ij}^{CD},\ v_{ij}^{CD})_{m\times n}$$

$$= \Big[\int EX_{ij}^{k}d\mu\Big]_{m\times n} = \big[\text{TrIFCI}(EX_{ij}^{1},\ EX_{ij}^{2},\ \cdots,\ EX_{ij}^{1})\big]_{m\times n}$$

$$= \begin{bmatrix} \begin{cases} (\tilde{a}_{ij},\ \tilde{b}_{ij},\ \tilde{c}_{ij},\ \tilde{d}_{ij};\ \tilde{\mu}_{ij},\ \tilde{v}_{ij}), & S(EX_{ij}^{k}) \geq 0 \\ (\tilde{a}_{ij}^{\lambda},\ \tilde{b}_{ij}^{\lambda},\ \tilde{c}_{ij}^{\lambda},\ \tilde{d}_{ij}^{\lambda};\ \tilde{\mu}_{ij}^{\lambda},\ \tilde{v}_{ij}^{\lambda}), & S(EX_{ij}^{k}) < 0 \end{cases} \end{bmatrix}_{m\times n}$$

$$\text{式 (5.37)}$$

其中，各构成元素 a_{ij}^{CD}，b_{ij}^{CD}，c_{ij}^{CD}，d_{ij}^{CD}，μ_{ij}^{CD}，v_{ij}^{CD} 的值可由公式 (5.19) 计算得到。

Step 5.7 利用加权平均算子 TrIFWA，计算第 i 个应急备选预案的综合前景值

$$V_i = \text{TrIFWA}(CD_{i1}, CD_{i2}, \cdots, CD_{in}) = \overset{n}{\underset{j=1}{\oplus}} w_j \cdot CD_{ij}$$

$$= ([a_i^{CD}, b_i^{CD}, c_i^{CD}, d_i^{CD}]; \mu_i^{CD}, \upsilon_i^{CD})$$

$$= \left(\begin{bmatrix} \sum\limits_{j=1}^{n} w_j a_{ij}^{CD}, \sum\limits_{j=1}^{n} w_j b_{ij}^{CD}, \\ \sum\limits_{j=1}^{n} w_j c_{ij}^{CD}, \sum\limits_{j=1}^{n} w_j d_{ij}^{CD} \end{bmatrix}; \frac{\sum\limits_{j=1}^{n} (\parallel T_{CD_{ij}} \parallel \mu_{CD_{ij}})}{\sum\limits_{j=1}^{n} \parallel T_{CD_{ij}} \parallel}, \frac{\sum\limits_{j=1}^{n} (\parallel T_{CD_{ij}} \parallel \upsilon_{CD_{ij}})}{\sum\limits_{j=1}^{n} \parallel T_{CD_{ij}} \parallel} \right)$$

式 (5.38)

Step 5.8 根据定义 5.5 中关于决策专家风险态度偏好的描述，计算各个应急备选预案的风险期望得分值 $RES(x_i)$，进而依据 $RES(V_i)$ 的大小对各个备选应急预案 A_i 进行综合排序。

$$RES(V_i) = \frac{(\eta(a_i^{CD} + b_i^{CD} - c_i^{CD} - d_i^{CD}) + c_i^{CD} + d_i^{CD})(1 + \mu_i^{CD} - \upsilon_i^{CD})}{4}$$

式 (5.39)

其中，利用系数 η 对决策方案的排序结果进行敏感性分析，进一步表征应急预案排序结果易受到决策专家风险态度影响的规律，进而确定最优应急预案。

5.5 案例分析

交通运输安全问题一直以来都是社会关注的热点之一，世界各国在保障交通运输安全、实现交通可持续发展方面都在不断地投入和完善。高速公路作为交通基础设施的重要组成部分，其交通运行安全保障也一直是路网主管部门的工作重点。受制于路网覆盖面广、运行环境复杂（车型繁多、恶劣天气、路况多变等）、车辆运行速度较快等因素的影响，相较于普通公路而言，其安全保障与应急管理工作形式更为严峻。

某山区高速公路突发车辆追尾交通事故事件，所属辖区高速公路主管部门针对已编制完成的 4 个备选应急预案 $A = \{A_1, A_2, A_3, A_4\}$，并由 3 名相关人员组建的应急决策委员会 $E = \{E^1, E^2, E^3\}$ 对其进行量化比选。然后，综合考虑该事件的特征属性，结合专家的知识结构、技术体系、行业背景等认知因素，决策委员会综合确定了 5 个预案量化指标属性，分别是责任明确性、保障完备性、响应时效性、方案可操作性和经济性，简记为 $C = \{C_1, C_2, C_3, C_4, C_5\}$。充分考虑参与决策的专家在认知上存在一定不确定性和模糊性的决策特征，由于 TrIFNs 在刻画现实信息不确定性、模糊性方面具有较强的表征能力，本书采用经过标准化处理的 TrIFNs 语言变量描述各决策专家针对各个属性对应急预案的偏好值，具体步骤如下：

Step 5.1 根据 TrIFNs 语言变量表（表 5.1），评估专家考虑 5 个评价指标属性对 4 个备选应急预案开展量化决策，由此确定初始决策偏好矩阵 TrIFDMs（表 5.2）和指标属性的心理参考点（表 5.3）。

表 5.1　TrIFNs 语言变量表

Linguistic terms	Linguistic values ofTrIFNs
Absolutely low（AL）	（ [0.0, 0.0, 0.1, 0.2]；0.0, 1.0）
Low（L）	（ [0.1, 0.2, 0.3, 0.4]；0.2, 0.7）
Fairly low（FL）	（ [0.2, 0.3, 0.4, 0.5]；0.4, 0.5）
Medium（M）	（ [0.3, 0.4, 0.5, 0.6]；0.5, 0.4）
Fairly high（FH）	（ [0.5, 0.6, 0.7, 0.8]；0.6, 0.3）
High（H）	（ [0.6, 0.7, 0.8, 0.9]；0.8, 0.1）
Absolutely high（AH）	（ [0.8, 0.9, 1.0, 1.0]；1.0, 0.0）

表 5.2　决策专家 E^k 提供的初始决策矩阵 X^k

E^k	A_i	C_1	C_2	C_3	C_4	C_5
E^1	A_1	⟨[0.6, 0.7, 0.8, 0.9]; 0.8, 0.1⟩	⟨[0.3, 0.4, 0.5, 0.6]; 0.5, 0.4⟩	⟨[0.5, 0.6, 0.7, 0.8]; 0.6, 0.3⟩	⟨[0.6, 0.7, 0.8, 0.9]; 0.8, 0.1⟩	⟨[0.5, 0.6, 0.7, 0.8]; 0.6, 0.3⟩
	A_2	⟨[0.8, 0.9, 1.0, 1.0]; 1.0, 0.0⟩	⟨[0.6, 0.7, 0.8, 0.9]; 0.8, 0.1⟩	⟨[0.6, 0.7, 0.8, 0.9]; 0.8, 0.1⟩	⟨[0.6, 0.7, 0.8, 0.9]; 0.8, 0.1⟩	⟨[0.6, 0.7, 0.8, 0.9]; 0.8, 0.1⟩
	A_3	⟨[0.5, 0.6, 0.7, 0.8]; 0.6, 0.3⟩	⟨[0.6, 0.7, 0.8, 0.9]; 0.8, 0.1⟩	⟨[0.5, 0.6, 0.7, 0.8]; 0.6, 0.3⟩	⟨[0.8, 0.9, 1.0, 1.0]; 1.0, 0.0⟩	⟨[0.5, 0.6, 0.7, 0.8]; 0.6, 0.3⟩
	A_4	⟨[0.3, 0.4, 0.5, 0.6]; 0.5, 0.4⟩	⟨[0.5, 0.6, 0.7, 0.8]; 0.6, 0.3⟩	⟨[0.5, 0.6, 0.7, 0.8]; 0.6, 0.3⟩	⟨[0.6, 0.7, 0.8, 0.9]; 0.8, 0.1⟩	⟨[0.5, 0.6, 0.7, 0.8]; 0.6, 0.3⟩
E^2	A_1	⟨[0.8, 0.9, 1.0, 1.0]; 1.0, 0.0⟩	⟨[0.6, 0.7, 0.8, 0.9]; 0.8, 0.1⟩	⟨[0.6, 0.7, 0.8, 0.9]; 0.8, 0.1⟩	⟨[0.6, 0.7, 0.8, 0.9]; 0.8, 0.1⟩	⟨[0.6, 0.7, 0.8, 0.9]; 0.8, 0.1⟩
	A_2	⟨[0.8, 0.9, 1.0, 1.0]; 1.0, 0.0⟩	⟨[0.6, 0.7, 0.8, 0.9]; 0.8, 0.1⟩	⟨[0.5, 0.6, 0.7, 0.8]; 0.6, 0.3⟩	⟨[0.8, 0.9, 1.0, 1.0]; 1.0, 0.0⟩	⟨[0.6, 0.7, 0.8, 0.9]; 0.8, 0.1⟩
	A_3	⟨[0.5, 0.6, 0.7, 0.8]; 0.6, 0.3⟩	⟨[0.8, 0.9, 1.0, 1.0]; 1.0, 0.0⟩	⟨[0.5, 0.6, 0.7, 0.8]; 0.6, 0.3⟩	⟨[0.6, 0.7, 0.8, 0.9]; 0.8, 0.1⟩	⟨[0.6, 0.7, 0.8, 0.9]; 0.6, 0.3⟩
	A_4	⟨[0.6, 0.7, 0.8, 0.9]; 0.8, 0.1⟩	⟨[0.5, 0.6, 0.7, 0.8]; 0.6, 0.3⟩	⟨[0.3, 0.4, 0.5, 0.6]; 0.5, 0.4⟩	⟨[0.6, 0.7, 0.8, 0.9]; 0.8, 0.1⟩	⟨[0.5, 0.6, 0.7, 0.8]; 0.6, 0.3⟩

续表

E^k	A_i	C_1	C_2	C_3	C_4	C_5
E^3	A_1	([0.5, 0.6, 0.7, 0.8]; 0.6, 0.3)	([0.6, 0.7, 0.8, 0.9]; 0.8, 0.1)	([0.3, 0.4, 0.5, 0.6]; 0.5, 0.4)	([0.6, 0.7, 0.8, 0.9]; 0.8, 0.1)	([0.5, 0.6, 0.7, 0.8]; 0.6, 0.3)
	A_2	([0.6, 0.7, 0.8, 0.9]; 0.8, 0.1)	([0.8, 0.9, 1.0, 1.0]; 1.0, 0.0)	([0.6, 0.7, 0.8, 0.9]; 0.8, 0.1)	([0.8, 0.9, 1.0, 1.0]; 1.0, 0.0)	([0.6, 0.7, 0.8, 0.9]; 0.8, 0.1)
	A_3	([0.6, 0.7, 0.8, 0.9]; 0.8, 0.1)	([0.5, 0.6, 0.7, 0.8]; 0.6, 0.3)	([0.5, 0.6, 0.7, 0.8]; 0.6, 0.3)	([0.5, 0.6, 0.7, 0.8]; 0.6, 0.3)	([0.5, 0.6, 0.7, 0.8]; 0.6, 0.3)
	A_4	([0.6, 0.7, 0.8, 0.9]; 0.8, 0.1)	([0.6, 0.7, 0.8, 0.9]; 0.8, 0.1)	([0.5, 0.6, 0.7, 0.8]; 0.6, 0.3)	([0.6, 0.7, 0.8, 0.9]; 0.8, 0.1)	([0.5, 0.6, 0.7, 0.8]; 0.6, 0.3)

表 5.3 决策专家 E^k 提供的关于指标属性的参考点

E^k	C_1	C_2	C_3	C_4	C_5
E^1	([0.6, 0.7, 0.8, 0.9]; 0.9, 0.1)	([0.6, 0.7, 0.8, 0.9]; 0.8, 0.1)	([0.7, 0.7, 0.8, 0.9]; 1.0, 0.0)	([0.7, 0.8, 0.8, 0.9]; 0.8, 0.1)	([0.6, 0.8, 0.8, 0.9]; 0.8, 0.1)
E^2	([0.7, 0.7, 0.8, 0.9]; 0.8, 0.2)	([0.7, 0.7, 0.8, 0.9]; 0.9, 0.1)	([0.6, 0.7, 0.8, 0.9]; 0.9, 0.1)	([0.8, 0.8, 0.9, 0.9]; 0.8, 0.1)	([0.7, 0.8, 0.9, 0.9]; 1.0, 0.0)
E^3	([0.6, 0.7, 0.8, 0.9]; 0.8, 0.1)	([0.7, 0.8, 0.8, 0.9]; 0.9, 0.1)	([0.7, 0.8, 0.8, 0.9]; 0.9, 0.1)	([0.6, 0.8, 0.9, 0.9]; 0.8, 0.1)	([0.7, 0.7, 0.8, 0.9]; 1.0, 0.0)

Step 5.2 根据公式（5.27—5.28）确定指标属性的权重。由公式（5.27）可知，则有

$$w_j^k = \begin{bmatrix} 0.484 & 0.283 & 0.083 & 0.067 & 0.083 \\ 0.266 & 0.219 & 0.306 & 0.086 & 0.123 \\ 0.087 & 0.235 & 0.329 & 0.235 & 0.114 \end{bmatrix}$$

进而由公式（5.28）可得，$w_j =$（0.279，0.246，0.239，0.129，0.107$)^T$。

Step 5.3 根据公式（5.29—5.31），取值 $\alpha = \beta = 0.88$，$\lambda = 2.25$ 分别计算各个决策专家的 TrIFDPMs，如表 5.4 所示。

Step 5.4 根据公式（5.32）计算 TrIFE 决策矩阵 EN_{ij}^k，结果如表 5.5 所示。

Step 5.5 根据公式（5.33—5.34）分别计算各个决策专家 E^k 的决策信息质量 Q^k。

$$Q^1 = \begin{pmatrix} 0.777 & 0.652 & 0.892 & 0.878 & 0.866 \\ 0.878 & 0.928 & 0.793 & 0.787 & 0.736 \\ 0.904 & 0.824 & 0.868 & 0.698 & 0.858 \\ 0.809 & 0.796 & 0.868 & 0.714 & 0.854 \end{pmatrix},$$

$$Q^2 = \begin{pmatrix} 0.804 & 0.859 & 0.927 & 0.789 & 0.758 \\ 0.740 & 0.912 & 0.837 & 0.771 & 0.822 \\ 0.929 & 0.666 & 0.905 & 0.944 & 0.782 \\ 0.725 & 0.930 & 0.732 & 0.899 & 0.918 \end{pmatrix},$$

$$Q^3 = \begin{pmatrix} 0.841 & 0.762 & 0.608 & 0.763 & 0.913 \\ 0.922 & 0.812 & 0.796 & 0.866 & 0.837 \\ 0.702 & 0.942 & 0.935 & 0.929 & 0.908 \\ 0.738 & 0.908 & 0.847 & 0.897 & 0.904 \end{pmatrix}$$

进而，利用公式（5.35）计算各个决策专家 E^k 的 TrIFEX 决策矩阵 EX_{ij}^k，计算结果如表 5.6 所示。

Step 5.6 考虑决策专家的重要程度，根据相关历史样本资料信息进一步分析确定评估专家集合 $E = \{E^1, E^2, E^3\}$ 的模糊测度，则有 $\mu(\varphi) = 0$，$\mu(E^1) = \mu(E^2) = 0.4$，$\mu(E^3) = 0.5$，$\mu(E^1, E^2) = 0.7$，$\mu(E^1, E^3) = 0.8$，$\mu(E^2, E^3) = 0.7$，$\mu(E^1, E^2, E^3) = 1$。进而利用公式（5.37）计算各个备选应急预案的综合前景决策矩阵，如表 5.7 所示。

Step 5.7 结合评价指标权重向量 $w_j = (0.279, 0.246, 0.239, 0.129, 0.107)^T$，利用 TrIFWA 算子综合计算各个备选应急预案总体前景值 V_i。

$$V_1 = ([-0.118, -0.063, 0.002, 0.059]; 0.819, 0.124),$$

$$V_2 = ([-0.077, -0.021, 0.041, 0.086]; 0.879, 0.082),$$

$$V_3 = ([-0.148, -0.083, -0.006, 0.072]; 0.791, 0.158),$$

$$V_4 = ([-0.175, -0.108, -0.029, 0.058]; 0.796, 0.152).$$

Step 5.8 假定决策专家的风险态度为中立，即取值 $\eta = 0.5$。进而结合风险期望得分函数 $RES(x_i)$，利用公式（5.39）计算各个备选应急预案的期望得分值，则有 $RES(V_1) = -0.0250$，$RES(V_2) = 0.0065$，$RES(V_3) = -0.0335$，$RES(V_4) = -0.0520$。比较每个方案的得分值，得分值越高则表明该应急预案越好。据此，可以得到备选应急预案 $A = \{A_1, A_2, A_3, A_4\}$ 的综合排序为 $A_2 > A_1 > A_3 > A_4$，即备选应急预案中的预案 A_2 综合能力表现最优。

上述决策过程给出了最优的备选应急预案，但决策方法的有效性与可行性值得探讨和分析。为此，本书采用敏感性分析方法和对比分析方法进一步验证决策结果。

表 5.4　决策专家 E^k 的前景矩阵 TrIFDPMs $\tilde{X}^k$

E^k	A_i	C_1	C_2	C_3	C_4	C_5
E^1	A_1	$([-0.35, -0.13, 0.13, 0.35]; 0.87, 0.09)$	$([-1.44, -1.00, -0.55, 0.00]; 0.72, 0.19)$	$([-1.00, -0.55, 0.00, 0.30]; 0.84, 0.12)$	$([-0.78, -0.30, 0.00, 0.55]; 0.82, 0.09)$	$([-1.00, -0.55, -0.30, 0.55]; 0.74, 0.17)$
	A_2	$([-0.13, 0.13, 0.35, 0.45]; 0.96, 0.04)$	$([-0.35, -0.13, 0.13, 0.35]; 0.82, 0.09)$	$([-0.78, -0.30, 0.30, 0.55]; 0.91, 0.04)$	$([-0.78, -0.30, 0.00, 0.55]; 0.82, 0.09)$	$([-0.78, -0.30, 0.00, 0.78]; 0.82, 0.09)$
	A_3	$([-1.00, -0.55, 0.00, 0.55]; 0.79, 0.17)$	$([-0.35, -0.13, 0.13, 0.35]; 0.82, 0.09)$	$([-1.00, -0.55, 0.00, 0.30]; 0.84, 0.12)$	$([-0.13, 0.13, 0.24, 0.35]; 0.92, 0.04)$	$([-1.00, -0.55, -0.30, 0.55]; 0.74, 0.17)$
	A_4	$([-1.44, -1.00, -0.55, 0.00]; 0.78, 0.19)$	$([-1.00, -0.55, 0.00, 0.55]; 0.74, 0.17)$	$([-1.00, -0.55, 0.00, 0.30]; 0.84, 0.12)$	$([-0.78, -0.30, 0.00, 0.55]; 0.82, 0.09)$	$([-1.00, -0.55, -0.30, 0.55]; 0.74, 0.17)$
E^2	A_1	$([-0.13, 0.13, 0.35, 0.35]; 0.92, 0.08)$	$([-0.78, -0.30, 0.30, 0.55]; 0.87, 0.09)$	$([-0.35, -0.13, 0.35, 0.55]; 0.87, 0.09)$	$([-0.78, -0.30, 0.00, 0.30]; 0.82, 0.09)$	$([-0.78, -0.55, 0.00, 0.55]; 0.92, 0.04)$
	A_2	$([-0.13, 0.13, 0.35, 0.35]; 0.92, 0.08)$	$([-0.78, -0.30, 0.30, 0.55]; 0.87, 0.09)$	$([-1.00, -0.55, 0.00, 0.55]; 0.79, 0.17)$	$([-0.13, 0.00, 0.24, 0.24]; 0.92, 0.04)$	$([-0.78, -0.55, 0.00, 0.55]; 0.92, 0.04)$
	A_3	$([-1.00, -0.55, 0.00, 0.30]; 0.74, 0.22)$	$([-0.13, 0.13, 0.35, 0.35]; 0.96, 0.04)$	$([-1.00, -0.55, 0.00, 0.55]; 0.79, 0.17)$	$([-0.78, -0.55, 0.00, 0.30]; 0.82, 0.09)$	$([-0.78, -0.55, 0.00, 0.30]; 0.84, 0.12)$
	A_4	$([-0.78, -0.30, 0.00, 0.55]; 0.82, 0.13)$	$([-1.00, -0.55, 0.00, 0.30]; 0.79, 0.17)$	$([-1.44, -1.00, -0.55, 0.00]; 0.78, 0.19)$	$([-0.78, -0.55, 0.00, 0.30]; 0.82, 0.09)$	$([-1.00, -0.78, -0.30, 0.30]; 0.84, 0.12)$
E^3	A_1	$([-1.00, -0.55, 0.00, 0.55]; 0.74, 0.17)$	$([-0.78, -0.30, 0.00, 0.55]; 0.87, 0.09)$	$([-1.44, -1.22, -0.78, -0.30]; 0.78, 0.18)$	$([-0.78, -0.55, 0.00, 0.78]; 0.82, 0.09)$	$([-1.00, -0.55, 0.00, 0.30]; 0.84, 0.12)$

续表

E^k	A_i	C_1	C_2	C_3	C_4	C_5
	A_2	([-0.35, -0.13, 0.13, 0.35]; 0.82, 0.09)	([-0.13, 0.13, 0.24, 0.35]; 0.96, 0.04)	([-0.78, -0.55, 0.00, 0.55]; 0.87, 0.09)	([-0.13, 0.00, 0.24, 0.45]; 0.92, 0.04)	([-0.78, -0.30, 0.30, 0.55]; 0.91, 0.04)
	A_3	([-0.35, -0.13, 0.13, 0.35]; 0.82, 0.09)	([-1.00, -0.55, -0.30, 0.30]; 0.79, 0.17)	([-1.00, -0.78, -0.30, 0.30]; 0.79, 0.17)	([-1.00, -0.78, -0.30, 0.55]; 0.74, 0.17)	([-1.00, -0.55, 0.00, 0.30]; 0.84, 0.12)
	A_4	([-0.35, -0.13, 0.13, 0.35]; 0.82, 0.09)	([-0.78, -0.30, 0.00, 0.55]; 0.87, 0.09)	([-1.00, -0.78, -0.30, 0.30]; 0.79, 0.17)	([-0.78, -0.55, 0.00, 0.78]; 0.82, 0.09)	([-1.00, -0.55, 0.00, 0.30]; 0.84, 0.12)

表 5.5 决策专家 E^k 的 TrIFE 决策矩阵 EN_{ij}^k

E^k	A_i	C_1	C_2	C_3	C_4	C_5
E^1	A_1	([-0.17, -0.06, 0.06, 0.17]; 0.87, 0.09)	([-0.41, -0.28, -0.15, 0.00]; 0.72, 0.19)	([-0.08, -0.05, 0.00, 0.02]; 0.84, 0.12)	([-0.05, -0.02, 0.00, 0.04]; 0.82, 0.09)	([-0.08, -0.05, -0.02, 0.05]; 0.74, 0.17)
	A_2	([-0.06, 0.06, 0.17, 0.22]; 0.96, 0.04)	([-0.10, -0.04, 0.04, 0.10]; 0.82, 0.09)	([-0.06, -0.02, 0.02, 0.05]; 0.91, 0.04)	([-0.05, -0.02, 0.00, 0.04]; 0.82, 0.09)	([-0.06, -0.02, 0.00, 0.06]; 0.82, 0.09)
	A_3	([-0.49, -0.26, 0.00, 0.26]; 0.79, 0.17)	([-0.10, -0.04, 0.04, 0.10]; 0.82, 0.09)	([-0.08, -0.05, 0.00, 0.02]; 0.84, 0.12)	([-0.01, 0.01, 0.01, 0.02]; 0.92, 0.04)	([-0.08, -0.05, -0.02, 0.05]; 0.74, 0.17)
	A_4	([-0.69, -0.49, -0.26, 0.00]; 0.79, 0.19)	([-0.28, -0.15, 0.00, 0.15]; 0.74, 0.17)	([-0.08, -0.05, 0.00, 0.02]; 0.84, 0.12)	([-0.05, -0.02, 0.00, 0.04]; 0.82, 0.09)	([-0.08, -0.05, -0.02, 0.05]; 0.74, 0.17)

续表

E^k	A_i	C_1	C_2	C_3	C_4	C_5
E^2	A_1	([−0.04, 0.04, 0.09, 0.09]; 0.92, 0.08)	([−0.17, −0.07, 0.07, 0.12]; 0.87, 0.09)	([−0.11, −0.04, 0.04, 0.11]; 0.87, 0.09)	([−0.07, −0.05, 0.00, 0.03]; 0.82, 0.09)	([−0.10, −0.07, 0.00, 0.07]; 0.92, 0.04)
	A_2	([−0.04, 0.04, 0.09, 0.09]; 0.92, 0.08)	([−0.17, −0.07, 0.07, 0.12]; 0.87, 0.09)	([−0.31, −0.17, 0.00, 0.17]; 0.79, 0.17)	([−0.01, 0.00, 0.02, 0.02]; 0.92, 0.04)	([−0.10, −0.07, 0.00, 0.07]; 0.92, 0.04)
	A_3	([−0.27, −0.15, 0.00, 0.08]; 0.74, 0.22)	([−0.03, 0.03, 0.08, 0.08]; 0.96, 0.04)	([−0.31, −0.17, 0.00, 0.17]; 0.79, 0.17)	([−0.07, −0.05, 0.00, 0.03]; 0.82, 0.09)	([−0.12, −0.10, −0.04, 0.04]; 0.84, 0.12)
	A_4	([−0.21, −0.08, 0.08, 0.15]; 0.82, 0.13)	([−0.22, −0.12, 0.00, 0.07]; 0.79, 0.17)	([−0.44, −0.31, −0.17, 0.00]; 0.78, 0.19)	([−0.07, −0.05, 0.00, 0.03]; 0.82, 0.09)	([−0.12, −0.10, −0.04, 0.04]; 0.84, 0.12)
E^3	A_1	([−0.09, −0.05, 0.00, 0.05]; 0.74, 0.17)	([−0.18, −0.07, 0.00, 0.13]; 0.87, 0.09)	([−0.47, −0.40, −0.26, −0.10]; 0.78, 0.18)	([−0.18, −0.13, 0.00, 0.18]; 0.82, 0.09)	([−0.11, −0.06, 0.00, 0.03]; 0.84, 0.12)
	A_2	([−0.03, −0.01, 0.01, 0.03]; 0.82, 0.09)	([−0.03, 0.03, 0.06, 0.08]; 0.96, 0.04)	([−0.26, −0.18, 0.00, 0.18]; 0.87, 0.19)	([−0.03, 0.00, 0.06, 0.11]; 0.92, 0.04)	([−0.09, −0.03, 0.03, 0.06]; 0.91, 0.04)
	A_3	([−0.03, −0.01, 0.01, 0.03]; 0.82, 0.09)	([−0.24, −0.13, −0.07, 0.07]; 0.79, 0.17)	([−0.33, −0.26, −0.10, 0.10]; 0.79, 0.17)	([−0.24, −0.18, −0.07, 0.13]; 0.74, 0.17)	([−0.11, −0.06, 0.00, 0.03]; 0.84, 0.12)
	A_4	([−0.03, −0.01, 0.01, 0.03]; 0.82, 0.09)	([−0.18, −0.07, 0.00, 0.13]; 0.87, 0.09)	([−0.33, −0.26, −0.10, 0.10]; 0.79, 0.17)	([−0.18, −0.13, 0.00, 0.18]; 0.82, 0.09)	([−0.11, −0.06, 0.00, 0.03]; 0.84, 0.12)

表 5.6 决策专家 E_k 的 TrIFEX 决策矩阵 EX_{ij}^k

E^k	A_i	C_1	C_2	C_3	C_4	C_5
E^1	A_1	([−0.13, −0.05, 0.05, 0.13]; 0.87, 0.09)	([−0.26, −0.19, −0.10, 0.00]; 0.72, 0.19)	([−0.07, −0.04, 0.00, 0.02]; 0.84, 0.12)	([−0.05, −0.02, 0.00, 0.03]; 0.82, 0.09)	([−0.07, −0.04, −0.02, 0.04]; 0.74, 0.17)
	A_2	([−0.06, 0.06, 0.15, 0.19]; 0.96, 0.04)	([−0.09, −0.03, 0.03, 0.09]; 0.82, 0.09)	([−0.05, −0.02, 0.02, 0.04]; 0.91, 0.04)	([−0.04, −0.02, 0.00, 0.03]; 0.82, 0.09)	([−0.05, −0.02, 0.00, 0.05]; 0.82, 0.09)
	A_3	([−0.44, −0.24, 0.00, 0.24]; 0.79, 0.17)	([−0.08, −0.03, 0.03, 0.08]; 0.82, 0.09)	([−0.07, −0.04, 0.00, 0.02]; 0.84, 0.12)	([−0.01, 0.01, 0.01, 0.02]; 0.92, 0.04)	([−0.07, −0.04, −0.02, 0.04]; 0.74, 0.17)
	A_4	([−0.56, −0.39, −0.21, 0.00]; 0.78, 0.19)	([−0.23, −0.12, 0.00, 0.12]; 0.74, 0.17)	([−0.07, −0.04, 0.00, 0.02]; 0.84, 0.12)	([−0.04, −0.01, 0.00, 0.03]; 0.82, 0.09)	([−0.07, −0.04, −0.02, 0.04]; 0.74, 0.17)
E^2	A_1	([−0.03, 0.03, 0.07, 0.07]; 0.92, 0.08)	([−0.15, −0.06, 0.06, 0.10]; 0.87, 0.09)	([−0.10, −0.04, 0.04, 0.10]; 0.87, 0.09)	([−0.05, −0.04, 0.00, 0.02]; 0.82, 0.09)	([−0.07, −0.05, 0.00, 0.05]; 0.92, 0.04)
	A_2	([−0.03, 0.03, 0.07, 0.07]; 0.92, 0.08)	([−0.16, −0.06, 0.06, 0.11]; 0.87, 0.09)	([−0.26, −0.14, 0.00, 0.14]; 0.79, 0.17)	([−0.01, 0.00, 0.02, 0.02]; 0.92, 0.04)	([−0.08, −0.06, 0.00, 0.06]; 0.92, 0.04)
	A_3	([−0.25, −0.13, 0.00, 0.07]; 0.74, 0.22)	([−0.02, 0.02, 0.05, 0.05]; 0.96, 0.04)	([−0.28, −0.15, 0.00, 0.15]; 0.79, 0.17)	([−0.06, −0.04, 0.00, 0.02]; 0.82, 0.09)	([−0.10, −0.07, −0.03, 0.03]; 0.84, 0.12)
	A_4	([−0.15, −0.06, 0.06, 0.11]; 0.82, 0.13)	([−0.20, −0.11, 0.00, 0.06]; 0.79, 0.17)	([−0.32, −0.23, −0.12, 0.00]; 0.78, 0.19)	([−0.06, −0.04, 0.00, 0.02]; 0.82, 0.09)	([−0.11, −0.09, −0.03, 0.03]; 0.84, 0.12)
E^3	A_1	([−0.07, −0.04, 0.00, 0.04]; 0.74, 0.17)	([−0.14, −0.05, 0.00, 0.10]; 0.87, 0.09)	([−0.29, −0.24, −0.16, −0.06]; 0.78, 0.18)	([−0.14, −0.10, 0.00, 0.14]; 0.82, 0.09)	([−0.10, −0.06, 0.00, 0.03]; 0.84, 0.12)
	A_2	([−0.03, −0.01, 0.01, 0.03]; 0.82, 0.09)	([−0.03, 0.03, 0.03, 0.07]; 0.96, 0.04)	([−0.20, −0.14, 0.00, 0.14]; 0.87, 0.09)	([−0.03, 0.00, 0.05, 0.09]; 0.92, 0.04)	([−0.07, −0.03, 0.03, 0.05]; 0.91, 0.04)

续表

E^k	A_i	C_1	C_2	C_3	C_4	C_5
	A_3	([−0.02, −0.01, 0.01, 0.02]; 0.82, 0.09)	([−0.22, −0.12, −0.07, 0.07]; 0.79, 0.17)	([−0.31, −0.24, −0.09, 0.09]; 0.79, 0.17)	([−0.22, −0.17, −0.06, 0.12]; 0.74, 0.17)	([−0.10, −0.06, 0.00, 0.03]; 0.84, 0.12)
	A_4	([−0.02, −0.01, 0.01, 0.02]; 0.82, 0.09)	([−0.17, −0.06, 0.00, 0.12]; 0.87, 0.09)	([−0.28, −0.22, −0.08, 0.08]; 0.79, 0.17)	([−0.16, −0.12, 0.00, 0.16]; 0.82, 0.09)	([−0.10, −0.06, 0.00, 0.03]; 0.84, 0.12)

表 5.7　各个备选应急预案的综合前景决策矩阵

E^k	C_1	C_2	C_3	C_4	C_5
A_1	([−0.072, −0.016, 0.044, 0.081]; 0.854, 0.104)	([−0.180, −0.094, −0.008, 0.070]; 0.800, 0.135)	([−0.148, −0.100, −0.032, 0.028]; 0.810, 0.154)	([−0.076, −0.047, 0.000, 0.061]; 0.822, 0.089)	([−0.082, −0.048, −0.009, −0.040]; 0.831, 0.111)
A_2	([−0.038, 0.027, 0.083, 0.105]; 0.935, 0.056)	([−0.071, 0.010, 0.045, 0.082]; 0.872, 0.079)	([−0.159, −0.093, 0.008, 0.099]; 0.835, 0.122)	([−0.028, −0.005, 0.028, 0.057]; 0.889, 0.055)	([−0.065, −0.030, 0.011, 0.051]; 0.893, 0.053)
A_3	([−0.192, −0.103, 0.004, 0.097]; 0.772, 0.184)	([−0.099, −0.038, 0.010, 0.064]; 0.827, 0.126)	([−0.205, −0.133, −0.027, 0.081]; 0.794, 0.165)	([−0.087, −0.062, −0.015, 0.050]; 0.764, 0.148)	([−0.089, −0.053, −0.014, 0.033]; 0.811, 0.134)
A_4	([−0.210, −0.134, −0.048, 0.032]; 0.789, 0.173)	([−0.192, −0.091, 0.000, 0.107]; 0.791, 0.147)	([−0.205, −0.148, −0.058, 0.042]; 0.789, 0.173)	([−0.082, −0.053, 0.000, 0.067]; 0.822, 0.089)	([−0.093, −0.056, −0.015, 0.034]; 0.813, 0.133)

（1）结果敏感性分析

为进一步考察本章提出模型的可靠性和合理性，在上述量化决策的基础上，利用定义 5.9 中的风险态度参数 η 对整个量化评估结果进行敏感性分析，则有风险期望得分函数 $RES(x_i)$ 分别为 $RES(V_1) = -0.102\eta + 0.026$，$RES(V_2) = -0.101\eta + 0.057$，$RES(V_3) = -0.121\eta + 0.027$，$RES(V_4) = -0.128\eta + 0.012$。显然，对于这些一元线性函数，其函数值随着风险态度参数 $\eta \in [0, 1]$ 单调递减。由此，伴随着风险参数的单调变化，可以得到 4 个备选应急预案的不同排序结果，如表 5.8 和图 5.3 所示。

表 5.8 基于不同风险态度参数 η 的排序结果敏感性分析

η	Score Functions $RES(V_i)$	Ranking Results	η	Score Functions $RES(V_i)$	Ranking Results
$\eta=0.01$	$RES(V_1) = 0.0250$ $RES(V_2) = 0.0560$ $RES(V_3) = 0.0258$ $RES(V_4) = 0.0107$	$A_2>A_3>A_1>A_4$	$\eta=0.1$	$RES(V_1) = 0.0158$ $RES(V_2) = 0.0469$ $RES(V_3) = 0.0149$ $RES(V_4) = -0.0008$	$A_2>A_1>A_3>A_4$
$\eta=0.05$	$RES(V_1) = 0.0209$ $RES(V_2) = 0.0520$ $RES(V_3) = 0.0210$ $RES(V_4) = 0.0056$	$A_2>A_3>A_1>A_4$	$\eta=0.5$	$RES(V_1) = -0.0250$ $RES(V_2) = 0.0065$ $RES(V_3) = -0.0335$ $RES(V_4) = -0.0520$	$A_2>A_1>A_3>A_4$
$\eta=0.06$	$RES(V_1) = 0.0199$ $RES(V_2) = 0.0509$ $RES(V_3) = 0.0197$ $RES(V_4) = 0.0043$	$A_2>A_1>A_3>A_4$	$\eta=1.0$	$RES(V_1) = -0.0760$ $RES(V_2) = -0.0440$ $RES(V_3) = -0.0940$ $RES(V_4) = -0.1160$	$A_2>A_1>A_3>A_4$

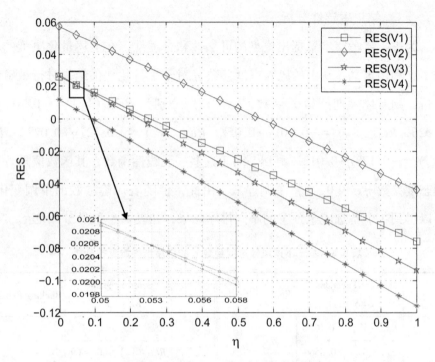

图 5.3 基于决策专家风险态度偏好的风险期望得分函数 RES (V_i)

由图 5.3 可知，各个备选应急预案的排序结果随着风险态度参数 η 单调变化而发生变化。当风险态度参数为 $0 \leqslant \eta < 0.053$ 时，预案排序结果为 $A_2 > A_3 > A_1 > A_4$；当 $\eta = 0.053$ 时，则有 $A_2 > A_1 > A_3 > A_4$；当 $0.053 < \eta \leqslant 1$ 时，则有 $A_2 > A_1 > A_3 > A_4$。值得注意的是，虽然随着风险态度参数 η 单调变化存在不同的预案排序结果，但是应急预案 A_2 的综合能力表现始终是最优的，即为最佳应急响应方案。由此可见，上述敏感性分析结果表明，应急方案的评估排序结果易受到决策专家风险态度偏好的影响，因此在现实应急决策环境中应该综合考虑该偏好因素的影响。

（2）结果对比分析与讨论

采用对比分析法进一步验证本书提出的量化评估模型的准确性与可行性。利用 Zhao 等人在文献[21]及陈等人在文献[224]中采用的评估方法，对本章的案例数据进行量化评估计算，预案排序结果如图 5.4 所示。

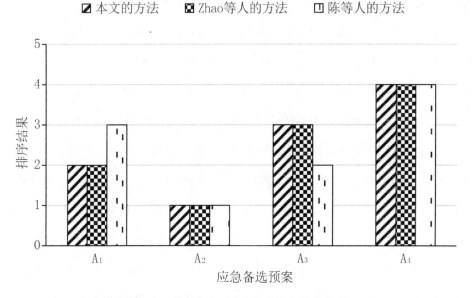

图 5.4　多种方法对比分析的预案排序结果

由图 5.4 可知，分别利用 Zhao 等人以及陈等人的方法计算得到了与本章提出的预案量化方法计算所得到的最优预案选择和最劣预案选择结果是相同的，分别为最优预案 A_2 和最劣预案 A_4。此外，本章所提出的方法与Zhao 等人的方法得到了相同的排序结果，但与陈等人的方法存在一定的差异。详细分析如下：

首先，与 Zhao 等人在文献[21] 中采用的方法进行对比，利用其模糊数得分函数 $s(x_i) = (a_i+b_i+c_i+d_i)(\mu_i-v_i)/4$ 进行数据计算，则可得到本章中各个备选应急预案总体前景值 V_i（$i=1, 2, 3, 4$）的得分值分别为 $s(V_1) = -0.021$，$s(V_2) = 0.006$，$s(V_3) = -0.026$，$s(V_4) = -0.041$。显然，由 $s(V_2) > s(V_1) > s(V_3) > s(V_4)$ 可知，预案排序结果为 $A_2 > A_1 > A_3 > A_4$，即预案 A_2 的综合能力表现最优，由此进一步验证了本章提出的量化决策模型的准确性。

此外，直接应用陈等人在文献[224]中的前景 Choquet 积分算子方法量化评估各备选应急预案，可以得到各预案的综合评估价值为

$$V_1 = ([-0.775, -0.423, 0.014, 0.367]; 0.814, 0.124),$$

$$V_2 = ([-0.458, -0.149, 0.199, 0.455]; 0.874, 0.077),$$

$$V_3 = ([-0.725, -0.387, -0.001, 0.380]; 0.802, 0.144),$$

$$V_4 = ([-0.900, -0.518, -0.084, 0.376]; 0.803, 0.139).$$

由此可计算各个综合评估价值的得分值 $s(V_i)$ （$i=1, 2, 3, 4$），即 $s(V_1) = -0.141$，$s(V_2) = 0.009$，$s(V_3) = -0.121$，$s(V_4) = -0.187$。显然，$s(V_2) > s(V_3) > s(V_1) > s(V_4)$，则有预案排序结果为 $A_2 > A_3 > A_1 > A_4$，由此可知应急预案 A_2 是最优的。此外，需要注意的是该方法所得到的结果与本章所提出量化模型方法的结果存在一定的差异，主要是由于该方法没有考虑决策过程中的信息质量。例如，在应用陈等人[224]的方法时，对于决策专家 E^1、E^3 在对应急预案 A_1 评估时，分别针对评价指标 C_2、C_3 给出的初始判断评估值为 （$[0.3, 0.4, 0.5, 0.6]; 0.5, 0.4$)，该评估值较小于其他评估值，可用的决策信息有限，导致排序结果 A_1 和 A_3 出现差异。实际上，这是因为本书提出的评估模型综合分析评估专家前景决策矩阵 TrIFDPMs 的内部数据结构（表5.4），在此基础上引入决策信息质量这一关键判断因子，进而最大化利用有限的决策信息，使决策过程更加贴近现实应急决策环境。

综上所述，本章考虑决策专家的偏好以及决策信息的质量，提出的基于热力学方法和前景理论的高速公路应急预案多准则评估决策模型，具有以下理论与应用特点：

第一，在现实应急预案量化决策过程中，决策环境不可避免地容易受到复杂性、不确定性的影响，如不完全信息、决策专家的有限理性、异质心理偏好等。本章采用 TrIFNs 形式刻画决策专家的初始偏好判断信息，它

不仅能够有效描述应急风险决策环境中信息的模糊性和不确定性，而且也能显著提高量化决策方法在现实决策环境下的灵活性和实用性。

第二，充分考虑决策专家由于有限理性，在面对风险决策时易表现出的损失规避、参考点依赖、风险厌恶、敏感性递减等行为特征，本章利用前景理论刻画决策专家的风险评估行为过程，更贴近于现实决策环境。

第三，本章将热力学理论与方法类比扩展到基于 TrIFNs 的多属性量化决策过程中，据此定义了能够有效量化决策信息的热力学参数 TrIFEX、TrIFE 和信息质量 Q。与当前的其他研究相比，利用这些参数不仅有效实现评估决策信息的量化，而且还考虑了由信息内部数据不同引起评估信息质量的差异，如数值大小、结构分布、内部关系等，由此定义了评估信息的质量参数，最大限度利用有限的量化决策信息。

第四，引入决策专家的风险态度参数，本章采用敏感性分析方法进一步研究备选应急预案排序结果的可靠性和合理性，结果如图 5.3 所示。这一分析过程反映了在现实风险评估决策过程中，量化决策结果易受到决策专家风险态度偏好的影响而导致不确定性。

5.6　本章小结

高速公路应急决策问题作为一类典型的 MCDM 问题，本章引入模糊决策理论与方法研究了高速公路应急决策模型与方法，充分考虑专家评估风险偏好与决策信息质量，提出一种融合 TrIFNs 运算、前景理论和热力学方法的决策信息量化计算与备选应急预案排序方法。首先，将评价指标的属性值以模糊数的形式描述，引入 TrIFNs 表征评价指标的属性值，进而构建决策专家的初始偏好判断矩阵，此过程在一定程度上克服了决策专家在给定偏好信息时的模糊性和不确定性。此外，采用前景理论刻画决策专家由于实际情况与预期的偏差而产生的风险偏好，是对决策专家有限理性行为的有效描述。其次，考虑最大化利用有限的决策信息，类比热力学方法的效用（exergy）、能量（energy）、熵（entropy）等表征参数，由此定义能够有效量化评估信息的热力学参数 TrIFEX、TrIFE 和信息质量 Q，构建新的基于热力学方法的评估判断前景矩阵；再次，采用构造的前景 TrIFCI 和 TrIFWA 算子综合集结各备选应急预案决策前景矩阵的综合前景值；最后，考虑决策专家的风险态度，利用基于风险态度参数的得分函数计算各个备选预案的得分值，并完成预案排序，据此选择最理想的应急预案。此外，针对某高速公路主管部门关于某路段突发车辆追尾交通事故事件的应急预案量化决策的实际问题，采用本章提出的模型与方法实现了预案的量化选择与决策。案例分析结果引入敏感性分析和对比分析过程，进一步验证所提出模型与方法在处理不确定信息和模糊信息时的可靠性和合理性。本章提出的决策模型与方法为高速公路应急管理部门预案决策提供了一种有效途径。

第六章　高速公路突发事件多阶段动态
应急决策方法

上一章充分考虑高速公路突发事件的固有特征，结合其应急决策的实践局限，研究探讨了不确定环境下单阶段应急决策模型与方法，为相关决策问题提供了良好的解决方法。然而，受现实决策环境繁杂、事件演化多变等不确定因素影响，很多高速公路突发事件的应急响应处置过程并不是仅靠单次应急决策过程就能达到处置效果，往往需要经过多次决策并适时调整应急方案，直至事态得到最佳处置。由此可见，单阶段应急决策方法在实际应用上存在一定的局限性。同时，已有研究关于动态应急决策方法以主观假设为主，忽视突发事件情景内在演变影响。为此，本章综合考虑2.3.3节中关于高速公路突发事件应急决策的多阶段性、不确定性、动态性、信息更新性等特征，提出在决策者心理参考满意度信息更新的多阶段动态应急决策模型与方法，并给出了该模型方法的详细步骤。

首先，为克服决策专家常常无法用精确数表达隶属度、非隶属度和犹豫度的困难，在上一章梯形直觉模糊数的理论与方法的基础上，引入区间数表征专家决策偏好信息的隶属度、非隶属度和犹豫度，以区间梯形直觉模糊数（Interval-Valued Trapezoidal Intuitionistic Fuzzy Numbers，IVTrIFNs）形式刻画决策主体各个决策阶段的判断偏好信息；其次，采用熵权法分别计算各事件演化阶段下专家属性的客观权重，并在此基础上分别综合集结各决策专家在各个决策阶段下对各个备选应急预案的偏好价值；再次，考虑突发事件态势的动态演变过程和决策者的心理参考预期效应，分析多阶段动态应急决策方法的基本原理，提出基于决策者心理参考满意度影响下的动态决策优化模型与方法，继而计算各事态演化阶段的最优满意度及权重；最后，构建基于决策者风险态度的应急方案价值效用函数，计算各演化阶段下各个应急决策方案的综合价值，实现多阶段下备选决策方案的排序与比选。同时，探讨应急决策方案结果受到决策专家风险态度影响的变化规律。以某山区高速公路路段因强降雨天气引发泥石流、滑坡灾害事故的多阶段应急方案动态决策问题为算例，应用本章提出的模型与方法确定各个事态阶段的方案比选与决策结果，算例分析及敏感性分析结果验证本章模型与方法的可行性与有效性。

6.1　问题分析

当前，以多属性决策理论为基础的应急决策方法研究逐渐形成了以多个应急预案决策排序比选为主要形式的研究范式，尤其是对于较简单的单阶段静态决策问题已有较为丰富的研究成果。然而，突发事件发展演变过程中呈现出的多阶段性、不确定性、动态性、信息更新性等特征不容忽视[38]，使得上一章提出的单阶段应急决策模型方法的实际应用上存在一定的局限性，如决策信息的复杂性和不确定性刻画、相邻决策阶段的应急方案衔接机制、动态决策更新方法、多阶段信息集成方法等因素。因此，针对这些局限性，如何设计一种多阶段动态应急决策方法，综合考虑多阶段信息动态更新，快速量化集结复杂而又不确定的决策信息，并及时做出最优决策，是解决问题的关键所在。

突发事件信息是实施科学应急决策的基础和依据，一方面利于决策专家对事件的研判，形成可靠的偏好信息，另一方面反映突发事件情景的演变态势。对于偏好信息而言，越接近于实际情景，所做出的决策结果越准确。然而，在实际应急决策研判过程中，受决策内外环境繁杂、事件演化多变、决策专家认知的异质心理偏好、短时间决策压力等因素影响，决策者很难及时给出准确的偏好信息，经常给出的是不确定的、模糊的、犹豫不决的信息。因此，采用一种具有强模糊性刻画能力的信息表征形式是有效决策响应的前提[26, 208]。在上一章中，利用梯形直觉模糊数 TrIFNs 刻画单阶段静态决策环境的偏好信息，并获得了较为满意的决策结果。与单阶段静态决策过程相比，具有动态特征的应急决策环境下的信息复杂性、不确定性显著增加，可考虑引入更高阶模糊数表征决策者对此类信息的强模糊性。区间梯形直觉模糊数（Interval-Valued Trapezoidal Intuitionistic Fuzzy Numbers，IVTrIFNs）在 TrIFNs 的基础上进行扩展，引入闭区间数 [0, 1] 表征决策专家偏好判断信息的隶属度、非隶属度和犹豫度，克服决策专家经常无法用精确数刻画隶属度、非隶属度和犹豫度的困难，对客观世界的刻画更为细致、丰富。相比之下，IVTrIFNs 具备更多的表征参数，不仅能够更加全面、细腻地刻画决策专家的初始偏好判断信息，而且也可使得偏好判断结果比其他描述工具更加趋于现实决策环境。王坚强[208]首次给出了 IVTrIFNs 的基本形式。然后，万树平[225, 226]讨论了 IVTrIFNs 的基本性质与运算规则，并据此给出了相应的集结加权平均算子、排序方法和距离公式，并提出了基于 IVTrIFNs 的多属性决策模型与方法。而后，Wu 和 Liu[227]、陈振颂和李延来[26]、徐选华等[228]利用 IVTrIFNs 对复杂群体决策不确定偏好信息的强模糊性表征优势，给出了大群体多属性决策的 IVTrIFNs 方法。此外，基于 IVTrIFNs 的决策方法已在军事武器系统评估、医疗服务质量评价、供应商优选等领域广泛应用[12, 22, 195, 229, 230]，而关于多阶段应急决策领域的应用研究报道较少见。为此，本章充分利用 IVTrIFNs 刻画不确定客观世界信息的强模糊性优势，研究探讨基于 IVTrIFNs 的应急决策模型与方法。

然而，在现实应急决策实践中，伴随突发事件持续发展，其情景态势也在不断发生变化，给决策者最直观的反馈就是决策情景信息的阶段变化和动态更新。既有研究围绕情景信息的阶段变化和动态更新，又对多阶段动态应急决策方法进行了有益的研究与探索。关于情景信息的阶段变化的决策方法研究方面，陈兴等[31]围绕应急决策的多阶段性特征，依据事态的阶段发展，构建了基于多目标优化的多部门参与的动态协同决策模型与方法。吴凤平和程铁军[32]阐述了动态应急决策过程的多阶段性、不确定性、动态环境、多目标性等基本特征，进而研究了不确定决策环境下的多阶段多目标动态应急决策模型与方法，其考虑突发事件情景阶段态势随时间推进而不断演变，利用等差数列单调特性规律确定各个决策阶段的时间序列权重信息。徐选华和刘尚龙[33]针对决策专家评估的偏好信息，提出一种考虑应急情景演变时间序列的动态大群体多属性应急决策方法。这些研究通过假定事态阶段，构造等比数列、等差数列、时间熵等形式的时间序列函数确定各个情景阶段的权重，进而实现对情景阶段变化过程的刻画。然而，这种主观假设忽视了情景的内在阶段演变规律对决策方案比选的影响，如前一阶段方案介入之后在下一阶段决策时的事件管控效果、情景演变态势、决策者的心理预期感知变化等因素。

关于情景信息的动态更新方面，姜艳萍等[34]结合突发事件应急响应处置过程中方案动态调整的需求，研究了在获知突发事件情景动态演变过程中前一个时间点做决策的信息基础上，如何在当前时间点动态调整应急决策方案的问题，据此设计了一种应急方案动态调整方法。Xu[25]考虑决策者对决策方案的满意度指标，基于 TOPSIS 方法原理构建了一种包含距离测度的方案动态调整规划模型。王亮和王应明[36]分析了突发事件情景态势发展的信息动态更新过程，研究了决策专家在相邻情景演变阶段之间的决策心理期望参考点的偏差效应，进而应用前景理论设计了应急方案的动态调整过程与方法。而后，陈业华等[37]在文献[36]的基础上，利用效用风险熵和前景理论方法，研究应急方案动态调整过程。王治莹等[38]针对决策者的决策过程受事件情景影响导致的情绪波动信息更新，在引入情绪函数的基础上，设计了基于突发事件演化态势的前景参考点动态更新机制和决策者情绪更新机制。Gao 等[39]基于决策者的心理期望参考点，提出一种动态参考点更新的应急决策方法。这些研究考虑事件管控效果、情景演变态势、决策者的心理预期感知变化等情景信息更新对方案选择与调整的影响，取得了一些研究进展，但存在较多主观设置的研究前提，易导致决策结果出现主观偏差，如理想参考点取值、心理预期参考点设置、情绪更新机制等。

综上所述，不确定决策环境下，综合考虑突发事件决策情景信息阶段变化和动态更新的应急决策方法有待进一步研究与探讨。为此，本章考虑突发事件单阶段应急决策方法的不足，融入事态演化的多阶段性、不确定性、动态性、信息更新性等特征，聚焦多阶段动态应急决策问题，提出一种区间梯形直觉模糊决策环境下，基于决策者心理参考满意度偏好信息更新的应急方案动态决策模型与方法，并给出该模型方法的详细步骤，并以某山区高速公路路段因强降雨天气引发泥石流、滑坡灾害事故的多阶段应急方案动态决策问题为算例，应用本章提出的模型与方法确定各个事态阶段的方案比选与决策结果，为高速公路应急决策提供管理参考。

6.2 区间梯形直觉模糊数

梯形直觉模糊数能够有效刻画人们对于事物的模糊判断决策信息，尤其是表征人们在判断事物的隶属程度、非隶属程度以及犹豫度信息方面具有独特的应用优势。然而，在直觉模糊决策环境下，常常遇到参与决策的专家在有限时间内无法给出一个准确数值表示模糊隶属度和非隶属度值。由此，将直觉模糊数的隶属度和非隶属度由实数扩展到区间数，选择区间数来刻画专家此时的不确定性信息是合理的管理实践应用需求。为此，本节给出区间梯形直觉模糊数的基本形式、概念和运算法则。

定义 6.1[26, 225] 设 X 是一个非空集合，则称 $A = \langle([a, b, c, d]; \mu_A, v_A)\rangle$ 是论域 X 上的一个梯形直觉模糊数，其隶属度函数和非隶属度函数分别为

$$\mu_A(x) = \begin{cases} \dfrac{x-a}{b-a}\mu_A, & a \leqslant x < b \\ \mu_A, & b \leqslant x \leqslant c \\ \dfrac{d-x}{d-c}\mu_A, & c < x \leqslant d \\ 0, & \text{其他} \end{cases} \qquad 式（6.1）$$

$$v_A(x) = \begin{cases} \dfrac{b-x+(x-a)v_A}{b-a}, & a \leqslant x < b \\ v_A, & b \leqslant x \leqslant c \\ \dfrac{x-c+(d-x)v_A}{d-c}, & c < x \leqslant d \\ 1, & \text{其他} \end{cases} \qquad 式（6.2）$$

其中，a，b，c，d 分别为 R 上的常实数；μ_A 和 v_A 为直觉模糊数 A 的隶属度和非隶属度，且满足 $0 \leq \mu_A$，$v_A \leq 1$，$\mu_A + v_A \leq 1$。若令 $\mu_A = [\mu_A^L, \mu_A^H]$ 和 $v_A = [v_A^L, v_A^H]$，则该梯形直觉模糊数可扩展为区间梯形直觉模糊数，此时该区间梯形直觉模糊数可表示为 $A = \langle\, ([a, b, c, d]; [\mu_A^L, \mu_A^H], [v_A^L, v_A^H])\, \rangle$，这也是本章所讨论的区间梯形直觉模糊数基本形式。

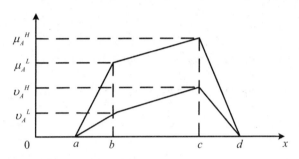

图 6.1　区间梯形直觉模糊数

定义 6.2[26,225] 设 $x_i = ([a_i, b_i, c_i, d_i]; [\mu_i^L, \mu_i^H], [v_i^L, v_i^H])$，$i = 1$，2 是非空集合 X 上的两个任意区间梯形直觉模糊数 IVTrIFNs，其算术运算过程遵守以下基本运算规则。

（1）加法

$$x_1 \oplus x_2 = \begin{bmatrix} a_1+a_2, & b_1+b_2, \\ c_1+c_2, & d_1+d_2 \end{bmatrix}; \begin{bmatrix} \mu_1^L+\mu_2^L-\mu_1^L\mu_2^L, \\ \mu_1^U+\mu_2^U-\mu_1^U\mu_2^U \end{bmatrix}, \begin{bmatrix} v_1^L v_2^L, \\ v_1^U v_2^U \end{bmatrix}$$

式（6.3）

（2）数乘

$$\lambda x_1 = \begin{cases} \begin{bmatrix} \lambda a_1, & \lambda b_1, \\ \lambda c_1, & \lambda d_1 \end{bmatrix}; \begin{bmatrix} 1-(1-\mu_1^L)^\lambda, \\ 1-(1-\mu_1^U)^\lambda \end{bmatrix}, \begin{bmatrix} (v_1^L)^\lambda, \\ (v_1^U)^\lambda \end{bmatrix} & \lambda > 0 \\[4mm] \begin{bmatrix} \lambda d_1, & \lambda c_1, \\ \lambda b_1, & \lambda a_1 \end{bmatrix}; [\mu_1^L, \mu_1^U], [v_1^L, v_1^U] & \lambda \leq 0 \end{cases}$$

式（6.4）

（3）幂乘

$$x_1^{\theta} = [a_1^{\theta},\ b_1^{\theta},\ c_1^{\theta},\ d_1^{\theta}]\ ;\ \begin{bmatrix} (\mu_1^L)^{\lambda}, \\ (\mu_1^U)^{\lambda} \end{bmatrix},\ \begin{bmatrix} 1-(1-\mu_1^L)^{\lambda}, \\ 1-(1-\mu_1^U)^{\lambda} \end{bmatrix},\ \theta > 0$$

式（6.5）

（4）Hamming 距离

$$d\ (x_1,\ x_2) =$$

$$\frac{1}{8}\begin{pmatrix} |(\mu_1^L-v_1^H)\,a_1-(\mu_2^L-v_2^H)\,a_2|+|(\mu_1^H-v_1^L)\,a_1-(\mu_2^H-v_2^L)\,a_2|+ \\ |(\mu_1^L-v_1^H)\,b_1-(\mu_2^L-v_2^H)\,b_2|+|(\mu_1^H-v_1^L)\,b_1-(\mu_2^H-v_2^L)\,b_2|+ \\ |(\mu_1^L-v_1^H)\,c_1-(\mu_2^L-v_2^H)\,c_2|+|(\mu_1^H-v_1^L)\,c_1-(\mu_2^H-v_2^L)\,c_2|+ \\ |(\mu_1^L-v_1^H)\,d_1-(\mu_2^L-v_2^H)\,d_2|+|(\mu_1^H-v_1^L)\,d_1-(\mu_2^H-v_2^L)\,d_2| \end{pmatrix}$$

式（6.6）

定义 6.3[26, 225] 设 $x_i = (\ [a_i,\ b_i,\ c_i,\ d_i]\ ;\ [\mu_i^L,\ \mu_i^H],\ [v_i^L,\ v_i^H]\ )$，$(i=1,\ 2,\ \cdots,\ n)$ 是非空集合 X 上的一组区间梯形直觉模糊数 IVTrIFNs，则其得分函数 $S\ (x_i)$ 为

$$S\ (x_i) = \frac{(a_i+b_i+c_i+d_i)}{8}\ (\mu_i^L+\mu_i^H-v_i^L-v_i^H),\quad S\ (x_i) \in [-1,\ 1]$$

式（6.7）

可以通过比较得分函数 $S\ (x_i)$ 值进一步判断区间梯形直觉模糊数 x_i 的大小。通常，得分函数 $S\ (x_i)$ 的值越大，则认为区间梯形直觉模糊数 x_i 越大。然而，若存在 $S\ (x_i) = S\ (x_j)$ $(i,\ j=1,\ 2,\ \cdots,\ n)$，则此时无法比较两个区间梯形直觉模糊数 x_i 和 x_j 的大小。为此，按照文献[211, 227]的直觉模糊数期望函数定义，可进一步确定区间梯形直觉模糊数 x_i 的期望函数 $E\ (x_i)$。

$$E(x_i) = \frac{(a_i+b_i+c_i+d_i)}{8}\left(1+\frac{\mu_i^L+\mu_i^H}{2}-\frac{v_i^L+v_i^H}{2}\right),\ E(x_i) \in [0,1]$$

式（6.8）

当 $S(x_i) > S(x_j)$ （$i,j=1,2,\cdots,n$） 时，则有 $x_i > x_j$；若 $S(x_i) = S(x_j)$ 时，当存在 $E(x_i) > E(x_j)$，则 $x_i > x_j$；$E(x_i) = E(x_j)$，则 $x_i = x_j$；$E(x_i) < E(x_j)$，则 $x_i < x_j$。

定义 6.4[225] 设 $x_i = ([a_i, b_i, c_i, d_i]; [\mu_i^L, \mu_i^H], [v_i^L, v_i^H])$，（$i=1,2,\cdots,n$） 是非空集合 X 上的一组区间梯形直觉模糊数，且设 IVTrIFWA: $\Omega^n \to \Omega$，若

$$IVTrIFWA(x_1, x_2, \cdots, x_n) = \overset{n}{\underset{i=1}{\oplus}} w_i x_i$$

$$= \left(\left[\sum_{i=1}^{n} w_i a_i,\ \sum_{i=1}^{n} w_i b_i,\ \sum_{i=1}^{n} w_i c_i,\ \sum_{i=1}^{n} w_i d_i\right];\ \begin{matrix} \left[1 - \prod_{i=1}^{n}(1-\mu_i^L)^{w_i},\ 1 - \prod_{i=1}^{n}(1-\mu_i^H)^{w_i}\right], \\ \left[\prod_{i=1}^{n}(v_i^L)^{w_i},\ \prod_{i=1}^{n}(v_i^H)^{w_i}\right] \end{matrix} \right)$$

式（6.9）

则称 IVTrIFWA（Interval-valued Trapezoidal Intuitionistic Fuzzy Weighted Averaging operator）为区间梯形直觉模糊加权算术平均算子，其中 $w = (w_1, w_2, \cdots, w_n)^T$ 为区间梯形直觉模糊数 x_i（$i=1,2,\cdots,n$）的权重向量，满足 $w_i \in [0,1]$，$\sum_{i=1}^{n} w_i = 1$。

定义 6.5[212, 227] 设 $x_i = ([a_i, b_i, c_i, d_i]; [\mu_i^L, \mu_i^H], [v_i^L, v_i^H])$，（$i=1,2,\cdots,n$） 是非空集合 X 上的一组区间梯形直觉模糊数，对于任一有序对 $<\alpha, \beta>$，且 $\alpha, \beta \in [0,1]$，$0 \leqslant \alpha+\beta \leqslant 1$，则根据区间梯形直觉模糊数的定义可得 α 截集和 β 截集分别为

171

$$x_{i\alpha} = \left[L_{x_i}(\alpha), R_{x_i}(\alpha) \right] = \left[a_i + \frac{\alpha(b_i - a_i)}{\mu_{x_i}}, d_i - \frac{\alpha(d_i - c_i)}{\mu_{x_i}} \right]$$

式（6.10）

$$x_i^\beta = \left[L_{x_i}(\beta), R_{x_i}(\beta) \right]$$

$$= \left[\frac{(1-\beta)b_i + (\beta - v_{x_i})a_i}{1 - v_{x_i}}, \frac{(1-\beta)c_i + (\beta - v_{x_i})d_i}{1 - v_{x_i}} \right]$$ 式（6.11）

其中，$\mu_{x_i} = \dfrac{\mu_i^L + \mu_i^H}{2} \geqslant \alpha$，$v_{x_i} = \dfrac{v_i^L + v_i^H}{2} \leqslant \beta$。

定义6.6 设 $x_i = (\ [a_i, b_i, c_i, d_i]; [\mu_i^L, \mu_i^H], [v_i^L, v_i^H]\ )$，$(i = 1, 2, \cdots, n)$ 是非空集合 X 上的一组区间梯形直觉模糊数，引入决策专家风险态度偏好参数 $\eta \in [0, 1]$，则 α 截集和 β 截集的期望值为

$$E(x_{i\alpha}) = \int_0^{\mu_{x_i}} \left[\eta L_{x_i}(\alpha) + (1 - \eta) R_{x_i}(\alpha) \right] d\alpha$$

$$= \int_0^{\mu_{x_i}} \left[\eta \left(a_i + \frac{\alpha(b_i - a_i)}{\mu_{x_i}} \right) + (1 - \eta) \left(d_i - \frac{\alpha(d_i - c_i)}{\mu_{x_i}} \right) \right] d\alpha$$

$$= \frac{\mu_{x_i}}{2} \left[\eta(a_i + b_i - c_i - d_i) + c_i + d_i \right]$$

式（6.12）

$$E(x_i^\beta) = \int_{v_{x_i}}^1 \left[\eta L_{x_i}(\beta) + (1 - \eta) R_{x_i}(\beta) \right] d\beta$$

$$= \int_{v_{x_i}}^1 \left[\eta \left(\frac{(1-\beta)b_i + (\beta - v_{x_i})a_i}{1 - v_{x_i}} \right) + (1 - \eta) \frac{(1-\beta)c_i + (\beta - v_{x_i})d_i}{1 - v_{x_i}} \right] d\beta$$

$$= \frac{1 - v_{x_i}}{2} \left[\eta(a_i + b_i - c_i - d_i) + c_i + d_i \right]$$

式（6.13）

综合 α 截集和 β 截集的期望值函数，则带有表征决策专家风险态度偏好参数 $\eta \in [0, 1]$ 的风险期望综合得分函数 $RES(x_i)$ 为

$$RES\ (x_i)\ =\frac{1}{2}\ (EV\ (x_{i\alpha})\ +EV\ (x_i{}^{\beta})\ )$$

式（6.14）

$$=\frac{\eta\ (a_i+b_i)\ +\ (1-\eta)\ (c_i+d_i)}{4}\ (1+\frac{\mu_i{}^{L}+\mu_i{}^{H}}{2}-\frac{v_i{}^{L}+v_i{}^{H}}{2})$$

其中，$RES\ (x_i)\ \in\ [0,\ 1]$，当 η 的值越接近 1，则表示决策专家的风险态度越乐观，倾向于追求风险；当 η 的值越接近 0，则表示决策专家的风险态度越悲观，倾向于风险规避。特别地，当 η 的值为 0.5 时，显示了决策专家持中立的风险态度，公式（6.14）简化为区间梯形直觉模糊数的期望公式（6.8）。因此，本章考虑决策专家的风险态度偏好，利用风险期望得分函数 $RES\ (x_i)$ 将区间梯形直觉模糊决策信息转化为可量化的决策方案值，进而利用系数 η 对决策方案的排序结果进行敏感性分析，表征各个阶段中应急决策方案结果受到决策专家风险态度影响的规律。

6.3　多阶段动态应急决策模型与方法

6.3.1　问题描述

应急决策活动贯穿于突发事件的管控处置全过程，充分体现了应急决策的不确定性、多阶段性、动态性和信息更新性等特性。考察高速公路应急管理业务流程，其突发事件应急决策的一般过程是：警情信息获知与确认—事件研判及应急预案启动—应急预案响应与实施结果反馈—事件处置完成。当高速公路突然发生应急事件时，管理决策部门通过电话或网络报警、路网运行状态监控系统等信息媒介，第一时间获知了突发警情信息，并根据已掌握的有限信息对事件进行粗略研判，进而启动并导入相应的应急响应处置预案。然而，在这一时刻因事发突然、时间紧迫、信息获取有限等不确定因素，对突发事件现场相关信息无法完全准确掌握，再加上决策专家存在实践经验和管理阅历的水平偏差，使得决策专家对突发事件的研判与预测存在一定的偏离，有可能使得启动的应急预案未能有效应对突发事件。随着突发事件的不断发展，当该预案执行到下一时刻时，管理决策者通过各类现场信息获取渠道，对突发事件的各类信息和应急预案的执行效果有了更为清晰的了解和认知，进而决策下一步继续执行当前预案或者启动新的预案，依此循环直至突发事件得到有效管控处置。

当突发应急事件爆发时，管理决策主体必须在第一时间对事态进行科学研判，并决策与启动针对性的应急响应预案，同时根据突发事件的发展态势，在必要的阶段情形下及时调整预案，力求做到有效控制事态发展，最大限度避免人员伤亡、降低财产损失和减少社会影响。因此，管理决策主体如何及时做出有效的决策，以及如何根据事态阶段调整响应方案，是解决问题的关键所在。基于上述高速公路突发事件多阶段动态应急决策的过程分析，本章聚焦不确定环境下的应急决策模型与方法研究，考虑决策者心理参考满意度的信息更新过程，设计多阶段动态决策信息的更新方法，并集结决策专家在各个突发事件情景发展阶段的决策偏好信息，进而确定各个阶段的最优应急响应方案，为有效应对突发事件提供科学合理的决策模型与方法。

从方法论角度而言，应急决策问题一般被认为是典型的多属性决策问题。因此，结合前述问题描述，根据多属性决策问题的基本框架范式，首先给定描述多阶段动态应急决策问题所涉及的相关变量参数，具体如下：

T^p（$p=1, 2, \cdots, q$）为突发事件情景演变的阶段集合；

E^k（$k=1, 2, \cdots, l$）为参与应急决策的专家集合，其中 E^k 表示参与应急决策的 k 个决策专家，对应的专家权重 w^{pk}（$k=1, 2, \cdots, l$），满足 $\sum_{k=1}^{l} w^{pk} = 1, 0 \leqslant w^{pk} \leqslant 1$；

A_i（$i=1$, 2, $\cdots$, m）为应用于应急决策选择的 m 个备选行动方案集合，其中 A_i 表示第 i 个应急决策方案；

C_j（$j=1$, 2, $\cdots$, n）表示用以量化备选应急行动方案优劣所涉及的 n 个属性指标集合，其中 C_j 表示第 j 个属性指标；w_j^{pk}（$k=1$, 2, $\cdots$, l）表示在突发事件情景演变阶段 T^p 时，第 k 个决策专家 E^k 认为第 j 个属性指标 C_j 的权重向量，满足 $w_j^{pk} \geq 0$ 且 $\sum_{j=1}^{n} w_j^{pk} = 1$；

X^{pk}（$p=1$, 2, $\cdots$, q; $k=1$, 2, $\cdots$, l）表示在突发事件情景演变阶段 T^p 时，参与决策的专家 E^k 针对属性指标 C_j 对备选应急行动方案 A_i 的量化评估值，刻画了各个决策专家此刻对各个备选应急行动方案的认知偏好程度。值得说明的是，偏好程度值一般可以采用语言变量、清晰数、区间数、模糊数等形式表示。为了有效刻画应急决策过程中的不确定性，本章采用 IVTrIFNs 形式刻画决策专家的认知偏好，即 $X^{pk} = (x_{ij}^{pk})_{m \times n} = (([a_{ij}^{pk}, b_{ij}^{pk}, c_{ij}^{pk}, d_{ij}^{pk}]; [\mu_{ij}^{pkL}, \mu_{ij}^{pkH}], [\nu_{ij}^{pkL}, \nu_{ij}^{pkH}]))_{m \times n}$。

6.3.2　多阶段动态应急决策模型原理

假设突发事件情景演变的阶段集合为 T^p（$p=1$, 2, $\cdots$, q），决策主体需要在 q 个阶段时刻做出相应的应急方案决策。T^1 时刻，突发事件爆发，此时管理决策主体根据已掌握的有限情景信息（人员伤亡、财产损失、交通状况、天气环境、救援力量、应急物资等）对事件进行粗略研判，考察给定的属性指标，给出各个应急备选方案的偏好决策信息，基于决策主体对应急方案实施效果预期满意度最大的准则对各备选方案进行综合量化与排序优选。T^1 时刻应急响应方案的实施，对突发事件管控起到了一定的作用。伴随着时间不断向前推移，突发事件的态势也向前发展演变，此时管理决策主体所能掌握的事件信息越来越多，认知越来越准确，对 T^1 时刻所采取的应急响应方案处置效果的心理参考预期满意度也会发生变化；突发事件发展到 T^2 时刻，决策主体给出此刻的偏好决策信息，经过计算，如果此时方案的满意度达到 T^1 时刻的满意度，则不调整应急方案，否则重新计算选择最优的应对方案。随着事态的不断向前推进，后续 T^3、T^4、……、T^p 时刻的方案决策过程参照 T^2 时刻的步骤，直至事件得到有效控制为止。多阶段动态应急决策模型原理如图 6.2 所示。

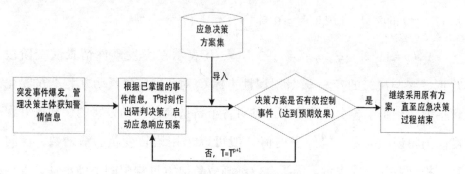

图 6.2　多阶段动态应急决策模型原理图

由此可知，多阶段动态应急决策的基本思路是：首先，以区间梯形直觉模糊数形式刻画决策主体的相关偏好信息，在此基础上采用熵权法计算各演化阶段下专家的属性权重，并集结计算各决策主体对应急预案的偏好价值；然后，考虑突发事件态势的动态演变，决策主体适时调整应急响应方案的判断依据主要是上一阶段所采取的应急预案对突发事件的处置效果是否满足决策者的心理参考预期，由此构建在决策者心理参考满意度影响下的动态决策模型与方法；接着，计算各演化阶段的专家权重及最优满意度；最后，计算各演化阶段下各个应急决策方案的综合价值，实现各阶段下备选决策方案的排序。

6.3.3　基于满意度信息更新的动态应急决策方法

定义 6.7[226] 设 $x_i = ([a_i, b_i, c_i, d_i]; [\mu_i^L, \mu_i^H], [v_i^L, v_i^H])$，$(i=1, 2, \cdots, n)$ 是非空集合 X 上的一组区间梯形直觉模糊数，其正、

负理想点分别为

$$x^+ = ([\max a_i, \max b_i, \max c_i, \max d_i]; [1, 1], [0, 0])$$

$$x^- = ([\min a_i, \min b_i, \min c_i, \min d_i]; [0, 0], [1, 1])$$

Xu[35]利用 TOPSIS 方法原理定义了一种基于直觉模糊集的决策满意度指标,则有

$$\varphi(x_i) = \frac{d(x_i, x^-)}{d(x_i, x^+) + d(x_i, x^-)} \qquad 式 (6.15)$$

$\varphi(x_i)$ 为 x_i 的满意度指标。其中 $d(x_i, x^+)$、$d(x_i, x^-)$ 分别表示直觉模糊数 x_i 与正、负理想点的 Hamming 距离。以公式 (6.15) 为基础,引入决策者的风险偏好参数 θ,构造满意度函数

$$\varphi(x_i) = \frac{\theta d(x_i, x^-)}{\theta d(x_i, x^+) + (1-\theta) d(x_i, x^-)} \qquad 式 (6.16)$$

其中,$\theta \in [0, 1]$,当 $\theta > 0.5$ 时表示决策者是积极乐观的风险偏好,$\theta < 0.5$ 则表示决策者是消极悲观的风险偏好;$\theta = 0.5$ 时,表明决策者风险偏好是中性的,此时式 (6.16) 简化为式 (6.15)。

满意度指标在客观刻画决策者的心理参考预期满足程度方面具有较突出的应用优势,因此在多属性决策问题的研究中得到了广泛应用。然而,在实际决策问题中,很难确定决策者的风险偏好参数 θ,已有研究中一般假定决策者风险偏好是中性的 $\theta = 0.5$。为了克服这一缺点,本章构造一种新的满意度指标计算方法。

定义 6.8 设 $x_i = ([a_i, b_i, c_i, d_i]; [\mu_i^L, \mu_i^H], [v_i^L, v_i^H])$,($i = 1, 2, \cdots, n$)是非空集合 X 上的一组区间梯形直觉模糊数,$d(x_i, \bar{x})$ 表示区间梯形直觉模糊数 x_i 与其加权平均值 $\bar{x}$ 的 Hamming 距离,则有

$$\varphi(x_i) = \frac{E(x_i)}{1 + V(x_i)} = \frac{\sum_{k=1}^{l} w_i^k E(x_i^k)}{1 + \sum_{k=1}^{l} w_i^k d(x_i^k, \bar{x}_i)} \qquad 式 (6.17)$$

$\varphi(x_i)$ 为 x_i 的满意度指标。其中，$\varphi(x_i) \in [0, 1]$，$\bar{x}$ 的值可由加权平均算子 IVTrIFWA 确定。$E(x_i)$ 表示区间梯形直觉模糊数 x_i 的期望函数，$V(x_i)$ 表示区间梯形直觉模糊数 x_i 的加权平均偏差函数，刻画决策群体的偏好差异程度。

决策过程中采用满意度指标 $\varphi(x_i)$ 刻画决策者的心理参考预期，一方面考虑了决策者偏好信息的正面表征能力，$E(x_i)$ 值越大，区间梯形直觉模糊数 x_i 就越大，则表明决策者对决策方案偏好的满意程度越大；另一方面考虑了决策者偏好信息之间的差异程度，基于距离测度的 $V(x_i)$ 值越小，决策者之间的偏好差异程度就越小，则表明决策者对决策方案的一致认可程度就越高，即满意度越高[228]。反之，若 $E(x_i)$ 值越小，$V(x_i)$ 值越大，则满意度越低。

在实际决策过程中，专家对各阶段中采取的应急响应方案处置效果的心理参考预期满意度 $\tau(x_{ij}^{pk})$ 也会随着事态的阶段发展而发生变化，因此基于专家满意度指标最大的原则，构建如下规划模型：

$$\max \sum_{i=1}^{m} \tau(x_{ij}^{pk})$$

$$s.\ t.\ \ \varphi(x_{ij}^{pk}(w^{pk})) \geqslant \tau(x_{ij}^{pk})$$

$$\sum_{k=1}^{l} w^{pk} = 1,\ \ 0 \leqslant w^{pk} \leqslant 1$$

$$i = 1, 2, \cdots, m;\ j = 1, 2, \cdots, n;\ k = 1, 2, \cdots, l;\ p = 1, 2, \cdots, q$$

式 (6.18)

利用式 (6.18) 可以获得 T^p 阶段下决策者对方案 A_i 最大满意度 τ^* (x_{ij}^{pk}) 和此时的权重 $w^{*pk} = (w^{*p1}, w^{*p2}, \cdots, w^{*pl})$，据此产生决策方案 A_i。随着方案 A_i 的导入与实施处置，下一阶段 T^{p+1} 时刻，决策者根据此时事态发展与管控处置情况给出新的偏好决策信息，以 $\tau^*(x_{ij}^{pk})$ 为决策心理参考点，如果此时方案的满意度预期达到或超过 T^p 时刻的满意度，即 $\tau^*\left(x_{ij}^{(p+1)k}\right) \geqslant \tau^*\left(x_{ij}^{pk}\right)$，则不调整并继续执行当前应急方案，否则重新计算新的满意度预期，并动态选择最优的应对处置方案，直至事件得到有效控制为止。据此，构建如下动态决策模型：

$$\max \sum_{i=1}^{m} \tau\left(x_{ij}^{(p+1)k}\right)$$

$$s. \ t. \ \varphi\left(x_{ij}^{(p+1)k}\left(w^{(p+1)k}\right)\right) \geqslant \tau\left(x_{ij}^{(p+1)k}\right) \geqslant \tau^*\left(x_{ij}^{pk}\right)$$

$$\sum_{k=1}^{l} w^{(p+1)k} = 1, \ 0 \leqslant w^{(p+1)k} \leqslant 1$$

$$i = 1, 2, \cdots, m; \ j = 1, 2, \cdots, n; \ k = 1, 2, \cdots, l; \ p = 1, 2, \cdots, q$$

$$式（6.19）$$

综上所述，借鉴 Gao 等[39]的决策参考点动态更新方法的思路，本书结合多阶段动态应急决策原理（图6.2），引入决策者对方案的心理预期满意度指标，设计的基于满意度信息更新的多阶段动态应急决策流程如图6.3所示。

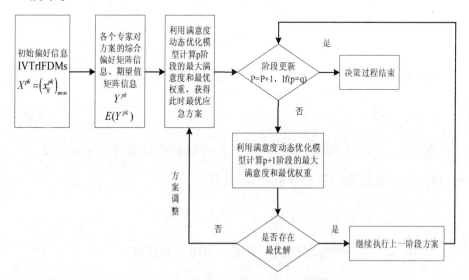

图6.3　多阶段动态应急决策流程图

假定某高速公路突发事件爆发，根据警情决策与处置工作需要，决策专家成员 $E^k (k=1, 2, \cdots, l)$ 提出各个情景阶段下的备选应急方案集合 A_i $(i=1, 2, \cdots, m)$，根据给定属性指标集合 C_j $(j=1, 2, \cdots, n)$，以区间梯形直觉模糊数 IVTrIFNs 表征不确定的属性偏好信息，据此综合比选，并确定各阶段的最优应急预案。由此，该不确定环境下突发事件多阶段动态多属性应急决策问题，其决策步骤如下：

Step 6.1 决策专家成员 $E^k (k=1, 2, \cdots, l)$ 根据属性集合 C_j $(j=1, 2, \cdots, n)$，给出各个情景阶段 T^p $(p=1, 2, \cdots, q)$ 的备选应急方案集合 A_i $(i=1, 2, \cdots, m)$ 的决策偏好值，由此确定经过标准规范化处理的初始决策矩阵信息 IVTrIFDMs (Interval-Valued Trapezoidal Intuitionistic Fuzzy Decision Matrixes)，可以表示为

$$X^{pk} = (x_{ij}^{pk})_{m \times n} = \begin{array}{c} \\ A_1 \\ A_2 \\ \vdots \\ A_m \end{array} \overset{\begin{array}{cccc} C_1 & C_2 & \dots & C_n \end{array}}{\begin{pmatrix} x_{11}^{pk} & x_{12}^{pk} & \cdots & x_{1n}^{pk} \\ x_{21}^{pk} & x_{22}^{pk} & \cdots & x_{2n}^{pk} \\ \vdots & \vdots & \vdots & \vdots \\ x_{m1}^{pk} & x_{m2}^{pk} & \cdots\cdots & x_{mn}^{pk} \end{pmatrix}} \qquad 式（6.20）$$

其中 $x_{ij}^{pk} = ([a_{ij}^{pk}, b_{ij}^{pk}, c_{ij}^{pk}, d_{ij}^{pk}]; [\mu_{ij}^{pkL}, \mu_{ij}^{pkH}], [\upsilon_{ij}^{pkL}, \upsilon_{ij}^{pkH}])$，$p=1, 2, \cdots, q; k=1, 2, \cdots, l$。

Step 6.2 基于决策偏好矩阵 X^{pk}，采用熵权法计算 T^p $(p=1, 2, \cdots, q)$ 阶段下专家的属性指标权重 w_j^{pk}，则有

$$w_j^{pk} = (1 - H_j^{pk}) / \left(n - \sum_{j=1}^{n} H_j^{pk}\right) \qquad 式（6.21）$$

其中，H_j^{pk} 是各指标属性的信息熵，可由下式计算

$$H_j^{pk} = -(\ln m)^{-1} \sum_{i=1}^{m} f_{ij}^{pk} \ln f_{ij}^{pk} \qquad 式（6.22）$$

其中 $f_{ij}^{pk} = E(x_{ij}^{pk}) / \sum\limits_{i=1}^{m} E(x_{ij}^{pk})$ ，如果 $f_{ij} = 0$，则令 $f_{ij} \ln f_{ij} = 0$。

Step 6.3 采用公式（6.9）加权平均算子 IVTrIFWA 对第 T^p 阶段的专家偏好进行集结，得到该阶段各个专家对方案的综合偏好矩阵 $Y^{pk} = (y_i^{pk})_{m \times l}$。由公式（6.8）得到偏好矩阵 Y^{pk} 期望值矩阵 $E(Y^{pk}) = (E(y_i^{pk}))_{m \times l}$（$i = 1, 2, \cdots, m$; $k = 1, 2, \cdots, l$）。

$$Y^{pk} = (y_i^{pk})_{m \times l} = IVTrIFWA(x_{ij}^{pk}) = \bigoplus\limits_{j=1}^{n} w_j^{pk} x_{ij}^{pk}$$

$$= \left(\left[\begin{array}{l} \sum\limits_{j=1}^{n} w_j^{pk} a_{ij}^{pk}, \quad \sum\limits_{j=1}^{n} w_j^{pk} b_{ij}^{pk}, \\ \sum\limits_{j=1}^{n} w_j^{pk} c_{ij}^{pk}, \quad \sum\limits_{j=1}^{n} w_j^{pk} d_{ij}^{pk} \end{array} \right]; \begin{array}{l} \left[1 - \prod\limits_{j=1}^{n} (1 - \mu_{ij}^{pkL})^{w_j^{pk}}, \\ 1 - \prod\limits_{j=1}^{n} (1 - \mu_{ij}^{pkH})^{w_j^{pk}} \right], \\ \left[\prod\limits_{j=1}^{n} (\upsilon_{ij}^{pkL})^{w_j^{pk}}, \quad \prod\limits_{j=1}^{n} (\upsilon_{ij}^{pkH})^{w_j^{pk}} \right] \end{array} \right)$$

$$式（6.23）$$

Step 6.4 利用公式（6.18）模型计算 T^p 阶段下决策者对方案 A_i 最大满意度指标 $\tau^*(x_{ij}^{pk})$ 和此时的权重 $w^{*pk} = (w^{*p1}, w^{*p2}, \cdots, w^{*pl})$。

Step 6.5 采用加权平均算子 IVTrIFWA 集结得到各个应急备选方案的综合价值偏好 EV_i^p，利用公式（6.14）计算并比较风险期望得分函数 $RES(EV_i^p)$ 值，进而选择 T^p 阶段的最优决策方案 A_i^{*p}。

Step 6.6 随事态动态发展到 T^{p+1} 时刻，基于确定性信息的不断增加与积累，决策专家给出新的决策偏好信息，以 $\tau^*(x_{ij}^{pk})$ 为决策心理参考点，利用公式（6.19）计算 T^{p+1} 时刻决策者对方案 A_i^{p+1} 最大满意度指标 $\tau^*(x_{ij}^{(p+1)k})$，比较指标 $\tau^*(x_{ij}^{(p+1)k})$ 与 $\tau^*(x_{ij}^{pk})$ 大小。

（1）若存在 $\tau^*(x_{ij}^{(p+1)k}) \geq \tau^*(x_{ij}^{pk})$，则此刻继续执行原始方案 A_i，

进入 Step 6.7；

（2）若 τ^*（$x_{ij}^{(p+1)k}$）$<\tau^*$（x_{ij}^{pk}），则进入 Step 6.4。重新计算 T^{p+1} 阶段下决策者的最大满意度指标 τ^*（$x_{ij}^{(p+1)k}$）和最优权重 $w^{*(p+1)k}=$（$w^{*(p+1)1}$，$w^{*(p+1)2}$，…，$w^{*(p+1)l}$），得到最优决策方案 A_i^{*p+1}。

Step 6.7 当突发事件的事态阶段动态发展到阶段 T^q 时，表明事态得到根本控制，则应急决策工作结束，进入下一步其他工作内容。

6.4　案例分析

山区高速公路经常因强降雨、暴风雪等恶劣天气发生滑坡、泥石流、水毁、塌方等自然灾害事故，进而发生线路损毁、道路通行中断、二次衍生灾害等交通安全事故。某山区高速公路路段因强降雨天气引发泥石流、滑坡灾害事故，该路段所属高速公路主管部门特组织相关管理决策与运营机构及专家人员对突发事件进行研判，开展应急决策与响应处置工作，共组织四位专家 E^k（$k=1$，2，3，4）制订了三个应急决策方案 A_i（$i=1$，2，3）：

A_1：不封闭车道，社会车辆分时分段放行，同时采用小批量机械设备与人工相结合抢险作业；

A_2：封闭一侧道路，实行单道双通管制，同时调集中小型工程机械设备现场抢险作业；

A_3：封闭所有车道，禁止社会车辆通行，同时调集大型、重型工程机械设备现场抢险作业。

考虑此次突发的泥石流、滑坡灾害事故发展易受内部险情以及外部暴雨、狂风等恶劣天气变化的影响，其演变态势会随之不断发生阶段变化，给道路通行造成巨大的安全威胁。考虑预测的天气变化，存在三个不同的情景演变阶段 T^p（$p=1$，2，3），具体可描述为：T^1 阶段（06：00—10：00），小到中雨，此时因不确定因素较多，易导致灾害事故恶化，影响抢险进度；T^2 阶段（10：00—14：00），中雨转大到暴雨，大概率造成事故恶化，救援与抢险难度巨大；T^3 阶段（14：00—18：00），中到大雨转小雨，极端天气逐渐减弱，利于救援与抢险。

考查应急方案的责任明确性、完备性、可操作性、时效性和经济性，构建属性指标集合 C_j（$j=1$，2，3，4，5）。随着突发事件的态势发展，决策专家需对各阶段下的备选应急方案做出最优选择决策。考虑决策专家对事件的认知存在不确定性和模糊性的决策特征，而 IVTrIFNs 在刻画现实信息不确定性、模糊性方面具有更强的表征能力优势，本书采用经过标准化处理的 IVTrIFNs 语言变量描述各决策专家针对各个属性指标对应急方案的决策偏好值，具体决策步骤如下：

Step 6.4.1 根据 IVTrIFNs 语言变量表（表6.1），四位评估专家 E^k 针对五个属性指标 C_j 对各阶段下的备选应急方案 A_i 开展评估决策，由此给出初始偏好决策信息矩阵 IVTrIFDMs（表6.2）。

表 6.1　IVTrIFNs 语言变量表

Linguistic terms	Linguistic values of TrIFNs
Absolutely low（AL）	（[0.0, 0.0, 0.1, 0.2]；[0.0, 0.0]，[1.0, 1.0]）
Low（L）	（[0.1, 0.2, 0.3, 0.4]；[0.1, 0.2]，[0.7, 0.8]）
Fairly low（FL）	（[0.3, 0.4, 0.5, 0.6]；[0.3, 0.4]，[0.5, 0.6]）
Medium（M）	（[0.4, 0.5, 0.6, 0.7]；[0.4, 0.5]，[0.4, 0.5]）
Fairly high（FH）	（[0.5, 0.6, 0.7, 0.8]；[0.5, 0.6]，[0.3, 0.4]）
High（H）	（[0.7, 0.8, 0.9, 1.0]；[0.7, 0.8]，[0.1, 0.2]）
Absolutely high（9AH）	（[0.8, 0.9, 1.0, 1.0]；[1.0, 1.0]，[0.0, 0.0]）

表 6.2 T^p 阶段决策专家 E^k 提供的初始决策矩阵 X^{pk}

E^k	C_j	T^1 阶段			T^2 阶段			T^3 阶段		
		A_1	A_2	A_3	A_1	A_2	A_3	A_1	A_2	A_3
E^1	C_1	M	FH	FL	M	M	H	FH	H	AH
	C_2	L	FH	FL	FL	FH	AH	H	H	AH
	C_3	M	FH	FL	M	M	AH	FH	AH	AH
	C_4	H	H	M	H	H	FH	FH	FH	H
	C_5	FH	H	FL	H	FH	FH	M	H	H
E^2	C_1	FH	H	M	FH	H	H	H	H	AH
	C_2	H	FH	FL	H	H	H	FH	H	H
	C_3	M	H	FL	H	H	AH	M	H	H
	C_4	FH	H	M	M	FH	H	H	H	H
	C_5	M	FH	FL	FH	H	H	H	AH	H
E^3	C_1	H	FH	M	H	FH	H	AH	AH	AH
	C_2	FH	H	FH	FH	H	H	H	H	H
	C_3	FH	H	M	H	FH	H	H	FH	H
	C_4	FH	FH	FL	M	H	FH	M	FH	AH
	C_5	L	FH	M	FH	H	M	H	FH	H

Step 6.4.2 根据公式 (6.21—6.22) 确定 T^p ($p=1$, 2, 3) 阶段下专家的属性指标权重 w_j^{pk} (表 6.3)。

表 6.3 T^p 阶段决策专家 E^k 的属性指标权重值 w_j^{pk}

C_j	T^1 阶段			T^2 阶段			T^3 阶段		
	E^1	E^2	E^3	E^1	E^2	E^3	E^1	E^2	E^3
C_1	0.088	0.169	0.138	0.221	0.258	0.220	0.235	0.017	0.081
C_2	0.460	0.460	0.421	0.429	0.255	0.088	0.047	0.269	0.046
C_3	0.088	0.191	0.138	0.220	0.046	0.102	0.267	0.349	0.352
C_4	0.130	0.077	0.117	0.065	0.345	0.295	0.157	0.062	0.383
C_5	0.234	0.103	0.186	0.065	0.096	0.295	0.294	0.303	0.138

Step 6.4.3 利用公式 (6.23) 对第 T^p 阶段的专家偏好进行集结,得到该阶段各个专家对方案的综合偏好矩阵 $Y^{pk}=(y_i^{pk})_{m \times l}$ 及偏好均值 $\bar{y}_i^{pk}$ (表 6.4)。

表 6.4 T^p 阶段决策专家 E^k 的综合偏好矩阵 Y^{pk} 均值 $\bar{y}_i^{pk}$

A_i	E^k	T^1 阶段	T^2 阶段	T^3 阶段
A_1	E^1	([0.324, 0.424, 0.524, 0.624]; [0.367, 0.477], [0.404, 0.523])	([0.396, 0.496, 0.596, 0.696]; [0.414, 0.520], [0.368, 0.480])	([0.480, 0.580, 0.680, 0.780]; [0.485, 0.586], [0.310, 0.414])
	E^2	([0.562, 0.662, 0.762, 0.862]; [0.583, 0.689], [0.197, 0.311])	([0.449, 0.549, 0.649, 0.749]; [0.455, 0.557], [0.339, 0.443])	([0.541, 0.641, 0.741, 0.841]; [0.562, 0.668], [0.218, 0.332])
	E^3	([0.453, 0.553, 0.653, 0.753]; [0.480, 0.586], [0.302, 0.414])	([0.535, 0.635, 0.735, 0.835]; [0.552, 0.658], [0.229, 0.342])	([0.523, 0.623, 0.723, 0.815]; [1.000, 1.000], [0.000, 0.000])
偏好均值		([0.447, 0.547, 0.647, 0.747]; [0.484, 0.593], [0.289, 0.407])	([0.591, 0.691, 0.791, 0.891]; [0.603, 0.708], [0.182, 0.292])	([0.356, 0.456, 0.556, 0.656]; [0.360, 0.461], [0.437, 0.539])
A_2	E^1	([0.573, 0.673, 0.773, 0.873]; [0.585, 0.689], [0.201, 0.311])	([0.535, 0.635, 0.735, 0.835]; [0.550, 0.655], [0.234, 0.345])	([0.637, 0.737, 0.837, 0.910]; [1.000, 1.000], [0.000, 0.000])
	E^2	([0.587, 0.687, 0.787, 0.887]; [0.600, 0.705], [0.186, 0.295])	([0.580, 0.680, 0.780, 0.880]; [0.592, 0.697], [0.193, 0.303])	([0.607, 0.707, 0.807, 0.876]; [1.000, 1.000], [0.000, 0.000])
	E^3	([0.612, 0.712, 0.812, 0.912]; [0.624, 0.728], [0.162, 0.272])	([0.636, 0.736, 0.836, 0.936]; [0.646, 0.750], [0.143, 0.250])	([0.610, 0.710, 0.810, 0.902]; [1.000, 1.000], [0.000, 0.000])
偏好均值		([0.460, 0.560, 0.660, 0.760]; [0.477, 0.583], [0.306, 0.417])	([0.583, 0.683, 0.783, 0.883]; [0.598, 0.703], [0.186, 0.297])	([0.670, 0.770, 0.870, 0.947]; [1.000, 1.000], [0.000, 0.000])
A_3	E^1	([0.313, 0.413, 0.513, 0.613]; [0.314, 0.414], [0.486, 0.586])	([0.752, 0.852, 0.952, 0.987]; [1.000, 1.000], [0.000, 0.000])	([0.755, 0.855, 0.955, 1.000]; [1.000, 1.000], [0.000, 0.000])
	E^2	([0.325, 0.425, 0.525, 0.625]; [0.326, 0.426], [0.473, 0.574])	([0.705, 0.805, 0.905, 1.000]; [1.000, 1.000], [0.000, 0.000])	([0.702, 0.802, 0.902, 1.000]; [1.000, 1.000], [0.000, 0.000])
	E^3	([0.430, 0.530, 0.630, 0.730]; [0.434, 0.535], [0.364, 0.465])	([0.552, 0.652, 0.752, 0.852]; [0.572, 0.678], [0.208, 0.322])	([0.746, 0.846, 0.946, 1.000]; [1.000, 1.000], [0.000, 0.000])
偏好均值		([0.515, 0.615, 0.715, 0.812]; [1.000, 1.000], [0.000, 0.000])	([0.618, 0.718, 0.818, 0.896]; [1.000, 1.000], [0.000, 0.000])	([0.734, 0.834, 0.934, 1.000]; [1.000, 1.000], [0.000, 0.000])

然后，根据期望公式（6.8）计算各阶段下决策专家属性加权的偏好期望值矩阵 E（Y^{pk}）（表6.5）。

表6.5 T^p 阶段决策专家 E^k 属性加权的偏好期望值矩阵 E（Y^{pk}）

E^k	T^1 阶段			T^2 阶段			T^3 阶段		
	A_1	A_2	A_3	A_1	A_2	A_3	A_1	A_2	A_3
E^1	0.227	0.499	0.192	0.284	0.450	0.886	0.370	0.780	0.891
E^2	0.492	0.521	0.202	0.334	0.510	0.853	0.463	0.749	0.851
E^3	0.354	0.556	0.311	0.452	0.590	0.478	0.671	0.758	0.885

根据距离公式（6.6）计算专家决策偏好的平均偏差矢量 V（Y^{pk}）（表6.6）。

表6.6 T^p 阶段决策专家 E^k 专家决策偏好的平均偏差矢量 V（Y^{pk}）

E^k	T^1 阶段			T^2 阶段			T^3 阶段		
	A_1	A_2	A_3	A_1	A_2	A_3	A_1	A_2	A_3
E^1	0.134	0.034	0.041	0.079	0.086	0.072	0.554	0.018	0.015
E^2	0.158	0.006	0.031	0.034	0.011	0.040	0.429	0.013	0.024
E^3	0.008	0.040	0.080	0.117	0.094	0.561	0.007	0.007	0.009

Step 6.4.4 利用公式（6.18）构建基于专家满意度的规划模型。

$$\max \sum_{k=1}^{3} \tau(x_{ij}^{1k})$$

$$s.\ t.\quad \frac{0.227w^{11} + 0.492w^{12} + 0.354w^{13}}{1 + 0.134w^{11} + 0.158w^{12} + 0.008w^{13}} \geqslant \tau(x_{ij}^{11})$$

$$\frac{0.499w^{11} + 0.521w^{12} + 0.556w^{13}}{1 + 0.034w^{11} + 0.006w^{12} + 0.04w^{13}} \geqslant \tau(x_{ij}^{12})$$

$$\frac{0.192w^{11} + 0.202w^{12} + 0.311w^{13}}{1 + 0.041w^{11} + 0.031w^{12} + 0.008w^{13}} \geqslant \tau(x_{ij}^{13})$$

$$w^{11} + w^{12} + w^{13} = 1;\ w^{13} \geqslant w^{12} \geqslant w^{11} \geqslant 0.3$$

由模型计算可知，T^1 阶段下决策者对备选决策方案 A_i （$i=1$，2，3）最大满意度指标 $\tau^*(x_{ij}^{1k})$ = （0.326，0.514，0.237），以及此时的最优权重 w^{*1k} = （0.3，0.3，0.4）。

Step 6.4.5 采用加权平均算子 IVTrIFWA 集结得到此时各个应急备选方案的综合价值偏好 EV_i^1，

EV_1^1 = （[0.447，0.547，0.647，0.747]；[0.484，0.593]，[0.290，0.407]），

EV_2^1 = （[0.593，0.693，0.793，0.893]；[0.605，0.710]，[0.180，0.290]），

EV_3^1 = （[0.363，0.463，0.563，0.663]；[0.368，0.469]，[0.429，0.531]）．

取值 $\eta=0.5$，即参与评估的专家的风险态度为中立，进而考虑利用公式（6.14）计算各备选方案的风险期望得分函数 $RES(EV_i^1)$ 值，则有 $RES(EV_1^1)$ = 0.355，$RES(EV_2^1)$ = 0.528，$RES(EV_3^1)$ = 0.241，$RES(EV_2^1) > RES(EV_1^1) > RES(EV_3^1)$。由此，$T^1$ 阶段的最优决策方案排序为：$A_2 > A_1 > A_3$，即 T^1 阶段下备选应急预案中的 A_2 综合能力表现最优。

Step 6.4.6 随事态动态发展到 T^2 时刻，根据 T^1 阶段的最优满意度参数 $\tau^*(x_{ij}^{1k})$，利用公式（6.15）构建新的基于满意度的规划模型。

$$\max \sum_{k=1}^{3} \tau(x_{ij}^{2k})$$

$$s.t. \quad \frac{0.284w^{21} + 0.334w^{22} + 0.452w^{23}}{1 + 0.079w^{21} + 0.034w^{22} + 0.117w^{23}} \geq \tau(x_{ij}^{21}) \geq \tau^*(x_{ij}^{11}) = 0.326$$

$$\frac{0.45w^{21} + 0.51w^{22} + 0.59w^{23}}{1 + 0.086w^{21} + 0.011w^{22} + 0.094w^{23}} \geq \tau(x_{ij}^{22}) \geq \tau^*(x_{ij}^{12}) = 0.514$$

$$\frac{0.886w^{21} + 0.853w^{22} + 0.478w^{23}}{1 + 0.072w^{21} + 0.04w^{22} + 0.561w^{23}} \geq \tau(x_{ij}^{23}) \geq \tau^*(x_{ij}^{13}) = 0.237$$

$$w^{21} + w^{22} + w^{23} = 1; \quad w^{23} \geq w^{22} \geq w^{21} \geq 0.3$$

根据模型可知，此约束条件下是无解的，即说明前一阶段的应急方案已不再适应此阶段的处置需求，需要重新决策和调整应急处置方案，决策专家的满意度预期发生更新。由此，重新利用模型公式（6.18）构建 T^2 阶段下满意度优化模型。

$$\max \sum_{k=1}^{3} \tau(x_{ij}^{2k})$$

$$s.\ t.\quad \frac{0.284w^{21} + 0.334w^{22} + 0.452w^{23}}{1 + 0.079w^{21} + 0.034w^{22} + 0.117w^{23}} \geq \tau(x_{ij}^{21})$$

$$\frac{0.45w^{21} + 0.51w^{22} + 0.59w^{23}}{1 + 0.086w^{21} + 0.011w^{22} + 0.094w^{23}} \geq \tau(x_{ij}^{22})$$

$$\frac{0.886w^{21} + 0.853w^{22} + 0.478w^{23}}{1 + 0.072w^{21} + 0.04w^{22} + 0.561w^{23}} \geq \tau(x_{ij}^{23})$$

$$w^{21} + w^{22} + w^{23} = 1;\ w^{23} \geq w^{22} \geq w^{21} \geq 0.3$$

求解模型可得 T^2 阶段下决策者对备选决策方案 A_i（$i=1,2,3$）最大满意度指标 $\tau^*(x_{ij}^{2k}) = (0.331, 0.486, 0.604)$ 和最优权重 $w^{*2k} = (0.333, 0.333, 0.334)$。

据此，采用加权平均算子 IVTrIFWA 集结得到此时各个应急备选方案的综合价值偏好 EV_i^2，则有

$EV_1^2 = ([0.460, 0.560, 0.660, 0.760]; [0.477, 0.583], [0.306, 0.417])$，

$EV_2^2 = ([0.583, 0.683, 0.783, 0.883]; [0.598, 0.703], [0.186, 0.297])$，

$EV_3^1 = ([0.670, 0.770, 0.870, 0.946]; [1.000, 1.000], [0.000, 0.000])$。

利用公式（6.10）计算并比较风险期望得分函数 $RES(EV_i^2)$ 值，若 $\eta = 0.5$，则风险期望值分别为 $RES(EV_1^2) = 0.356$，$RES(EV_2^2) = 0.517$，

RES（EV_3^2）$= 0.814$，RES（EV_3^2）$>RES$（EV_2^2）$>RES$（EV_1^2）。由此，T^2 阶段的最优决策方案排序为 $A_3>A_2>A_1$，也即 T^2 阶段下备选应急预案中的 A_3 综合能力表现最优。

Step 6.4.7 随事态动态发展到 T^3 时刻，根据 T^2 阶段的最优满意度参数 τ^*（x_{ij}^{2k}），利用公式（6.15）构建新的基于满意度的规划模型如下

$$\max \sum_{k=1}^{3} \tau(x_{ij}^{3k})$$

$$s.\ t.\quad \frac{0.37w^{31} + 0.463w^{32} + 0.671w^{33}}{1 + 0.554w^{31} + 0.429w^{32} + 0.007w^{33}} \geq \tau(x_{ij}^{31}) \geq \tau^*(x_{ij}^{21}) = 0.331$$

$$\frac{0.78w^{31} + 0.749w^{32} + 0.758w^{33}}{1 + 0.018w^{31} + 0.013w^{32} + 0.007w^{33}} \geq \tau(x_{ij}^{32}) \geq \tau^*(x_{ij}^{22}) = 0.486$$

$$\frac{0.891w^{31} + 0.851w^{32} + 0.885w^{33}}{1 + 0.015w^{31} + 0.024w^{32} + 0.009w^{33}} \geq \tau(x_{ij}^{33}) \geq \tau^*(x_{ij}^{23}) = 0.604$$

$$w^{31} + w^{32} + w^{33} = 1; \quad w^{33} \geq w^{32} \geq w^{31} \geq 0.3$$

模型存在最优解，易知 $w^{*3k} =$（0.3，0.3，0.4），τ^*（x_{ij}^{3k}）$=$（0.399，0.753，0.863），说明上一阶段的应急方案实施对事件的管控与处置起到了很好的管控处置效果，此阶段不需要调整应急处置方案，继续执行前一阶段决策结果：$A_3>A_2>A_1$。同时，根据风险期望得分函数 RES（EV_i^3），易知各个方案的得分值 RES（EV_1^3）$= 0.665$，RES（EV_2^3）$= 0.762$，RES（EV_3^3）$= 0.877$，则 RES（EV_3^3）$>RES$（EV_2^3）$>RES$（EV_1^3），也进一步印证了 T^3 阶段模型的方案更新与调整结果。

综合上述计算过程，此次突发事件的多阶段动态应急决策的方案选择结果是：$A_2 \Rightarrow A_3 \Rightarrow A_3$。

从案例数据结果分析来看，对于高速公路因恶劣天气引起的泥石流、滑坡灾害突发事故，导致路段交通运行受阻，且对过往车辆造成安全威胁。路

网管理主体在获取警情信息后需要在第一时间采取有效应急响应方案应对突发事故。由于天气因素是导致灾害事故发生的主要原因，且事后的抢险救援作业也极易受天气影响，因此在应急方案选择中需重点考虑天气状态变化。突发灾害事故发生后，若灾害事故受天气影响不明显，且灾情态势与交通运行状态可控，此时可采取方案 A_1 处置；若灾害事故受天气影响较为明显，且呈不断扩大的发展趋势，灾情态势与交通运行状态基本可控，对交通通行影响不大，此时可采取方案 A_2 处置；若天气状态正在加速恶化，极易引发次生或衍生灾害事故，且灾情态势与交通运行状态暂不可控，此时可采取方案 A_3 处置。决策专家综合评估灾害事故的实际情况，依据天气变化态势进行多阶段决策并选择针对性的应急处置方案，力求做到有效控制事态发展，最大限度避免人员伤亡，降低财产损失和减少社会影响，具有合理性。

从数据分析角度来看，利用本书提出的动态应急决策模型，可以获得各个应急决策阶段下的决策参考信息，如图 6.4 和 6.5 所示。图 6.4 给出了各个应急决策阶段下决策专家对各个备选应急方案的综合满意度分布情况，反映了满意度指标的信息更新过程。随着事态的发展以及各阶段最优方案的介入或干预，每个决策者的满意度指标数值逐渐增长，不断逼近趋于 1，表明突发事件逐渐得到较好处置与管控，这也说明本书采用满意度指标刻画不确定决策环境下因灾情不断演变导致决策群体的心理参考预期更新以及动态应急决策过程是合理的。

图 6.5 显示了每个应急决策阶段决策专家对各个备选应急方案的综合量化价值，以及各阶段不同的最优排序结果。T^1 阶段，决策专家根据警情中获知的有限的、不确定的决策信息，研判并决策选择最优应急预案 A_2；$T^1 + \Delta t$ 阶段，T^1 阶段应急方案实施之后，灾情根据内外部环境因素不断演进，态势持续发生变化，达到 T^2 阶段时，依据各类信息渠道掌握了更为明确的灾情决策信息，决策专家心理参考满意度预期受到此时灾情演化态

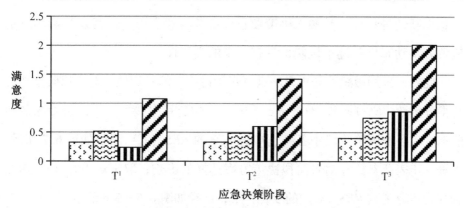

图 6.4　决策专家在各个阶段对各备选方案的满意度

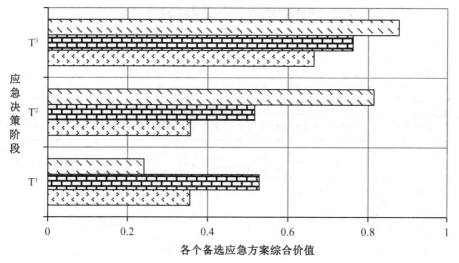

□ A₃方案　■ A₂方案　▣ A₁方案

图 6.5　每个阶段决策专家对各备选方案的综合量化价值

势、管控效果等信息的影响而发生改变，更新成新的决策满意度预期信息，并经研判和决策中发现应急预案 A_2 已不能有效管控灾情，随即经决策并调整应急方案至 A_3；事件发展到 T^3 阶段，经研判，因前一阶段 T^2 的决策方案 A_3 的实际满意度达到了决策此刻专家满意度预期，即应急方案 A_3 的实施对事件的管控与处置起到了很好的管控处置效果，所以不需要本阶段调整应急决策方案，继续执行方案 A_3。因此，在突发事件应急决策问题研究中，充分考虑突发事件态势演变的多阶段性、不确定性、动态性、信息更新性等特征，并融入决策者心理参考满意度更新过程及其影响下的应急方案动态更新调整机制，具有一定的实用性。

此外，采用敏感性分析方法进一步探讨结果的稳定性。对于风险期望综合得分函数 $RES(x_i)$，参数 $\eta \in [0, 1]$ 的选择直接反映了决策专家的风险态度。各个决策阶段中各备选应急方案的 $RES(x_i)$ 函数如表 6.7 所示。为进一步表征参数 η 对各阶段决策方案选择的影响，取 $\eta \in [0, 1]$，考察各综合得分函数 $RES(x_i)$ 的变化特征，结果如图 6.6—6.8 所示。

表 6.7　各个决策阶段的方案的风险期望综合得分函数 $RES(x_i)$

A_i	T^1 阶段	T^2 阶段	T^3 阶段
A_1	$RES(V_1^1) = -0.119\eta + 0.415$	$RES(V_1^2) = -0.117\eta + 0.415$	$RES(V_1^3) = -0.198\eta + 0.764$
A_2	$RES(V_2^1) = -0.142\eta + 0.599$	$RES(V_2^2) = -0.141\eta + 0.587$	$RES(V_2^3) = -0.190\eta + 0.857$
A_3	$RES(V_3^1) = -0.094\eta + 0.288$	$RES(V_3^2) = -0.188\eta + 0.908$	$RES(V_3^3) = -0.182\eta + 0.968$

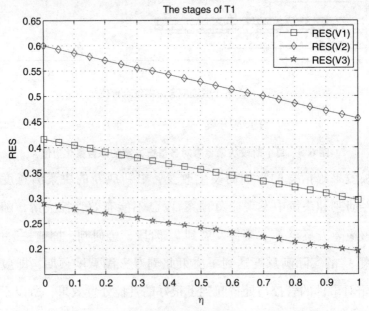

图 6.6　T^1 阶段各备选应急预案 $RES(x_i)$ 结果

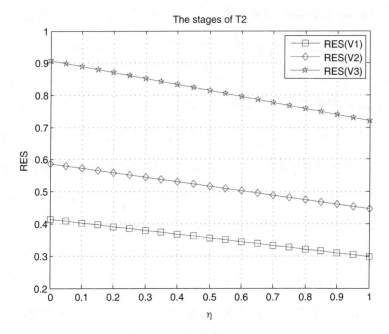

图 6.7 T^2 阶段各备选应急预案的 $RES（x_i）$ 结果

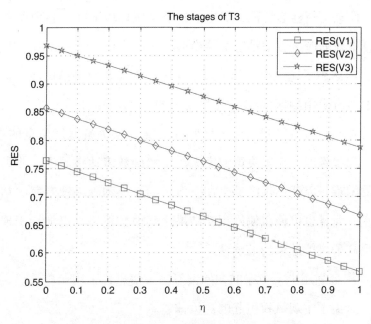

图 6.8 T^3 阶段各备选应急预案 $RES（x_i）$ 结果

由图 6.6—6.8 分析结果可知，对于各事态发展阶段，风险偏好参数 η 直接影响各个备选应急预案的风险期望综合得分函数 $RES(x_i)$ 的值，且其值随 η 变化均呈单调递减趋势。然而，在参数 $\eta \in [0, 1]$ 区间变化范围内，各阶段中备选应急方案的排序比选结果并未发生变化：T^1 阶段应急方案排序 $A_2 > A_1 > A_3$，其中方案 A_2 始终最优；T^2 阶段应急方案排序 $A_3 > A_2 > A_1$，其中方案 A_3 始终最优；T^3 阶段应急方案选择结果与 T^2 阶段相同，其方案 A_3 始终最优。以上结果表明，各阶段下备选应急方案的综合得分值会随决策专家风险态度偏好的变化而发生变化，进而揭示出本书的决策方法能够有效反馈决策专家风险态度偏好信息的细微变化；虽然各阶段下备选应急方案的综合得分值与决策专家风险态度偏好参数呈现线性变化趋势，但各阶段方案比选排序结果未受决策专家风险态度偏好影响，进一步说明本算例中的决策结果具有较强的稳定性。

综上所述，本章综合考虑突发事件态势演变的多阶段性、不确定性、动态性、信息更新性等特征，提出不确定决策环境下基于心理参考满意度偏好信息更新的应急方案动态决策模型与方法，具有以下应用优势：

（1）考虑用于应急决策的偏好信息存在不确定性、模糊性、匮乏性等特点，本书所采用的区间梯形直觉模糊数 IVTrIFNs 是在梯形直觉模糊数 TrIFNs 的基础上进行扩展，引入区间数表征专家决策偏好信息的隶属度、非隶属度和犹豫度，克服决策专家无法用精确数表达隶属度、非隶属度和犹豫度的困难，以此不仅能够更加全面、细腻地刻画决策专家的初始偏好判断信息，而且也可使得偏好判断结果比其他描述工具更加趋于现实决策环境，提高了决策结果的准确性。

（2）综合利用决策专家的初始偏好决策信息，采用熵权法确定决策属性权重，避免了主观赋权引起的决策偏差。

（3）考虑现实应急决策实践过程的复杂性、不确定性和动态性，单阶段应急决策方法已不再适应当前的应用实践需求。为此，根据决策环境内外部演化态势变化，本书提出一种多阶段的动态应急决策规划模型，融入决策者心理参考满意度信息更新过程及其影响下的方案动态更新调整机制，实现多阶段动态应急决策。

（4）考虑决策专家的风险偏好行为，构建带有风险偏好参数的区间梯形直觉模糊数 IVTrIFNs 量化价值函数，使得决策结果能够客观反映决策专家风险期望偏好以及决策结果受决策专家风险偏好的影响程度，增强决策结果的可靠性。

6.5　本章小结

考虑应急决策问题的复杂性，为克服单阶段决策的应用实践局限，本章综合考虑突发事件态势演变的多阶段性、不确定性、动态性、信息更新性等特征，研究探讨了高速公路突发事件多阶段动态应急决策问题，构建了基于不确定环境下多阶段应急方案动态决策方法，将单阶段应急决策模型扩展到了决策信息更新下的多阶段应急决策模型。利用区间梯形直觉模糊理论与运算法则构建不确定环境下的模糊决策框架，进而考虑突发事件态势的动态演变，提出一种基于决策者心理参考满意度更新过程及其影响下的应急方案动态更新调整模型与方法，由此获得各个决策阶段的最优应急方案。此外，针对某山区高速公路路段因强降雨天气引发泥石流、滑坡灾害事故的多阶段应急方案动态决策问题，应用本章提出的模型与方法确定各个事态阶段的方案比选与决策结果，结果分析过程验证了本章模型与方法的可行性与有效性。该方法综合考虑突发事件态势演变的多阶段性、不确定性、动态性、信息更新性等特征，并融入决策者的心理偏好参考信息动态更新机制，其应急方案动态决策过程更加符合实际，可为高速公路或其他领域的突发事件应急方案动态决策提供一定的方法参考。

第七章 总结与展望

7.1 主要研究结论

高速公路作为国家重要的交通基础设施，在国民经济和社会发展中发挥了极其重要的骨干中坚作用。鉴于汽车保有量的持续快速增加，高速公路客货运需求量连年剧增，以及以高速公路为主导的公众出行方式选择比重日益增大等诸多因素，未来高速公路安全运营与发展形势严峻，并且因频发的交通突发事件，其运营过程中的应急管理工作必将是一项长期而又艰巨的工作任务。为此，本书结合高速公路应急管理工作需求，在当前既有的高速公路应急管理体系框架内，以提升应急管理决策能力为切入点，在对高速公路应急管理工作的发展现状分析的基础上，设计基于经验挖掘理论的应急管理决策能力提升策略分析的方法，建构基于云技术的高速公路应急管理决策系统框架与功能；同时，结合当前相关研究的不足，立足高速公路突发事件的特点，综合考虑多重不确定复杂决策因素的影响，基于决策信息质量和信息更新性两个视角，分别构建了高速公路突发事件应急决策的单阶段、多阶段模型与方法，其中，单阶段应急决策模型方法引入信息质量参数，可以有效实现决策信息最大化利用，而多阶段动态应急决策模型方法考虑多阶段动态信息更新，有效融入突发事件态势演变的多阶段性、不确定性、动态性、信息更新性等现实特征。本书的主要研究成果与结论如下：

（1）基于经验挖掘理论与方法，研究了我国高速公路应急管理决策能力提升策略的方法。梳理了国内典型省份的高速公路应急管理发展现状，据此对比分析了典型的高速公路应急管理模式的优点与局限性，包括"两家管""上分下合，属地管理"和"一家管"三种模式，提出了在当前已有管理框架下完善应急管理体制的应对之策：强化职能专业化，加强协同管控，提高运营系统效率。按照管理体系的优劣判断标准，分别从执法主体的合法性、执法行为的可监督性和可约束性、权责统一的整体性、运行模式高效性四个能力建设要求对应急管理进行分析，并认为影响应急管理决策能力提升的关键因素在于管理制度规范、业务职能建设、管理运行模式等主题方面。再次，将网络搜集到的 15 份高速公路突发交通事故调查分析报告文件作为分析样本，设计了基于经验挖掘理论的能力提升策略分析方法，并进行了应急管理决策能力提升策略的实证分析。基于经验挖掘思路，利用 RStudio 开源数据分析平台，对报告文本进行分词、过滤筛选和词频统计等过程，共提取出有效的参考经验措施语句 521 条。围绕前述三个影响因素的主题含义，对参考经验措施做进一步梳理和分类，得出"管理制度规范"主题 148 条，"业务职能建设"主题 260 条，"管理运行模式"主题 139 条。最后，在获知的参考经验措施基础上，从管理制度规范、业务职能建设、管理运行模式三个主题角度出发，重点探讨了未来高速公路突发事件应急管理决策能力提升的策略：健全法治建设，保障依法应急；加强专业化分工协作，强化集中管控与决策；推进应急管控决策信息化建设，提升信息互通共享能力。形成的建议与措施可为各级高速公路管理部门或机构提供有效的经验决策参考。

（2）构建了基于云技术的高速公路应急管理决策平台框架。围绕高速公路应急管理决策平台信息化建设的要求，综合分析了高速公路网应急管理决策系统现状及在系统结构、信息共享、信息流转、协同管控中存在的问题，分析了加强高速公路网应急管理决策平台信息化建设、提高应急管控决策能力的必要性。然后，提出了高速公路应急管理决策系统的总体建设目标与思路，在系统梳理了六类十八项突发事件的业务功能需求与工作流程的基础上，构建了包括交通物联信息感知层、云架构信息接入与管理层、交通大数据管理与决策服务应用层三层结构的高速公路应急管理决策平台框架，并按模块系统分析了相应的结构与功能。

（3）构建了高速公路突发事件单阶段应急决策方法。立足高速公路突发事件的基本特征，结合模糊理论与多属性决策方法，研究了考虑多重不确定因素的应急决策模型与方法。首先，引入 TrIFNs 刻画决策专家的不确定或模糊偏好判断信息，并定义了 TrIFNs 基本运算和加权平均算子，解决了对不确定决策信息的模糊表达。其次，基于前景理论定义了 TrIFNs 前景价值函数，构建了基于 Choquet 积分 TrIFNs 集结算子，实现了对决策专家的前景期望效用异质偏好的有效刻画。然后，针对传统决策方法忽视最大化利用和挖掘有限决策信息的局限性，提出了基于信息质量的热力学量化决策模型，通过构建相应的效用（exergy）、能量（energy）、熵（entropy）等热力学决策表征参数，有效实现有限决策信息的数量、质量的量化，将前景效用信息转化为新的基于热力学方法的前景效用信息。最后，通过 Choquet 积分算子和加权平均算子有效集结各备选方案的前景效用信息，并依据各备选方案的综合前景效用值进行排序优选决策。该方法综合考虑多重不确定决策因素，包括不确定决策判断偏好信息刻画、有限理性行为描述、决策信息最大化利用等现实研究局限，其决策过程更加符合工程实际需要，可为高速公路应急管理决策提供一定的方法支持。

（4）构建了高速公路突发事件多阶段动态应急决策方法。以突发事件态势演变的多阶段性、不确定性、动态性、信息更新性等复杂决策特征为研究切入，研究了区间梯形直觉模糊框架下，专家权重和属性权重均未知，基于决策者心理参考满意度偏好信息更新的多阶段应急方案动态决策方法。首先，引入区间数表征专家决策偏好信息的隶属度、非隶属度和犹豫度，以 IVTrIFNs 的多参数、强模糊性特征形式刻画决策专家各阶段的决策偏好判断信息，有效克服决策专家在时间压力下无法用精确数表达隶属度、非隶属度和犹豫度的困难；其次，利用熵权法和 IVTrIFWA 算子分别获取各阶段下专家属性的客观权重和针对各个备选应急预案的综合偏好价值，避免因主观赋权的结果偏差；再次，结合决策者在突发事件情景动态演变过程中对应急决策效果的心理参考满意度更新机制，构造了新的满意度参数公式，据此提出了基于决策者心理参考满意度信息更新的多阶段动态应急决策方法，获得各个突发事件情景阶段专家权重和最优满意度；最后，构建了基于 IVTrIFNs 的风险偏好价值效用函数，进而获得多阶段下备选决策方案的排序与比选，以及最优应急决策方案序列。该方法综合考虑突发事件单阶段应急决策方法的不足，集合突发事件态势演变的多阶段性、不确定性、动态性、信息更新性等特征，并融入决策者的心理偏好参考信息动态更新机制，可有效避免因预置理想参考点、权重信息等过程而造成的主观决策偏差，其应急方案动态决策过程更加符合工程实际，可为高速公路或其他领域的突发事件应急方案动态决策提供一定的方法参考。

7.2　主要创新点

围绕高速公路突发事件应急管理决策能力提升的内在要求，本书的主要创新工作如下：

（1）构建基于经验挖掘理论的高速公路突发事件应急管理决策能力提升策略分析的方法。以当前高速公路应急管理实践存在的问题为驱动，立足应急管理决策能力提升的现实需求，充分利用和挖掘已有高速公路突发事件的事故调查分析报告的潜在参考价值，构建一种基于经验挖掘理论的能力提升策略分析的方法。该方法利用 RStudio 开源数据分析平台，对报告文本的经验措施内容进行分词、过滤筛选、词频统计、主题分类等价值挖掘过程，实现从已有的高速公路事故调查分析报告中挖掘有价值的经验策略信息，进而提出我国高速公路应急管理决策能力提升的策略。该分析方法克服定性研究的不足，为各级管理部门或机构提供应急管理决策能力提升策略分析的新方法，也是对策略分析方法体系的补充与完善。

（2）构建一种考虑信息质量的高速公路突发事件应急决策模型与方法。该方法考虑决策信息质量，首次将热力学方法类比扩展到梯形直觉模糊决策领域，提出一种基于热力学理论的量化决策信息数量、信息质量的热力学参数与计算方法，实现有限决策信息的最大化利用；并集成前景理论与 Choquet 积分算子，实现多重不确定情景因素下的决策信息有效集结。该方法拓展了应急决策方法研究的视角，弥补了以往研究的不足。

（3）构建基于信息更新的高速公路突发事件多阶段动态应急决策模型与方法。构建新的决策者心理参考满意度参数，提出一种基于满意度信息更新的多阶段动态决策优化模型与方法。该方法不仅能实现应急方案动态更新调整，还能有效避免以往研究因预置理想参考点、权重信息等过程而造成的主观决策偏差，为多阶段动态应急决策方法研究提供一种新思路；针对决策结果受专家风险态度影响，借助模糊截集思想，构造基于区间梯形直觉模糊数的风险偏好价值效用函数，实现决策方案量化排序。该方法为高速公路突发事件动态应急决策问题提供一种有效、实用的决策参考方法，进一步丰富和完善了应急决策理论与方法体系。

7.3　未来研究展望

本书在既有学者研究与实践成果的基础上，聚焦高速公路应急管理决策问题，以提升应急管理决策能力为目标，围绕应急管理现在与能力提升策略、应急管理决策平台信息化建设、应急管理决策方法等方面开展研究工作，取得了一定的研究成果。但是鉴于高速公路应急管理决策问题涉及内容广泛、深度不一、对象不同等复杂不确定的因素影响，仍有一些研究工作待进一步探索与研究。

（1）从管理视角来看，应急管理决策能力建设是一项长期而艰巨的动态任务，本书提出的参考措施与建议，在当前一定时期能为提升应急管理决策效能发挥一定的作用，但后续仍有一些应急法制法规、应急管理模式与组织架构、应急业务工作机制、应急管理决策平台信息化建设等工作需要在理论与实践中不断研究与探索，逐步完善。

（2）对于高速公路应急决策模型与方法方面，本书综合考虑多重不确定复杂决策因素影响，从决策信息质量、信息更新性两个角度为研究切入，分别构建了相应的高速公路应急管理决策模型与方法。更多地趋于现实的混合复杂应急决策环境条件或要求，如群决策、随机决策、各类信息关联、混合决策信息表达、异质偏好心理行为、协同动态决策、大数据决策等，将是下一步的重点研究方向。此外，探讨如何提升应急决策方法的科学性、精准性与高效性，强化决策过程中信息的快速反应与处理，也是一些值得研究与探索的方向。

综上所述，当前我国高速公路应急管理决策问题的理论与方法研究尚未成熟，仍待进一步深入研究与发掘。

参考文献

［1］World Bank Group. World Development Indicators ［EB/OL］. The World Bank，2023-02-04.

［2］中华人民共和国交通运输部. 2019 年交通运输行业发展统计公报 ［EB/OL］. 中华人民共和国交通运输部官网，2020-05-12.

［3］中华人民共和国交通运输部. 2018 年交通运输行业发展统计公报 ［EB/OL］. 中华人民共和国交通运输部官网，2019-04-12.

［4］桑美英，武丽，姚金莹. 基于 2018 年监测大数据的高速公路运行特征分析 ［J］. 中国交通信息化，2019（8）：94-97.

［5］中华人民共和国交通运输部. 2017 年中国高速公路运输监测报告 ［EB/OL］. 中华人民共和国交通运输部官网，2018-05-18.

［6］中华人民共和国交通运输部. 公路交通突发事件应急预案 ［EB/OL］. 中华人民共和国交通运输部官网，2010-09-16.

［7］佘廉，娄天峰. 基于 ITS 的高速公路突发事件应急救援能力提升研究 ［J］. 管理世界，2013，（5）：176-177.

［8］佘廉，曹兴信. 我国灾害应急能力建设的基本思考 ［J］. 管理世界，2012，（7）：176-177.

［9］SHEN L. Y., OCHOA J. J., ZHANG X. L., et al. Experience mining for decision making on implementing sustainable urbanization—An innovative approach [J]. Automation in Construction, 2013, 29: 40-49.

[10] ZHU J. J., MA Z. Z., WANG H. H., et al. Risk decision—making method using interval numbers and its application based on the prospect value with multiple reference points [J]. Information Sciences, 2017, 385 – 386 (4): 415-437.

[11] YUAN J. H., LI C. B. A New Method for Multi—Attribute Decision Making with Intuitionistic Trapezoidal Fuzzy Random Variable [J]. International Journal of Fuzzy Systems, 2017, 19 (1): 15-26.

[12] DONG J. Y., WAN S. P. Interval—valued trapezoidal intuitionistic fuzzy generalized aggregation operators and application to multi—attribute group decision making [J]. Scientia Iranica, 2015, 22 (6): 2702-2715.

[13] KROHLING R. A., DE SOUZA T. T. M. M. Combining prospect theory and fuzzy numbers to multi—criteria decision making [J]. Expert Systems with Applications, 2012, 39 (13): 11487-11493.

[14] LIU P. D., TENG F. An Extended TODIM Method for Multiple Attribute Group Decision—Making Based on 2—Dimension Uncertain Linguistic Variable [J]. Complexity, 2016, 21 (5): 20-30.

[15] LIU Y., FAN Z. P., ZHANG Y. Risk decision analysis in emergency response: A method based on cumulative prospect theory [J]. Computers & Operations Research, 2014, 42 (2): 75-82.

[16] QIN Q. D., LIANG F. Q., LI L., et al. A TODIM—based multi—criteria group decision making with triangular intuitionistic fuzzy numbers [J]. Applied Soft Computing, 2017, 55: 93-107.

[17] 樊治平, 刘洋, 沈荣鉴. 基于前景理论的突发事件应急响应的

风险决策方法［J］．系统工程理论与实践，2012，32（5）：977-984.

［18］XU W. J., HUANG S. Y., LI J. A novel consensus reaching frame-work for heterogeneous group decision making based on cumulative prospect theory［J］. Computers & Industrial Engineering, 2019, 128：325-335.

［19］WAN S. P., DONG J. Y. Power geometric operators of trapezoidal intuitionistic fuzzy numbers and application to multi - attribute group decision making［J］. Applied Soft Computing, 2015, 29：153-168.

［20］XU Z. S., YAGER R. R. Some geometric aggregation operators based on intuitionistic fuzzy sets［J］. International Journal of General Systems, 2006, 35（4）：417-433.

［21］ZHAO S. P., LIANG C. Y., ZHANG J. L. Some intuitionistic trape-zoidal fuzzy aggregation operators based on Einstein operations and their applica-tion in multiple attribute group decision making［J］. International Journal of Machine Learning and Cybernetics, 2017, 8（2）：547-569.

［22］DING Q. Y., WANG Y. M. An Improved Aggregation Operators-based Method for Multiple Attribute Group Decision Making Using Interval-valued Trapezoidal Intuitionistic Fuzzy Sets［J］. Journal of Intelligent & Fuzzy Systems, 2019, 37（1）：965-980.

［23］LIU P. D. Multiple attribute group decision making method based on interval-valued intuitionistic fuzzy power Heronian aggregation operators［J］. Computers & Industrial Engineering, 2017, 108：199-212.

［24］CHEN Z. S., CHIN K. S., LI Y. L., et al. On Generalized Extended Bonferroni Means for Decision Making［J］. IEEE Transactions on Fuzzy Systems, 2016, 24（6）：1525-1543.

［25］陈振颂，李延来. 基于前景 ITFNCI 算子的群体 MULTIMOORA

决策方法 [J]. 控制与决策, 2014, 29 (6): 1053-1063.

[26] 陈振颂, 李延来. 基于 IITFN 输入的复杂系统关联 MAGDM 方法 [J]. 自动化学报, 2014, 40 (7): 1442-1471.

[27] 曹萍萍, 李铭洋, 郭燕青. 考虑参照点且属性关联的应急风险决策方法 [J]. 信息与控制, 2018, 47 (4): 473-478.

[28] 许小卫, 谢新连, 李猛, 等. 基于 R-THIOWGA 集成算子的模糊关联多属性群决策方法 [J]. 交通运输系统工程与信息, 2019, 19 (1): 6-12, 25.

[29] PRATHAP G. The Energy – Exergy – Entropy (or EEE) sequences in bibliometric assessment [J]. Scientometrics, 2011, 87 (3): 515-524.

[30] VERMA M, RAJASANKAR J. A thermodynamical approach towards group multi-criteria decision making (GMCDM) and its application to human resource selection [J]. Applied Soft Computing, 2017, 52: 323-332.

[31] 陈兴, 王勇, 吴凌云, 等. 多阶段多目标多部门应急决策模型 [J]. 系统工程理论与实践, 2010, 30 (11): 1977-1985.

[32] 吴凤平, 程铁军. 不确定环境下突发事件动态应急决策研究 [J]. 软科学, 2014, 28 (3): 26-29, 34.

[33] 徐选华, 刘尚龙. 考虑时间序列的动态大群体应急决策方法 [J]. 控制与决策, 2020, 35 (11): 2609-2618.

[34] 姜艳萍, 樊治平, 苏明明. 应急决策方案的动态调整方法研究 [J]. 中国管理科学, 2011, 19 (5): 104-108.

[35] XU Z. S. Intuitionistic Fuzzy Multiattribute Decision Making: An Interactive Method [J]. IEEE Transactions on Fuzzy Systems, 2012, 20 (3): 514-525.

［36］王亮，王应明. 基于前景理论的动态参考点应急决策方法研究［J］. 中国管理科学，2013，21（S1）：132-140.

［37］陈业华，王浩，宋之杰. 基于效用风险熵的突发事件应急方案动态调整［J］. 系统工程与电子技术，2016，38（9）：2093-2098.

［38］王治莹，聂慧芳，赵宏丽. 考虑决策者情绪更新机制的多阶段应急决策方法［J］. 控制与决策，2020，35（2）：436-444.

［39］GAO J., XU Z. S., LIAO H. C. A Dynamic Reference Point Method for Emergency Response Under Hesitant Probabilistic Fuzzy Environment［J］. International Journal of Fuzzy Systems，2017，19（5）：1261-1278.

［40］中建标公路委员会. 公路工程技术标准（JTG B01-2014）［M］. 北京：人民交通出版社，2014.

［41］林毓铭. 道路交通的应急功能分析与技术支持——以高速公路为例［J］. 科技管理研究，2011，31（9）：121-125.

［42］吴刚. 高速公路突发事件应急管理中科技支撑体系研究［J］. 中国科技论坛，2013（2）：33-37.

［43］盛刚. 高速公路紧急事件应急救援关键技术研究［D］. 西安：长安大学，2016.

［44］赵朋. 面向高速公路突发事件应急处置的管理关键技术研究［D］. 西安：长安大学，2019.

［45］马兆有，俞春俊，高岩. 高速公路应急管理现状及对策研究［J］. 交通工程，2018，18（3）：18-22.

［46］李建斌. 高速公路突发事件紧急救援关键技术研究［D］西安：长安大学，2012.

［47］陈玲玲. 高速公路突发事件应急救援系统优化研究［D］. 武汉：武汉理工大学，2018.

[48] 徐松鹤，韩传峰，孟令鹏，等. 基于 NK 模型的突发事件应急管理组织系统适应性研究 [J]. 系统工程理论与实践，2017，37（6）：1619-1629.

[49] 朱正威，吴佳. 新时代中国应急管理：变革、挑战与研究议程 [J]. 公共管理与政策评论，2019，8（4）：47-53.

[50] 吴波鸿，张振宇，倪慧荟. 中国应急管理体系 70 年建设及展望 [J]. 科技导报，2019，37（16）：12-20.

[51] 薛澜，刘冰. 应急管理体系新挑战及其顶层设计 [J]. 国家行政学院学报，2013（1）：10-14.

[52] 刘霞，严晓. 我国应急管理"一案三制"建设：挑战与重构 [J]. 政治学研究，2011（1）：94-100.

[53] 王建伟，彭嘉，付鑫. 中国公路交通应急管理研究述评 [J]. 长安大学学报（社会科学版），2012，14（4）：37-42.

[54] 张海波. 中国应急预案体系：结构与功能 [J]. 公共管理学报，2013，10（2）：1-13，137.

[55] 赵岩. 提升应急"软"实力——我国应急管理体系建设 [J]. 中国公路，2016（3）：60-65.

[56] 何磊. 基于重大自然灾害的公路应急管理体系探讨 [J]. 公路，2019，64（7）：212-217.

[57] 孙璐，金姣萍，周正兵，等. 高速公路应急管理体系框架研究 [J]. 交通运输工程与信息学报，2013，11（3）：1-8，46.

[58] 张雯. 陕西省高速公路突发事件应急管理研究 [D]. 西安：西北大学，2016.

[59] 朱守富. 重庆市高速公路突发事件应急管理研究 [D]. 重庆：西南政法大学，2017.

［60］范维澄. 国家突发公共事件应急管理中科学问题的思考和建议［J］. 中国科学基金，2007，21（2）：71-76.

［61］姚乐野，胡康林. 2000—2016 年国外突发事件的应急信息管理研究进展［J］. 图书情报工作，2016，60（23）：6-15.

［62］李纲，李阳. 情报视角下的突发事件监测与识别研究［J］. 图书情报工作，2014，58（24）：66-72.

［63］钟连德，孙小端，陈永胜. 高速公路突发事件应急管理系统［J］. 公路，2006，51（1）：127-130.

［64］刘清，张存保，陶存新. 高速公路应急管理系统总体设计［J］. 公路，2007，52（7）：132-136.

［65］李为为. 省级公路网运行监测与综合管理系统研究［J］. 公路，2015，60（11）：146-151.

［66］王维锋，季锦章，万剑. 面向应急管理的公路网指挥调度平台设计［J］. 公路，2015，60（11）：136-142.

［67］刘亚岚，张勇，任玉环，等. 汶川地震公路损毁遥感监测评估与信息集成［J］. 遥感学报，2008，12（6）：933-941.

［68］LI J., LI Q., LIU C., et al. Community-based collaborative information system for emergency management［J］. Computers & Operations Research, 2014, 42: 116-124.

［69］BEN ARBIA D., ALAM M., KADRI A., et al. Enhanced IoT-Based End-To-End Emergency and Disaster Relief System［J］. Journal of Sensor and Actuator Networks, 2017, 6（3）: 1-18.

［70］郭春侠，杜秀秀，储节旺. 大数据应急决策研究评述与发展思考［J］. 情报理论与实践，2019，42（1）：153-160.

［71］SHAH S. A., SEKER D. Z., HAMEED S., et al. The Rising Role of Big Data Analytics and IoT in Disaster Management: Recent Advances, Taxonomy and Prospects [J]. IEEE Access, 2019, 7: 54595-54614.

[72] POHL D., BOUCHACHIA A., HELLWAGNER H. Online indexing and clustering of social media data for emergency management [J]. Neurocomputing, 2016, 172: 168-179.

[73] TRAORE B. B., KAMSU-FOGUEM B., TANGARA F., et al. Software services for supporting remote crisis management [J]. Sustainable Cities and Society, 2018, 39: 814-827.

[74] LEI Y., ZHOU X., XIE L. Emergency monitoring and disposal decision support system for sudden pollution accidents based on multimedia information system [J]. Multimedia Tools and Applications, 2018, 78 (8): 11047-11071.

[75] WANG T., GUOMAI S., ZHANG L., et al. Earthquake emergency response framework on campus based on multi-source data monitoring [J]. Journal of Cleaner Production, 2019, 238: 1-10.

[76] 尔古打机, 寇纲, 杜义飞. 不完全信息下非常规突发事件应急决策缺失数据处理模型 [J]. 系统工程理论与实践, 2015, 35 (3): 702-713.

[77] 王艳东, 李昊, 王腾, 等. 基于社交媒体的突发事件应急信息挖掘与分析 [J]. 武汉大学学报 (信息科学版), 2016, 41 (3): 290-297.

[78] 刘明, 张培勇. 信息缺失环境下应急方案选择的序贯集成决策方法 [J]. 系统工程, 2018, 36 (2): 155-158.

[79] 寇纲, 彭怡, 石勇. 突发公共事件应急信息系统框架与功能 [J]. 管理评论, 2011, 23 (3): 56-59.

[80] 贾胜韬, 张福浩, 赵阳阳, 等. 基于政府 GIS 的地震灾害应急

系统设计与实现［J］.测绘科学，2014，39（5）：65-68.

［81］王云鹏，赵韩涛，李世武，等.基于共用信息平台技术的高速公路紧急救援系统研究［J］.公路交通科技，2007，24（3）：118-121.

［82］蔡勇刚，陈卓.佛开高速公路应急指挥系统建设方案［J］.公路，2012，57（2）：33-35.

［83］邝仲平.基于3G技术的高速公路危化品运输车辆监控系统［J］.公路，2014，59（4）：171-174.

［84］蒋彬，龙海峰，李明.养护机械区域化动态作业与应急管理系统应用［J］.筑路机械与施工机械化，2015，32（5）：40-44.

［85］王小军，王少飞，涂耘.智慧高速公路总体设计［J］.公路，2016，61（4）：137-142.

［86］王少飞，谯志，付建胜，等.智慧高速公路的内涵及其架构［J］.公路，2017，62（12）：170-175.

［87］雷丽萍.高速公路突发事件组织间应急信息沟通实证研究［J］.管理评论，2015，27（9）：213-220.

［88］TUFEKCI S., WALLACE W. A. The Emerging Area Of Emergency Management And Engineering［J］. IEEE Transactions on Engineering Management, 1998, 45（2）：103-105.

［89］SHEU J. B. Dynamic relief-demand management for emergency logistics operations under large-scale disasters［J］. Transportation Research Part E-Logistics and Transportation Review, 2010, 46（1）：1-17.

［90］SALMERON J., APTE A. Stochastic Optimization for Natural Disaster Asset Prepositioning［J］. Production and Operations Management, 2010, 19（5）：561-574.

［91］GEROLIMINIS N., KEPAPTSOGLOU K., KARLAFTIS M. G. A

hybrid hypercube-Genetic algorithm approach for deploying many emergency response mobile units in an urban network [J]. European Journal of Operational Research, 2011, 210 (2): 287-300.

[92] TORO-DIAZ H., MAYORGA M. E., CHANTA S., et al. Joint location and dispatching decisions for Emergency Medical Services [J]. Computers & Industrial Engineering, 2013, 64 (4): 917-928.

[93] ALVEAR D., ABREU O., CUESTA A., et al. Decision support system for emergency management: Road tunnels [J]. Tunnelling and Underground Space Technology, 2013, 34: 13-21.

[94] WEX F., SCHRYEN G., FEUERRIEGEL S., et al. Emergency response in natural disaster management: Allocation and scheduling of rescue units [J]. European Journal of Operational Research, 2014, 235 (3): 697-708.

[95] YU L., LAI K. K. A distance-based group decision-making methodology for multi - person multi - criteria emergency decision support [J]. Decision Support Systems, 2011, 51 (2): 307-315.

[96] LIU Y., FAN Z. P., YUAN Y., et al. A FTA-based method for risk decision-making in emergency response [J]. Computers & Operations Research, 2014, 42 (2): 49-57.

[97] WANG L., WANG Y. M., Martínez L. A group decision method based on prospect theory for emergency situations [J]. Information Sciences, 2017, 418-419: 119-135.

[98] REN P. J., XU Z. S., HAO Z. N. Hesitant Fuzzy Thermodynamic Method for Emergency Decision Making Based on Prospect Theory [J]. IEEE transactions on cybernetics, 2017, 47 (9): 2531-2543.

[99] ZHANG Z. X., WANG L., WANG Y. M. An Emergency Decision Making Method for Different Situation Response Based on Game Theory and Prospect Theory [J]. Symmetry, 2018, 10 (10)：476.

[100] ZHANG Z. X., WANG L., WANG Y. M. An Emergency Decision Making Method Based on Prospect Theory for Different Emergency Situations [J]. International Journal of Disaster Risk Science, 2018, 9 (3)：407-420.

[101] 陈志宗, 尤建新. 重大突发事件应急救援设施选址的多目标决策模型 [J]. 管理科学, 2006 (4)：10-14.

[102] 杨文国, 黄钧, 池宏, 等. 信息缺失下的应急方案选择模型及算法研究 [J]. 中国管理科学, 2007, 15 (SI)：729-732.

[103] 王炜, 刘茂, 王丽. 基于马尔科夫决策过程的应急资源调度方案的动态优化 [J]. 南开大学学报 (自然科学版), 2010, 43 (3)：18-23.

[104] 程铁军, 吴凤平, 李锦波. 基于累积前景理论的不完全信息下应急风险决策模型 [J]. 系统工程, 2014, 32 (4)：70-75.

[105] 王增强, 蒲云, 尹念红. 基于多粒度不确定语言和前景理论的应急方案选择 [J]. 系统管理学报, 2016, 25 (5)：844-851, 867.

[106] 袁媛, 刘洋, 樊治平. 考虑后悔规避的突发事件应急响应的风险决策方法 [J]. 系统工程理论与实践, 2015, 35 (10)：2630-2636.

[107] 徐选华, 杨玉珊. 基于累积前景理论的大群体风险型动态应急决策方法 [J]. 控制与决策, 2017, 32 (11)：1957-1965.

[108] 刘洋, 樊治平, 尤天慧, 等. 事前—事中两阶段突发事件应急决策方法 [J]. 系统工程理论与实践, 2019, 39 (1)：215-225.

[109] 姜卉, 黄钧. 罕见重大突发事件应急实时决策中的情景演变 [J]. 华中科技大学学报 (社会科学版), 2009, 23 (1)：104-108.

[110] 仲秋雁，郭艳敏，王宁，等. 基于知识元的非常规突发事件情景模型研究 [J]. 情报科学，2012，30（1）：115-120.

[111] 李磊，孟学雷，韦强，等. 基于案例推理的铁路行车事故应急决策方法研究 [J]. 铁道学报，2014，36（11）：1-6.

[112] 封超，杨乃定，桂维民，等. 基于案例推理的突发事件应急方案生成方法 [J]. 控制与决策，2016，31（8）：1526-1530.

[113] 董庆兴，李赛，张大斌，等. 基于匹配属性相似度的应急决策方案推荐方法 [J]. 控制与决策，2016，31（7）：1247-1252.

[114] 张明红，佘廉，耿波. 基于情景的结构化突发事件相似度研究 [J]. 中国管理科学，2017，25（1）：151-159.

[115] 张磊，王延章. 基于知识元的应急决策知识表示与生成方法 [J]. 系统工程理论与实践，2017，37（11）：2918-2928.

[116] 陈雪龙，王亚丽. 考虑信息源相关性的多属性应急决策方法 [J]. 系统工程理论与实践，2018，38（8）：2045-2056.

[117] 谭睿璞，张文德，陈圣群，等. 异质信息环境下基于案例推理的应急决策方法研究 [J]. 控制与决策，2020，35（8）：1966-1976.

[118] 张志霞，郝纹慧. 基于知识元的突发灾害事故动态情景模型 [J]. 油气储运，2019，38（9）：980-987，995.

[119] 韩传峰，王兴广，孔静静. 非常规突发事件应急决策系统动态作用机理 [J]. 软科学，2009，23（8）：50-53.

[120] 王刚桥，刘奕，杨盼，等. 面向突发事件的复杂系统应急决策方法研究 [J]. 系统工程理论与实践，2015，35（10）：2449-2458.

[121] 王剑，罗东. 基于 BDN 的突发事件多主体应急决策模型研究 [J]. 中国管理科学，2015，23（S1）：316-324.

[122] 王剑，罗东. 基于 BDN 和 Multi-Agent 的突发事件应急风险决

策方法研究［J］. 中国管理科学，2016，24（S1）：253-265.

［123］李强，顾朝林. 城市公共安全应急响应动态地理模拟研究［J］. 中国科学：地球科学，2015，45（3）：290-304.

［124］王长峰，庄文英. 基于动态微分博弈理论的工程应急决策研究［J］. 中国管理科学，2017，25（10）：179-186.

［125］王剑，司徒陈麒，袁胜强. 基于多主体和前景理论的应急风险决策仿真研究［J］. 系统仿真学报，2020，32（3）：353-361.

［126］薛元杰，周建新，刘铁民. 突发事件应急预案的评估研究［J］. 中国安全生产科学技术，2015，11（10）：127-132.

［127］姜艳萍，樊治平，郑玉岩. 基于特征匹配的突发事件应急预案选择方法［J］. 系统工程，2011，29（12）：96-100.

［128］荣莉莉，杨永俊. 一种基于知识供需匹配的预案应急能力评价方法［J］. 管理学报，2009，6（12）：1643-1647，1686.

［129］高明，李文云，袁德君，等. 使用故障树理论对电网调度自动化系统应急预案完备度的量化分析［J］. 电力系统保护与控制，2010，38（17）：58-63，69.

［130］于峰，李向阳. 考虑灾情不确定性的电网应急响应失效评估方法［J］. 系统管理学报，2018，27（2）：244-253.

［131］刘吉夫，张盼娟，陈志芬，等. 我国自然灾害类应急预案评价方法研究（Ⅰ）：完备性评价［J］. 中国安全科学学报，2008，18（2）：5-11.

［132］樊自甫，吕浪. 基于文本故障视角的通信保障应急预案有效性评估研究［J］. 中国安全生产科学技术，2017，13（8）：67-72.

［133］樊自甫，王蕾. 基于流程的通信保障应急预案有效性评估模型及应用［J］. 科技管理研究，2016，36（1）：185-189.

[134] JU Y. B., WANG A. H., LIU X. Y. Evaluating emergency response capacity by fuzzy AHP and 2-tuple fuzzy linguistic approach [J]. Expert Systems with Applications, 2012, 39 (8): 6972-6981.

[135] 常建鹏, 周国华, 陈振颂, 等. 基于偏好信息的铁路应急预案多阶段群评估研究 [J]. 铁道学报, 2016, 38 (7): 15-25.

[136] JU Y B, WANG A H, YOU T H. Emergency alternative evaluation and selection based on ANP, DEMATEL, and TL-TOPSIS [J]. Natural Hazards, 2015, 75: S347-S379.

[137] 祝凌曦, 肖雪梅, 李玮, 等. 基于改进 DEA 法的铁路应急预案编制绩效评价方法研究 [J]. 铁道学报, 2011, 33 (4): 1-6.

[138] AL-REFAIE A., FOUAD R. H., LI M. -H., et al. Applying simulation and DEA to improve performance of emergency department in a Jordanian hospital [J]. Simulation Modelling Practice and Theory, 2014, 41: 59-72.

[139] SUN B., MA W., ZHAO H. An approach to emergency decision making based on decision-theoretic rough set over two universes [J]. Soft Computing, 2015, 20 (9): 3617-3628.

[140] 樊自甫, 李汶沁, 孙红. 非常规突发事件的通信保障应急决策研究 [J]. 科技管理研究, 2018, 38 (8): 224-230.

[141] 樊自甫, 胡佳婷, 万晓榆. 基于模糊综合评价法的应急通信预案实施效果评估研究 [J]. 科技管理研究, 2013, 33 (22): 63-67.

[142] RATHI K., BALAMOHAN S. A Mathematical Model for Subjective Evaluation of Alternatives in Fuzzy Multi-Criteria Group Decision Making Using COPRAS Method [J]. International Journal of Fuzzy Systems, 2017, 19 (5): 1290-1299.

［143］ JU Y. B., WANG A. H. Emergency alternative evaluation under group decision makers: A method of incorporating DS/AHP with extended TOP-SIS ［J］. Expert Systems with Applications, 2012, 39 (1): 1315-1323.

［144］ CHEN L. Y., YU H. Emergency Alternative Selection Based on an E-IFWA Approach ［J］. IEEE Access, 2019, 7: 44431-44440.

［145］ DUAN X. H., SONG S. X., ZHAO J. D. Emergency Vehicle Dispatching and Redistribution in Highway Network Based on Bilevel Programming ［J］. Mathematical Problems in Engineering, 2015, 2015: 1-12.

［146］ YAN S. Y., CHU J. C., SHIH Y. L. Optimal Scheduling for Highway Emergency Repairs Under Large-Scale Supply-Demand Perturbations ［J］. IEEE Transactions on Intelligent Transportation Systems, 2014, 15 (6): 2378-2393.

［147］ LERTWORAWANICH P. Highway network restoration after the great flood in Thailand ［J］. Natural Hazards, 2012, 64 (1): 873-886.

［148］ SHI Z. G., SHI Q., SHENG G. Decision-making of highway e-mergency rescue based on CBR ［C］. Beijing: Proceedings of the 29th Chinese Control Conference, 2010: 5430-5433.

［149］ CHAI G., HUANG M. M., HAN J., et al. Matching method for emergency plans of highway traffic based on fuzzy sets and rough sets ［J］. Journal of Intelligent & Fuzzy Systems, 2015, 29 (6): 2421-2427.

［150］ 赵转转, 工艳杰, 代倩. 基于路况属性的高速公路应急救援路径决策 ［J］. 公路, 2016, 61 (1): 166-169.

［151］ 巴兴强, 王晓辉, 荆超. 寒地高速公路事故应急交通组织方法研究 ［J］. 武汉理工大学学报 (交通科学与工程版), 2019, 43 (4): 585-589.

[152] WANG L., ZHANG Z. X., WANG Y. M. A prospect theory-based interval dynamic reference point method for emergency decision making [J]. Expert Systems with Applications, 2015, 42 (23): 9379-9388.

[153] HAO Z. N., XU Z. S., ZHAO H., et al. A Dynamic Weight Determination Approach Based on the Intuitionistic Fuzzy Bayesian Network and Its Application to Emergency Decision Making [J]. IEEE Transactions on Fuzzy Systems, 2018, 26 (4): 1893-1907.

[154] 王慧敏, 刘高峰, 佟金萍, 等. 非常规突发水灾害事件动态应急决策模式探讨 [J]. 软科学, 2012, 26 (1): 20-24.

[155] 王长峰, 满颖. 基于动态博弈理论的重大工程应急管理决策研究 [J]. 中国管理科学, 2013, 21 (S1): 172-176.

[156] 王亮, 王应明, 胡勃兴. 基于前景理论的应急方案动态调整方法 [J]. 控制与决策, 2016, 31 (1): 99-104.

[157] TVERSKY A., KAHNEMAN D. Advances in prospect theory: Cumulative representation of uncertainty [J]. Journal of Risk and Uncertainty, 1992, 5 (4): 297-323.

[158] KAHNEMAN D., Tversky A. Prospect Theory: An Analysis of Decision under Risk [J]. Econometrica, 1979, 47 (2): 263-291.

[159] 杨咏中, 牛惠民. 国外交通运输管理体制及其对我国的启迪 [J]. 交通运输系统工程与信息, 2009, 9 (1): 19-23.

[160] 吕政, 戴东昌, 徐丽, 等. 我国高速公路管理研究 [J]. 经济研究参考, 2008 (37): 23-42.

[161] 田军, 邹沁, 汪应洛. 政府应急管理能力成熟度评估研究 [J]. 管理科学学报, 2014, 17 (11): 97-108.

[162] 南锐, 王海军. 我国东部地区社会管理水平测度及分类研

究——兼论社会管理水平与经济发展的关系 ［J］. 上海财经大学学报,
2014, 16（2）: 19-26.

［163］郭德贞. 广东省高速公路公共事件应急管理研究 ［D］. 长春:
吉林大学, 2015.

［164］简少君. 广州市高速公路路政管理体制问题的研究 ［D］. 广
州: 广东财经大学, 2018.

［165］王登才. 江苏高速公路突发事件的应急处置管理经验 ［J］. 企
业科技与发展, 2015（5）: 89-92.

［166］湖南省编办. 以高速公路管理体制为突破口 全面推进事业单位
分类改革 ［J］. 中国机构改革与管理, 2018（3）: 51-53.

［167］冯春, 罗幸炳. 我国高速公路行政管理体制改革分析——积极
推进“重庆模式”［J］. 理论与改革, 2008（2）: 90-92.

［168］程岚. 重庆市高速公路交通管理体制研究 ［D］. 重庆: 西南政
法大学, 2011.

［169］张国伍. 智能交通物联网与综合交通信息服务——“交通7+1
论坛”第三十次会议纪实 ［J］. 交通运输系统工程与信息, 2013, 13
（2）: 1-8.

［170］汪志红, 王斌会, 陈思玲. 国外突发事件应急管理体制的借鉴
与思考 ［J］. 科技管理研究, 2012, 32（16）: 209-212.

［171］田芳, 赵光辉, 刘玥彤. 中国交通应急管理: 现状与政策研究
［J］. 中国市场, 2019（16）: 5-14.

［172］杨雪, 仝凤鸣, 宋爱峰, 等. 高速公路突发事件应急管理能力
评价研究 ［J］. 公路, 2019, 64（7）: 184-192.

［173］SHEN L. Y., YAN H., ZHANG X. L., et al. Experience mining
based innovative method for promoting urban sustainability ［J］. Journal of

Cleaner Production, 2017, 156: 707-716.

[174] WANG J. H., SHEN L. Y., REN Y. T., et al. A lessons mining system for searching references to support decision making towards sustainable urbanization [J]. Journal of Cleaner Production, 2019, 209: 451-460.

[175] HU X., XIA B., CHEN Q., et al. A practice mining system for the delivery of sustainable retirement villages [J]. Journal of Cleaner Production, 2018, 203: 943-956.

[176] LIU J. Y., LI H. L., SKITMORE M., et al. Experience mining based on case-based reasoning for dispute settlement of international construction projects [J]. Automation in Construction, 2019, 97: 181-191.

[177] SHEN L. Y., YAN H., FAN H. Q., et al. An integrated system of text mining technique and case-based reasoning (TM-CBR) for supporting green building design [J]. Building and Environment, 2017, 124: 388-401.

[178] 王国锋, 宋鹏飞, 张蕴灵. 智能交通系统发展与展望 [J]. 公路, 2012 (5): 217-222.

[179] 蒋新华, 陈宇, 朱铨, 等. 交通物联网的发展现状及趋势研究 [J]. 计算机应用研究, 2013, 30 (8): 2256-2261.

[180] 邓爱民, 毛浪, 田丰, 等. 我国 ITS 物联网发展策略研究 [J]. 中国工程科学, 2012, 14 (3): 83-91.

[181] Michigan Department of Transportation. Lessons Learned: Deployment of Public Sector Infrastructure for VII/IntelliDrive[SM] [R]. Michigan: Michigan Department of Transportation, 2010.

[182] Publications Office of the European Union. WHITE PAPER: Roadmap to a Single European transport Area: Towards a competitive and resource efficient transport system [R]. Luxembourg: European

Commission，2011.

［183］熊三炉. 我国发展物联网的对策和建议［J］. 科技管理研究，2011，31（4）：165-168.

［184］MIORANDI D，SICARI S，PELLEGRINI F D，et al. Internet of things：Vision，applications and research challenges［J］. Ad Hoc Networks，2012，10（7）：1497-1516.

［185］罗军舟，金嘉晖，宋爱波，等. 云计算：体系架构与关键技术［J］. 通信学报，2011，32（7）：3-21.

［186］ZHOU L.，WU X.，XU Z.，et al. Emergency decision making for natural disasters：An overview［J］. International Journal of Disaster Risk Reduction，2018，27：567-576.

［187］LIU W. S.，LIAO H. C. A Bibliometric Analysis of Fuzzy Decision Research During 1970—2015［J］. International Journal of Fuzzy Systems，2016，19（1）：1-14.

［188］AFFUL-DADZIE E.，OPLATKOVÁ Z. K.，BELTRAN PRIETO L. A. Comparative State-of-the-Art Survey of Classical Fuzzy Set and Intuitionistic Fuzzy Sets in Multi-Criteria Decision Making［J］. International Journal of Fuzzy Systems，2016，19（3）：726-738.

［189］HERRERA F.，ALONSO S.，CHICLANA F.，et al. Computing with words in decision making：foundations，trends and prospects［J］. Fuzzy Optimization and Decision Making，2009，8（4）：337-364.

［190］HERRERA F.，HERRERA-VIEDMA E. Linguistic decision analysis：steps for solving decision problems under linguistic information［J］. Fuzzy Sets and Systems，2000，115（1）：67-82.

［191］ZADEH L. A. Fuzzy sets［J］. Information and Control，1965，8

（3）：338-353.

[192] ATANASSOV K. T. Intuitionistic fuzzy sets [J]. Fuzzy Sets and Systems, 1986, 20: 87-96.

[193] CHU J. F., LIU X. W., WANG L., et al. A Group Decision Making Approach Based on Newly Defined Additively Consistent Interval-Valued Intuitionistic Preference Relations [J]. International Journal of Fuzzy Systems, 2017, 20 (3): 1027-1046.

[194] LI X. H., CHEN X. H. Extension of the TOPSIS method based on prospect theory and trapezoidal intuitionistic fuzzy numbers for group decision making [J]. Journal of Systems Science and Systems Engineering, 2014, 23 (2): 231-247.

[195] WEI G. W. Approaches to Interval Intuitionistic Trapezoidal Fuzzy Multiple Attribute Decision Making with Incomplete Weight Information [J]. International Journal of Fuzzy Systems, 2015, 17 (3): 484-489.

[196] BORGONOVO E., CAPPELLI V., MACCHERONI F., et al. Risk analysis and decision theory: A bridge [J]. European Journal of Operational Research, 2018, 264 (1): 280-293.

[197] LEJARRAGA T., MULLER-TREDE J. When Experience Meets Description: How Dyads Integrate Experiential and Descriptive Information in Risky Decisions [J]. Management Science, 2017, 63 (6): 1953-1971.

[198] YING C. S., LI Y. L., CHIN K. S., et al. A new product development concept selection approach based on cumulative prospect theory and hybrid-information MADM [J]. Computers & Industrial Engineering, 2018, 122: 251-261.

[199] TIAN X. L., XU Z. S., GU J., et al. How to select a promising

enterprise for venture capitalists with prospect theory under intuitionistic fuzzy circumstance? [J]. Applied Soft Computing, 2018, 67: 756-763.

[200] MARDANI A., JUSOH A., ZAVADSKAS E. K. Fuzzy multiple criteria decision-making techniques and applications - Two decades review from 1994 to 2014 [J]. Expert Systems with Applications, 2015, 42 (8): 4126-4148.

[201] KAHRAMAN C., ONAR S. C., OZTAYSI B. Fuzzy Multicriteria Decision-Making: A Literature Review [J]. International Journal of Computational Intelligence Systems, 2015, 8 (4): 637-666.

[202] XU Z. S., LIAO H. C. Intuitionistic Fuzzy Analytic Hierarchy Process [J]. IEEE Transactions on Fuzzy Systems, 2014, 22 (4): 749-761.

[203] LIAO H. C., MI X. M., XU Z. S., et al. Intuitionistic Fuzzy Analytic Network Process [J]. IEEE Transactions on Fuzzy Systems, 2018, 26 (5): 2578-2590.

[204] BEHZADIAN M., KHANMOHAMMADI OTAGHSARA S., YAZDANI M., et al. A state-of the-art survey of TOPSIS applications [J]. Expert Systems with Applications, 2012, 39 (17): 13051-13069.

[205] HAFEZALKOTOB A., HAFEZALKOTOB A., LIAO H., et al. An overview of MULTIMOORA for multi-criteria decision-making: Theory, developments, applications, and challenges [J]. Information Fusion, 2019, 51: 145-177.

[206] REN P. J., XU Z. S., LIAO H. C., et al. A thermodynamic method of intuitionistic fuzzy MCDM to assist the hierarchical medical system in China [J]. Information Sciences, 2017, 420: 490-504.

[207] LIAO H. C., WU D., HUANG Y. L., et al. Green Logistic Pro-

vider Selection with a Hesitant Fuzzy Linguistic Thermodynamic Method Integrating Cumulative Prospect Theory and PROMETHEE [J]. Sustainability, 2018, 10 (4): 1291.

[208] 王坚强. 模糊多准则决策方法研究综述 [J]. 控制与决策, 2008, 23 (6): 601-606, 612.

[209] CHEN Z. S., CHIN K. S., DING H., et al. Triangular intuitionistic fuzzy random decision making based on combination of parametric estimation, score functions, and prospect theory [J]. Journal of Intelligent & Fuzzy Systems, 2016, 30 (6): 3567-3581.

[210] LIANG C. Y., ZHAO S. P., ZHANG J. L. Multi-criteria group decision making method based on generalized intuitionistic trapezoidal fuzzy prioritized aggregation operators [J]. International Journal of Machine Learning and Cybernetics, 2017, 8 (2): 597-610.

[211] WANG J. Q., ZHANG Z. Aggregation operators on intuitionistic trapezoidal fuzzy number and its application to multi-criteria decision making problems [J]. Journal of Systems Engineering and Electronics, 2009, 20 (2): 321-326.

[212] LIU Y. J., WU J., LIANG C. Y. Some Einstein aggregating operators for trapezoidal intuitionistic fuzzy MAGDM and application in investment evolution [J]. Journal of Intelligent & Fuzzy Systems, 2017, 32 (1): 63-74.

[213] LANGER T., WEBER M. Prospect Theory, Mental Accounting, and Differences in Aggregated and Segregated Evaluation of Lottery Portfolios [J]. Management Science, 2001, 47 (5): 716-733.

[214] CHARNESS G., RABIN M. Expressed preferences and behavior in experimental games [J]. Games and Economic Behavior, 2005, 53 (2):

151-169.

[215] DONG Y. C., LUO N., LIANG H. M. Consensus building in multiperson decision making with heterogeneous preference representation structures: A perspective based on prospect theory [J]. Applied Soft Computing, 2015, 35: 898-910.

[216] BAO T. T., XIE X. L., LONG P. Y., et al. MADM method based on prospect theory and evidential reasoning approach with unknown attribute weights under intuitionistic fuzzy environment [J]. Expert Systems with Applications, 2017, 88: 305-317.

[217] ABDELLAOUI M., BLEICHRODT H., PARASCHIV C. Loss Aversion Under Prospect Theory: A Parameter-Free Measurement [J]. Management Science, 2007, 53 (10): 1659-1674.

[218] HAN B., ULRICH S., HORST Z. Additive Utility in Prospect Theory [J]. Management Science, 2009, 55 (5): 863-873.

[219] BOOIJ A. S., VAN DE KUILEN G. A parameter-free analysis of the utility of money for the general population under prospect theory [J]. Journal of Economic Psychology, 2009, 30 (4): 651-666.

[220] SABBAGHIAN R. J., ZARGHAMI M., NEJADHASHEMI A. P., et al. Application of risk-based multiple criteria decision analysis for selection of the best agricultural scenario for effective watershed management [J]. Journal of Environmental Management, 2016, 168: 260-272.

[221] ROMERO J. C., LINARES P. Exergy as a global energy sustainability indicator. A review of the state of the art [J]. Renewable & Sustainable Energy Reviews, 2014, 33: 427-442.

[222] ZHANG X., JIN F., LIU P. D. A grey relational projection method for multi-attribute decision making based on intuitionistic trapezoidal

fuzzy number ［J］. Applied Mathematical Modelling, 2013, 37 （5）: 3467-3477.

［223］WANG W. Z., LIU X. W., QIN Y., et al. A risk evaluation and prioritization method for FMEA with prospect theory and Choquet integral ［J］. Safety Science, 2018, 110: 152-163.

［224］CHEN Z. S., LI Y. L. Approach for group MULTIMOORA decision making based upon prospect intuitionistic trapezoidal fuzzy number Choquet integral operator ［J］. Control & Decision, 2014, 29 （6）: 1053-1063.

［225］万树平. 基于区间直觉梯形模糊数的多属性决策方法 ［J］. 控制与决策, 2011, 26 （6）: 857-860, 866.

［226］万树平. 基于分式规划的区间梯形直觉模糊数多属性决策方法 ［J］. 控制与决策, 2012, 27 （3）: 455-458, 463.

［227］WU J., LIU Y. J. An approach for multiple attribute group decision making problems with interval-valued intuitionistic trapezoidal fuzzy numbers ［J］. Computers & Industrial Engineering, 2013, 66 （2）: 311-324.

［228］徐选华, 万奇锋, 陈晓红, 等. 一种基于区间直觉梯形模糊数偏好的大群体决策冲突测度研究 ［J］. 中国管理科学, 2014, 22 （8）: 115-122.

［229］LIU A. J., GUO X. R., LIU T. N., et al. A GRA-Based Method for Evaluating Medical Service Quality ［J］. IEEE Access, 2019, 7: 34252-34264.

［230］LIU A. J., XIAO Y. X., LU H., et al. A fuzzy three-stage multi-attribute decision-making approach based on customer needs for sustainable supplier selection ［J］. Journal of Cleaner Production, 2019, 239: 1-16.